人性与机制

如何有效分配财富，实现团队共赢

王辽东　潘锡军◎著

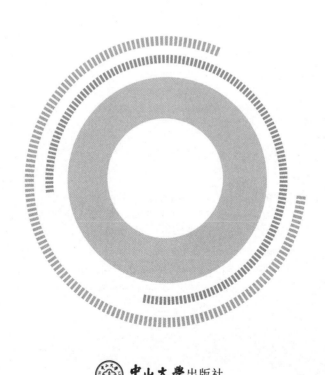

中山大学出版社
SUN YAT-SEN UNIVERSITY PRESS

·广州·

版权所有　翻印必究

图书在版编目（CIP）数据

人性与机制：如何有效分配财富，实现团队共赢/王辽东，潘锡军著．—广州：中山大学出版社，2017.5
　　ISBN 978 – 7 – 306 – 06034 – 1

　　Ⅰ．①人… Ⅱ．①王… ②潘… Ⅲ．①分配经济学—应用—企业管理—组织管理学—研究 Ⅳ．①F014.4 ②F272.9

中国版本图书馆 CIP 数据核字（2017）第 077191 号

出 版 人：	徐　劲
策划编辑：	吕肖剑
责任编辑：	廉　锋
封面设计：	曾　斌
责任校对：	高　洵
责任技编：	何雅涛
出版发行：	中山大学出版社
电　　话：	编辑部 020 – 84110283，84113349，84111997，84110779
	发行部 020 – 84111998，84111981，84111160
地　　址：	广州市新港西路 135 号
邮　　编：	510275　　传　真：020 – 84036565
网　　址：	http://www.zsup.com.cn　E-mail:zdcbs@ mail.sysu.edu.cn
印 刷 者：	佛山市浩文彩色印刷有限公司
规　　格：	787mm×1092mm　1/16　15 印张　275 千字
版次印次：	2017 年 5 月第 1 版　2017 年 11 月第 2 次印刷
定　　价：	38.00 元

如发现本书因印装质量影响阅读，请与出版社发行部联系调换

序言（一）

《人性与机制：如何有效分配财富，实现团队共赢》这本书的书名我非常喜欢。机制决定人性，机制决定统治，机制决定效率，一种好的机制可以让坏人没有机会干坏事，一种不好的机制可以让善良的人变成坏人。一种机制的有效程度决定一个组织的运营效率，机制决定国家、社会、企业的管理水平与效率。从1985年开始，因为工作关系，我常往返中美两国，其间到过北京、上海、广州、深圳等地，我看到中国发生了翻天覆地的变化：人民生活水平提高，国家国力增强。我为中国发展进步取得这么好的成就表示由衷的敬佩，这就是党和国家领导人在管理机制上了不起的机制智慧，就如邓小平先生提出改革开放，"让一部分人先富起来"，再带动全部人富起来，率先在中国深圳设立经济特区，在当时这就是了不起的机制。这种机制推动了整个中国经济社会的发展，取得了令世界瞩目的伟大成就。

本书紧紧围绕"人性与机制"进行论述，这是一个集现代社会哲学、人文、管理于一身的研究课题，也是一个二元对立的课题。人性是什么？在对人性的认知上，东西方存在巨大的思想差异。在中国传统文化中，孔子讲"人之初，性本善"，大意是说人生下来，最初的本性是善良的，应引导人性的善，强调人性的善。在西方文化中，特别是基督文化中则强调"人之初，性本恶"，意思是人性是向恶的，人是有罪的，应约束人性的恶。那么，机制又是什么呢？机制是指机体的构造、功能及其相互运行之间的关系。机制是一种系统控制的方法程序，是提高工作效率的系统。

关于人性与机制，在丹麦有这样一个故事。丹麦著名医学家、诺贝尔奖得主芬森晚年想培养一个接班人，在众多候选人中，芬森选中了一个叫哈里的年轻医生。但芬森担心这个年轻人不能在十分枯燥的医学研究中坚守。这时,芬森的助理乔治提出建议:让芬森的一个朋友假意出高薪聘请哈里,看他会不会动心。然而,芬森却拒绝了乔治的建议。他说:"不要站在道德的制高点上俯瞰别人,也永远别去考验人性。哈里出身贫民窟,怎么会不对金钱有所渴望?如果我们一定要设置难题考验他,一方面要给他高薪的工作,另一方面又希望他选择拒绝,这就要求他必须是一个圣人……"最终,哈里成了芬森的弟子。若干年后,哈里成为丹麦医学家,当他听说了芬森当年拒绝考验自己人性的事,老泪纵横地说:"假如当年恩师用巨大的利益做诱饵,来评估我的人格,我肯定会掉进那个陷阱,因为当时我母亲患病在床需要医治,而我的弟妹们也等着我供他们上学。如果那样,我就没有现在的成就了。"

机制本身并不能成就伟业,它需要符合人性,需要人性的需求动力作为指引。对人来说,最好的动力是用梦想作为指引。人性与机制在某种程度上是相辅相成的。如果一个社会、一个国家、一个企业能够将宏大、无形的抱负与简单、有效的催化机制结合起来,就能够把不可能变为可能,把梦想变成现实。但是,人性会随思想、文化、社会环境的改变而改变,机制也会因组织机构及所在系统不同的需要而设立不同的相应机制。机制如同一个小孩子,会因不同年龄阶段的身体成长需要更换不同尺寸的衣服。

对于一个国家、一个社会而言,机制重不重要呢?答案当然是非常重要。无论在国内还是在国外,司机违章时有发生。相比之下,发达国家司机违章要少一些。这不是哪个国家人好或人不好的原因,也不是人的素质高或低的问题,而是机制的问题。例如,如果美国的司机违章,不但要交高额罚款,而且会记入个人信用档案。司机一旦违章,翌年车辆保险、人身保险等保险费也会上涨,并且一旦将违章记入个人信用,未来在银行贷款等方面也会受到限制。在该制度下，司机违章的成本很高，如此一来，美国的司机不仅不想违章，而且害怕违章。这也是我非常赞同作者"机制决定人性"观点的原因。机制决定人性，机制也引导人性的走向。一个成熟的领导人或 CEO 应重视分配问题，分配问题解决好了，所有问题都会迎刃而解。别人不跟你合作，一定是分配出了问题；下属离职，也是分配出了问题；执行力低下，归根到底还是分配问题。所有的问题都会归结于一个问题，即分配机制的问题。这就是机制的力量。

最近，我看到一些经济学家认为未来中国的宏观经济会很糟糕，情绪悲观。的确，中国经济已高速发展了 30 年，已进入经济发展的转型期，这是任何一个国家在发展进程都要经历的过程。中国虽有"世界工厂"之美誉，但从世界制造分工来看，中国制造还处于产业链的低端，处于被前后夹击之势，前有英、美、日等发达国家占据国际分工链的高端，发达国家依靠规则优势，不断制造各式各样的贸易壁垒与技术鸿沟；后有印度、墨西哥、越南等人工成本更低的国家形成"追兵"。但是，我对中国经济一点也不悲观，因为我看到中国强大的内需还没启动，人口红利至少还能持续 20 年，特别是中国的中产阶级在改变自己生活品质方面，正在释放出巨大的消费潜力，再看中国"80 后""90 后"各种创业大潮，这是中国历史上从未出现过的创业大潮。相对于一些专家、学者的悲观态度，我看到了中国这些"80 后""90 后"有着一种完全相反的情绪，他们对未来充满激情与梦想，对未来充满乐观。

历史的规律、经济的规律、产业的规律正如春夏秋冬，不断相生相克并交替轮转。产业之间相互融合，从世界经济规律来看，世界发达国家的经济都是靠高端制造和文化产业支撑的。要突破危机，唯有靠人才。但人会受自己的思维限制，要突破危机，唯有不断创新，不断突破思维框架，提高逻辑思维和智慧。这个智慧就体现在机制上。任何一个国家、一个企业、一个组织要发展，都需要有一种有效的机制作为推动发展的动力。而一种有效的机制取决于创新思维，唯有不断创新，创造出吸引消费者的产品，创造需求才是出路。危机就是危险与机遇，"危"能让人静下来思考，重新审视发展方向；但"危"中有"机"，危机中会有新思考、新方法，危机可能会转化为机遇。

王辽东、潘锡军身上有一般青年人所缺少的人文情怀和担当意识。他们勇于担当的精神影响并感染着我，也让我想起50年前刚去美国时的我。书稿终于可以付梓了，我由衷地为他们感到高兴，并期待他们有更多更好的作品奉献给广大读者。

黄锦波
美国加州瑞都市原市长
2017年2月19日于广州

本书作者和黄锦波博士的合影（左一为潘锡军先生，中间为美国首位华人市长黄锦波博士，右一为王辽东先生）

序 言（二）

2007年，经济学诺贝尔奖获得者埃瑞克·S. 马斯金（Eric S. Maskin）曾讲了这样一个故事：如果有一块蛋糕，需要分给两个小孩子，如何分配最为合理？对于分蛋糕的母亲来说，她的目标是每个孩子都对自己所获得的那一份蛋糕感到满意；对于两个孩子而言，他们都希望能分到其中不少于一半的蛋糕。这就是人们常说的分配公平。根据埃瑞克·S. 马斯金教授的观点，如果达到分配公平，这位母亲要知道自己对蛋糕的认识和观念与两个孩子对蛋糕的观念是一致的。但实际上大家并不这么想。假如经过母亲精心切分之后，一个孩子还是认为另一块蛋糕比他分得的要大，人们不禁会想：到底怎样才能使这位母亲和两个孩子都认为这样的分配是公平的？这位母亲能否设置一种机制或者程序来保证分配公平——即使她自己也不知道怎样是公平的，但最后的结果确实是公平的？很多人会想起这种方法：让一个孩子负责分蛋糕，另一个孩子可以先来挑选他想要的那一块，虽然母亲本人不知道孩子们怎样认为这个蛋糕是被公平分配的，但能解决上述分配公平的问题。埃瑞克·S. 马斯金教授通过上述例子，给大家展示了机制设计当中一些非常关键的特征：虽然有明确的目标，但机制设计者本人事先并不知道什么样的结果是最优的，所以说，他必须通过设计一种机制来间接地实现这个目标，来处理这个问题，让参与者自己在这个系统中产生能够形成最优结构的那些信息。这就是埃瑞克·S. 马斯金教授关于机制理论的第一个特征，即"整个机制设计整体目标必须和所有参与者的个体目标是一致的、相融的"。而在现实环境中，参与者往往并不在乎机制设计者的目标，他们只希望达到自己的目标。随后，埃瑞克·S. 马斯金教授用关于国有资产私有化的故事揭示了机制设计的第二个特征，即"能够在机制发展过程中让参与者自己产生开始没有的信心"。同时，他还强调，机制设计理论思考更强调一种逆向思维，"我们先明确我们到底想要实现什么目标、什么结果，然后我们再反过头来思考什么样的制度或者说机制可以实现这些目标，我们应该怎么样来设计这些机制"。这就是机制的第三个特征——通过机制，机制设计者可以实现目标。机制设计思想的核心在于它洞察了个人动机和私人信息，并且最大限度地扩展了人们对资源最佳配置的理解。这也正是瑞士皇家学院在2007年将诺贝尔经济学奖授予里奥尼德·赫维克兹（Leonid Hurwicz）、埃瑞克·S. 马斯金（Eric S. Maskin）、罗杰·B. 梅尔森（Roger B. Myerson）三位教授的原因。埃瑞克·S. 马斯金教授的贡献被认为是公众利益与个体利益结合得最好的理论。而这一理论的中国版，正是王辽东和潘锡军在本书中针对目前国内企业发展的困境所开出的一剂机制设计良方。

受中国环境保护力度加强、原材料价格上涨、人力成本高涨等诸多因素的影响，许多中国企业的经营举步维艰。要化解危机、突破发展的瓶颈，企业必须重新审视自己的分配机制与经营哲学、激励机制及赢利商业模式。因此，作者继而指出：中国制造真正的危机是品牌危机、企业文化危机、管理机制危机，若想扭转这些困境，必须转变自己的观念。转变观念的关键在于设计合理的机制，机制的核心在于利益分配，实现组织利益与个人利益的最佳结合。经营企业的核心是经营团队，经营团队的核心是经营人心，经营人心的核心是经营灵魂，经营灵魂的核心是经营企业的愿景与使命。在此基础上，要分好钱、分好权、分好责。对于企业经营来说，首先要做的就是分好钱，特别是分好未来的钱，这是激励团队的核心课题。这与埃瑞克·S. 马斯金教授机制设计理论不谋而合，激励机制最重要的是要融合组织和个体的利益并使其达到平衡。唯一不同的是，本书是针对我国企业和员工的需求特点设计出的一套符合中国文化背景的方案。

　　作者在本书的内容编排上，不仅有理论上的突破，还把近年来国内外企业发生的真实案例改编成小故事作为每个论题的例证，增强了阅读性和趣味性。综览全书，我国传统文化在现代企业管理方面的运用是本书的又一条重要线索。作者对老庄哲学在现代企业管理方面的智慧有独到的见解，将中国传统文化与现代企业管理理念相结合是本书的又一特色。

　　值得强调的是，本书是继《专注与多元》后的又一本现代企业管理方面的力作。王辽东先生毕业于中国政法大学，长期专注于国际金融资本市场、企业顶层设计、法务风险预防、股权布局方面的研究。十多年来，他勤奋好学、博览古今。而潘锡军先生留学回国后，先后从事化学品配方研发、行业标准起草工作，并取得3项国家发明专利；之后转入商业领域，负责招商引资、资产管理、物业租赁及项目资本运作等研究工作。作为土生土长的深圳人，潘锡军先生在资本前沿宝地深圳可谓如虎添翼。作为多年的合作伙伴，他们可谓志趣相投，在本书中他们将积攒十多年的企业管理方面的宝贵经验和独到见解毫无保留地献给读者。本书不仅体现出作者对企业管理的执着与热爱，而且流露出热血青年的雄心抱负。本书很快就要和读者见面了，我由衷地为他们感到高兴！

　　应他们邀请，希望我能写点什么，我有点盛情难却。刚开始感觉自己不知从何下手，书稿早已拿来，不知道忙什么，很快几个月过去了，这几天正好有时间，我带着先睹为快的心情读完，感触颇丰。于是，以我仅有的阅读心得，带着我们之间多年的友情，在此将一点薄见与读者分享，不妥之处敬请方家批评指正。

万 传 华
广州市有方企业管理咨询服务有限公司首席顾问律师
2017年1月8日于广州

序言（三）

当前，企业为何留不住人才，为何融不到资，为何不能做大？企业家为何有法律风险？中国企业发展面临以上诸多困境与问题。本书围绕如何有效设置良性的发展机制，创造更大的社会利益，探讨了人性与机制这个企业及社会发展的重要课题。人性具有两面性，是一把双刃剑：可以无限创造知识、财富，推动社会进步；同时，又具有自利、自私、贪婪等弱点。人在极端的境况下，会争取个人利益最大化。一种良好的机制，可以引导人性向良性方向发展；一种糟糕的机制，则可能让社会人心走向黑暗，并阻碍社会的发展。机制可以引导人性，然而人性总能突破机制，要使企业生存和发展，都应从人性入手。机制设置要面对三个问题：一是机制的滞后性，二是机制的不确定性，三是机制的不对称性。其关键点还是在于围绕人性的"私有产权"意识核心设置机制，就如本书作者的观点，机制只有同机制关联者自身的利益有关，才能确保其有效性。优秀的企业发展都是因为有好的人才机制、资本机制，从而成就伟大的事业。

在企业的每一个成长与发展阶段中，机制都起到重要的作用，成功的企业运营都是机制先行。例如，华为任正非的"狼性机制"、阿里巴巴马云的"资本机制"、腾讯马化腾的"优化机制"等。然而，中小企业对人性的认知和对机制建设的认识与大企业差距有多大呢？有没有双赢或多赢的机制呢？这是需要深入反思的一个课题，未来企业的机制一定是多维度的，是一个全员生发的共赢体。

在本书中，作者从企业机制建设、资本与股权及法务顶层设计角度，用大量的案例来论证企业在经营发展过程中所面临的困境与问题，并提出见解与建议。作者严谨且见多识广，从他们身上可以看到一种时代担当精神。这种精神在同作者交流的过程中，在我们"企业领袖三合智慧"系列丛书及企业家学员身上得到了印证。辽东老师多次邀请我为本书写序，作为辽东老师多年好友，盛情难却。在阅读本书时我被书中生动的案例与故事所吸引，作者用案例和故事跟我们分享了企业资本运作、股权战略顶层设计、新商业模式等核心秘密。

本书即将在中山大学出版社出版，这真是让人惊喜而又兴奋的消息。辽东老师在身兼深圳市共好智慧有限公司首席文化官的同时，又能及时地把自己的思想、心得记录下来并分享给更多的人，让人由衷佩服。辽东老师通过提炼中西文化之精华，相信思想的力量可以帮助企业树立匠人精神，帮助人们建立更好的思维方式和行为方式，进而拥有幸福、快乐、成功的人生。"共好智慧"系列的其他书刊也是如此，在此欢迎更多企业家、学者加入并阅读我们的"共好智慧"系列书刊。

为撰写本书，辽东老师率领团队数次到多家知名企业调研走访，本书中大量的案例、观点与分析对企业的发展具有重要的参考作用。特别是书中提出的经营员工的神圣感、仪式感等观点，对于激发企业的发展动力，具有很好的借鉴意义。一个好的机制体系可以引导人奋发向上，可以最大限度地激发人的潜能。

我一直坚信一个企业家的商业成功史也是他的阅读的思想史。机制的智慧在于如何激发人性，在于如何对信息优化使用，在于对事物的发展规律进行转换与把握。本书对当代企业的文化建设与管理具有很好的参考与借鉴意义。

本书写作历时四年，可谓四年磨一剑，作者不仅分享了企业机制、资本、法务顶层设计的产业与资本知识，同时更是作者的商业阅读思想史。正如作者所说："面对传统产业升级转型，如何借用资本的力量让自己的企业插上快速成长的翅膀，让一切资源为你所用，而又在企业的融资扩张中不失企业的控制权？"这是企业家必须正视和思考的难题。在当前的商业背景下，市场充满了各种不确定性，我们需要以不变应万变。企业家应具备金融与资本的思维，爱你的产品，爱你的客户，爱你的市场。由此来看，本书更有其特别的价值与意义。

陈 霞

深圳市共好智慧有限公司总裁

2017年4月11日于广州

前　言

为什么要写这本书？笔者在接触了大量的中小企业后发现，受中国环境保护力度加强、原材料价格上涨、人力成本高涨等诸多因素的影响，中国企业、工厂经营举步维艰。如何化解危机、突破成长的瓶颈？如何实现持久创新？如何让企业经营长久不衰？答案聚焦到一个"人"字上。社会发展都是围绕人、以人为中心的，正如比尔·盖茨所说："如果把我们公司20个顶尖人才挖走，微软就会变成一家无足轻重的公司。"当今已进入知识经济时代，雇佣制已转向合伙制，知识与人才在企业中的作用越来越突显。作为经营者，如何经营好人？人性的特点是不喜欢为别人做事，愿意为自己做事，一种有效的机制核心必须懂得人性。优秀的企业往往会用分配机制解决人对钱的需求，用伟大的事业版图解决人对前途的需求，用神圣感来驾驭人的精神需求。企业家必须和团队成员结成利益联盟、荣誉联盟、事业联盟、使命联盟。股权激励机制是将企业领导者和团队成员的共同利益绑定在一起，最终利益一体，用愿景统一人才的思想，以此留住人才、吸引人才、激发人才的潜力。全球500强企业之所以能长久保持旺盛活力，是因为它们善于发现人才、培养人才、追求人才，把人才视为企业最大的财富。一个企业如果没有激励人才的机制，或激励机制不彻底，不能将团队成员利益与企业利益紧密地捆绑在一起，即使引进了优秀人才也会留不住，他们最终会选择到其他平台发展，这就是人性。人性只会跟着两样东西走，一个是钱，一个是爱。钱的使用需要好的机制做保障，因此一方面要设置有效的机制；另一方面要有爱的力量，即人的精神力量，团队要有崇高的追求，这是动力之源。

人性与机制
——如何有效分配财富，实现团队共赢

做好人才的选拔、任用、激励工作，挖掘其最大的潜力，是掌握企业核心竞争力的源头。当今社会发展，人是动力的源泉。经营好企业，先要经营好人才，而要经营好人才，企业必须重新审视自己的经营哲学与分配方式，审视自己的激励机制能否支持自己的商业模式。了解人性，用好机制，让团队成员有源源不断的动力，这是动力之源。

一个团队机制会影响文化的发展方向，因此必须增强团队人才的归属感和认同感。最好的商业模式其实就是企业最大限度地发挥人才能力的模式，企业只有解决价值评价和价值分配问题，才能解决价值创造的动力问题，使价值创造成为可能。激励机制的首要问题就是分钱。但团队成员富裕了后，难免会懒惰，所以企业不但要分好钱，还要具有使命感。没有使命感的企业老板很难将企业带到更宽更远的大道上，更无法打造企业文化。即使制度再完善，如果没有配套的企业文化作为补充，还是会给人留下钻空子的机会。只有将文化建设作为补充，整个企业管理机制才是健全的。只有文化与机制并举，才可能使整个公司的发展进入健康的轨道，打造出具有凝聚力、战斗力的团队。很多公司之所以无法持续发展，就是因为分配机制出了问题。因此，经营企业一定要把握住根本，做好分配机制。机制决定统治，激励决定效率，用分配机制解决人性对钱的需求，用战略和愿景解决人性对前途的需求，用神圣使命和企业文化来驾驭人的精神世界。

商业的本质是"价值交换"，老板的任务是分好钱、分好权、分好责。人性的本质也处于交换的本质之中，一个企业或一个人一定要让自己具有交换价值的思维。在商业社会中"天道酬信"，要让别人觉得对你好，"值"！对人的付出不会吃亏，这会让别人觉得和你交换，"值"！给别人一个帮助你的理由，让别人明白帮助你就是在帮助他自己。其关键在于机制。机制的核心在于利益分配，利益分配的方式会触摸到人心。曾有位企业家朋友问笔者如何改变一个人的思想。在此借用老子的话说："天下熙熙皆为利往，天下攘攘皆为利来。"改变一个人的思想唯一的方法是：用这种思想产生的好处来证明其有效性，这样才更容易被接受。企业家不能忽视人有比物质追求更高层面的需求，即精神需求，为他人、社会做贡献。

现实生活中，谁都不愿意"被计划与被管理"。员工没有执行力往往不是因为不敬业，而是老板要求他们做的事情是他们根本没有兴趣的。一般员工的心态是给多少钱做多少活，没有全心全意做好这件事的动力。这就是常我们说的员工很勤奋，但出现"勤而不敬"的原因。改善这种状况有两种做法：一是让团队成员参与讨论工作计划，让工作与其个人的利益有关系；二是跟员工的绩效挂钩，企业要设置能够实现合伙人梦想的通道，这是激励机制，不但要分好现在的钱，更重要的是要分好未来的钱。经营企业的核心是经营团队，经营团队的核心是经营人心，经营人心的核心是经营灵魂，经营灵魂的核心是经营企业愿景与使命。以企业的愿景、使命为企业的最高目标，在此基础上分好钱、分好权、分好责，对于企业经营者来说，这是激励团队的核心课题。

做好分权、授权是激发人才的动力、促使企业强大的必由之路。一个企业、一个国家信任机制的建立，也取决于分配机制。例如，新加坡的廉政建设富有成效，已是公认的全球最廉洁的国家之一，曾连续10年进入全球廉洁度排名前10名国家，是亚洲地区廉洁指数最高的国家。新加坡为什么能取得如此好的成效呢？除了政府加强倡廉教育、注重品行品德外，其中有一个非常重要的治理机制就是"积薪养廉"，这是新加坡廉政建设的一个重要措施。新加坡推进的"积薪养廉"并非国内有些专家所提的"高薪养廉"。新加坡公务员的廉政公积金内容是：公务员个人支出工资总额的18%，政府支出22%，以相当于工资总额的40%款项存入公务员个人公积金账户，工龄越长，公积金就会越多。一个公务员如果从20多岁参加工作，到退休时将会有一笔数额相当可观的公积金可以支取，足够保证过一种吃穿不愁、衣食无忧的生活。实行这一制度后，若公务员能够廉洁奉公，没有贪污受贿、渎职等行为，其退休后凭公积金收入就足以保证全家生活富裕。但新加坡法律也规定，凡有贪污受贿、渎职等违法行为者，一律取消全部公积金。新加坡政府廉政公积金制度有效地约束了公务员，使他们不敢贪腐、不想贪腐。由此可见，公积金是扎实而可靠的保障，既是福利，又是一种廉洁抵押。对于胆敢贪赃枉法的人来说，公积金是惩罚的筹码。贪污腐败者被法律宣判后，其全部公积金将被没收，上缴国库。新加坡这一机制准确、恰当地把握、引导了人性对物质与精神的需求，既提高了公务员日常收入预期，又增加了公务员腐败即期成本和未来风险；在对公务员廉洁勤政起到激励作用的同时，又起到了约束作用。由此可见，一种好的机制能引导人性向善，一种不好的机制可能会导致人性向恶，这就是机制的力量。

目　录

第一章　人性与机制的智慧 (1)
　　第一节　企业的生命力需要机制的力量 (1)
　　第二节　何享健的机制与统制 (4)
　　第三节　德胜洋楼"诚信无价"机制体系 (9)
　　第四节　用PK机制激活员工的能量 (13)
　　第五节　用机制去除戾气 (16)
　　第六节　曾国藩治军的秘密 (21)

第二章　共赢的机制 (24)
　　第一节　赚钱与分钱的机制 (24)
　　第二节　老板的分钱法则 (27)
　　第三节　让奖罚机制更有效 (29)
　　第四节　老板要懂收心法则 (33)
　　第五节　共赢的智慧 (35)
　　第六节　分配机制的智慧 (38)

第三章　资本与机制 (42)
　　第一节　雷士照明：一堂不得不学的资本课 (42)
　　第二节　国美电器控制权之战：一堂公司治理的必修课 (47)
　　第三节　时代节拍的试弦者——孙正义 (56)
　　第四节　股权机制的智慧 (60)
　　第五节　股权机制的秘密 (68)
　　第六节　企业家要做好定位、人才、企业文化布局 (73)

第四章　文化与机制 (76)
　　第一节　机制决定文化走向 (76)
　　第二节　唤起员工的神圣感 (84)
　　第三节　打造企业的六根文化 (87)

1

第四节　给产品起一个好名字 …………………………………… (91)
　　第五节　向德国学习匠人精神 …………………………………… (93)
　　第六节　文化的力量 ……………………………………………… (97)

第五章　管理与机制 …………………………………………………… (101)
　　第一节　向取经团队学激励 ……………………………………… (101)
　　第二节　用机制去化解"夫妻劫" ………………………………… (103)
　　第三节　企业要用机制去留人 …………………………………… (107)
　　第四节　中国企业需要"聚焦的力量" …………………………… (111)
　　第五节　于东来的"良心文化"为什么不值钱 …………………… (115)
　　第六节　向古代帝王学激励机制 ………………………………… (119)

第六章　经营与机制 …………………………………………………… (122)
　　第一节　向稻盛和夫学经营管理 ………………………………… (122)
　　第二节　不得不修炼的利他智慧 ………………………………… (126)
　　第三节　修炼好人生的态势 ……………………………………… (128)
　　第四节　优秀领导者要做好三件事 ……………………………… (133)
　　第五节　学习创新，决胜未来 …………………………………… (135)
　　第六节　领导力的核心要素 ……………………………………… (139)

第七章　模式与机制 …………………………………………………… (142)
　　第一节　尚品宅配开创中国式4.0商业模式 …………………… (142)
　　第二节　向任正非学狼性机制 …………………………………… (148)
　　第三节　商业模式取决于机制的设置 …………………………… (152)
　　第四节　腾讯何以"微扫天下" …………………………………… (157)
　　第五节　未来企业的出路在哪里？ ……………………………… (161)
　　第六节　马云的机制智慧 ………………………………………… (165)

第八章　股权战争与机制设置 ………………………………………… (169)
　　第一节　未来企业界的三大战争 ………………………………… (169)
　　第二节　向晋商学习股权激励 …………………………………… (172)
　　第三节　新资本战争 ……………………………………………… (176)
　　第四节　真功夫家族纷争案：一堂股权治理课 ………………… (179)
　　第五节　小股东权益保护法律的机制设置 ……………………… (184)

第六节　"万宝之战"：不得不学的资本课 …………………（189）

第九章　人性与机制的哲学 ………………………………………（198）
　　第一节　经营快乐的机制 ………………………………………（198）
　　第二节　做好人性化管理，企业才有未来的发展 ……………（200）
　　第三节　品牌"势"的智慧 ……………………………………（203）
　　第四节　老板如何让"80后""90后"员工跟着走？ …………（207）

结　　语 …………………………………………………………（211）

参考文献 …………………………………………………………（214）

附　　录 …………………………………………………………（216）

第一章　人性与机制的智慧

第一节　企业的生命力需要机制的力量

说起机制与分配的话题，有一个广为流传的故事。话说从前，山上的寺庙有7个和尚，他们每天分食一大桶粥，可是每天可以分食的粥都不够。为了兼顾公平，让每个和尚都基本能吃饱，和尚们想用非暴力的方式解决分粥的难题。一开始，他们拟定由一个小和尚负责分粥事宜。但大家很快就发现，除了小和尚每天都能吃饱，其他人总是要饿肚子，因为小和尚总是自己先吃饱再给别人分剩下的粥。于是，在大家的倡议下又换了一个小和尚，但这次却变成只有小和尚和主持人碗里的粥是最多最好的，其他5个人能够分得的粥就更少了。饿得受不了的和尚们提议大家轮流主持分粥，每天轮一个。这样，一周下来，他们只有一天是饱的，就是自己分粥的那一天，其余6天都是肚皮打鼓。大家对这种状况不满意，于是又提议推选一个公认道德高尚的长者出来分粥。起初这位德高望重的人还能基本保持公平，但不久他就开始为自己和挖空心思讨好他的人多分粥，使整个小团体乌烟瘴气。这种状态维持了没多长时间，和尚们就觉得不能够再持续下去了，他们决定分别组成3人的分粥委员会和4人的监督委员会，这样公平的问题就基本解决了。可是由于监督委员会提出多种议案，分粥委员会又屡屡据理力争，互相攻击扯皮下来，等分完粥时，粥早就凉了。最后，他们总结经验教训，想出一个办法，就是每人轮流值日分粥，但分粥的那个人要等到其他人都挑完后再拿剩下的最后一碗。令人惊奇的是，在这种制度下，7只碗的粥几乎每次都是一样多，就像用科学仪器量过一样。这是因为每个主持分粥的人都认识到，如果7只碗里的粥不一样，他确定无疑将享用分量最少的那碗。从此，和尚们都能够均等地吃上热粥。

"我国企业和国外公司的战略执行框架是不一样的，我国大多数企业目前还处于'人管人'的阶段，中国企业的成功70%是企业领导者个人成功的体现，而国外的大企业大多建立了'制度管人'的环境，这种制度环境很重要的一个特点就是任务分解体系做得非常细致和到位，国外企业的成功更多是制度成功的体现。"①

人的本性都是趋利避害的，当人们非自律而他律时，必须对他们进行制度控制管理。同理，社会中运转的其他经济组织也一样需要制度。"无规矩不成方圆"，人的天性中有自私自利的一面，因此必须有适合的制度和机制去规范人的行为。那么，何为机制？所谓机制，就是实现高效管理或自主管理的结构化方法，或者一些能够带来长期管理或绩效效果的系统方法。通过系统或机制设计出来的管理方法，而不是通过对人的管束来达到管理目的。正如和尚分粥，最后大家普遍满意的方案其实和最初的方法差不多，只是多了道挑选的程序，就得到了一致满意的结果。这个方案花费了最低廉的成本，却既实现了对权力的约束，又为各人带来了实实在在的好处。机制没有最好，只有更好，关键是要找到有效、合适的机制。机制只有在一个不断博弈的过程中，才能持续创新、与时俱进，不断提升制度的实效和竞争力。

最有效的机制智慧在一线

在现实社会，机制失效体现在各个方面：企业管理层次增多，各个部门、规章制度林立的"肥胖症"；企业缺乏创新，安于现状"思想僵化症"；企业初期成功，员工和管理阶层产生"名门意识"；内部内耗严重，丧失了危机感的"自大症"；决策过于复杂、行动缓慢的"迟缓症"；企业内部各部门之间本位主义严重，协调困难的"失调症"。机制失效就像小孩子长大了还在穿孩子时的衣服，随着企业的成长及不断变化，其机制也需要不断地进行调整。中国很多成长型公司走下坡路主要有两种情况：一种是对外在环境的变化反应不足，犯下战略性错误，被对手逼死；另一种是内部的管理机制跟不上企业的发展，特别是与核心员工的分享成果机制不合理，被自己逼死。其中，后一种是内耗病。

很多企业都清楚，人才是竞争力，于是便通过猎头大力挖人来提升竞争力。而事实上，培养人才的机制才是真正的组织竞争力。一个组织通过猎头引入人才没有错，但一直通过猎头挖人就有问题，说明这个组织依赖能人，没有建立人才培养机制。外部招聘只能解决战术问题。例如，国内有一个约会网站，经过几年的发展已经有了几万用户。为了保证网站上不会出现大量的垃圾信息和色情信息，网站老板想增加人手来对网站内容进行监测。这时部门一个员工提了一个建议：能否选择让用户报告网站上的不当内容，给予

---

①马永斌：《公司治理之道：控制权争夺与股权激励》，清华大学出版社2013年版，第8页。

小礼物作为奖励？这样一个简单的做法，就让企业免去了一次大规模的招聘，不但减少了成本，还增加了用户的活跃互动度，这就是机制的力量。人们只会对激励机制利益着力点做出反应，设计制度更多地需要知识的支持，而设计机制主要需要的是智慧，有效的机制一定要挖掘被机制管理者的智慧，这其中找出被管理者自主管理的办法，就是机制设置最好的办法。例如，某酒店制度规定，门上张贴"人走要关灯"的温馨提示。虽然基本没有什么效果，但这也可以称为制度。再做细一些，指定相关部门轮流值日来关灯，结果如果没有第三方监督，时间长了就会不了了之。如果再规定专人负责关电源，有一天负责这项工作的人请假了就没有人管了。如果把关门的钥匙与电源总开关联运起来，只要关门，就必须从电源座上拔出钥匙，拔出钥匙就关掉了电源。这样做效果最好，完全不需要第三方监督，实现了自主管理。

据说鳗鱼苗养殖曾经是有相当难度和风险的营生，鳗鱼苗养殖户经常是靠运气吃饭，主要原因是鳗鱼苗的成活率始终在低水平徘徊，好的时候成活率能够达到20%～30%，差的时候不到20%。也就是说，每次在养鱼池投入100万只小鳗鱼苗，最后活下来可出售的可能就只有20万只左右。

在日本有一家农户的孩子大学毕业后继承父业，希望以自己学到的知识帮助父辈走出艰难经营的困境。他尝试了许多改善办法，比如经常换水以保障水质，改良饲料促进消化，安装保温调节设备，等等，但还是不能提高鳗鱼苗的成活率。有一天他发现，每当喂食时鳗鱼们本能地、毫无秩序地往上冲，那些身体比较强壮的总能冲在最上面，吃到最多食物；而那些身体比较弱小的鳗鱼拼死拼活也很难浮到水面，吃到水面上的食物。最后经过几轮搏杀之后，没有力气的鳗鱼沉入水下，数天下来它们就这样饿死在鱼池中，这是自然界优胜劣汰、适者生存的法则。如何让鳗鱼逃脱自然界的"魔咒"成为这个年轻人思考的问题。他每次投食的时候，最困惑的就是如何让较小的鳗鱼也能吃到食物，创造一种小鳗鱼也有均等机会获得鱼食的环境。这个年轻人每天在现场观察鱼群的情况，有一天他终于找到了一种方法，那就是采用搅拌（在鱼池底部中心向上冲水，让鱼池里的水形成对流）的方法来解决这个问题。实验表明，只要搅拌的力度大到连身体好的鳗鱼都无法抗拒的时候，所有的鳗鱼苗都会被水流推到水面上轻松并且均等地获得鱼食。改良的结果让年轻人喜出望外，因为他的鳗鱼苗成活率竟然提高到了90%以上。

日本长寿企业的传承机制

在企业传承上，百年企业最多的不是欧美，而是日本。据统计，日本创业100年以上的企业有50000家，创业200年以上的也超过3000家；而排名第二的德国维系200年以上的企业只有1500家。日本金刚组1400多年的传承历史告诉我们专注的重要性。无论是经济繁荣还是衰退时期，专注于自己的核心业务永远是生存之道。日本企业之所以能传承百年，除了专注精神外，就是实行"单子继承制"来保持专注精神。在这一继承机制之下，家族企业只会传给后代中的一位成员。这就形成了内部竞争机制，不像中国，有3个儿子的话，就会平分家产，谁也不偏不多。在日本，如果企业家发现儿子难担大任或企业家有女儿，那么他就会物色有能力的男子并将女儿嫁给他。一年以后，再举行仪式，让女婿改姓，将其收为养子，并将家族企业传承给他。日本企业单独继承制选择优秀人才作为继承人，保证了财产的集中，有利于企业扩大规模，也避免了因平均分配财产而带来的财产归属权不明的问题。这些制度维系下的日本企业往往呈现出让人刮目相看的竞争力。而中国则习惯分家产，常使得儿女之间内斗纷争不断。事实告诉我们，问题是人制造出来的，也是需要人来解决的，制度决定人性，机制决定统制，这就是机制的力量。

【专家点评】一个专业而敬业的好员工可以抵5个甚至10个普通员工，一种好的机制可以撬动员工内心那个地球。执行是以制度为前提的，比执行更重要的是制度，比制度更重要的是机制。一套经过科学设计、符合客观实际、顺应民心民意的机制，可以让执行事半功倍，甚至可以使事情自动获得执行。老板必须找到那些有上进心和学习能力的员工，并且制定好的机制并使之系统化。只有制定好机制，照顾好员工的心情，员工才能够更好地完成任务，这就是机制的智慧。

第二节　何享健的机制与统制

权力交接，大到国家领导人的交接，中到一个团体的交接，小到一个家族的交接，任何时候都是最敏感的事情。例如，王永庆家族财产之争引起社会各界关注；霍英东家族曝出争产风波（霍英东长房三子霍震宇2011年年底上诉至香港高等法院，控告同为亡父遗嘱执行人的兄长霍震寰私吞至少14亿港元家族资产）；在韩国有围绕已故三星集团创始人李秉喆的遗产继承问题，其长子李孟熙向胞弟、三星电子会长李健熙提出的巨额遗产诉讼……众多精英富豪的家族纷争在所难免，这跟几千年传统家族传承文化有很大关系，在各大姓氏族谱文化中香火延续、传子不传女的世袭制度影响最为深远。这显然难以适应现代企业治理制度，而制度和公开正是解决问题最好的药方。在中国众多民营企业中，有一位企业家在创办企业中创造了众多第一，其中一个第一就是第一个把上千亿元的企业交棒给职业经理人掌舵。这个人就是美的集团创始人、董事局原主席何享健先生。

2012年8月25日，美的创始人、中国最富家族之一的何氏家族掌门人、70岁的何享健交出了手中的接力棒，接棒者为年仅45岁的职业经理人方洪波。何享健把总裁和董事长的职位放心地交给了职业经理人打理。此外，这位美的集团创始人还创造了企业家的众多第一：中国第一家上市的乡镇企业、第一家将企业改制事业部的企业、佛山第一家千亿元级企业，等等，其企业治理的机制与统治之道值得企业界参考与学习。

众所周知，美的集团是一家以家电制造业为主，同时涉足房产、物流等领域的综合性企业集团，2011年整体营业收入达1400亿元。

美的的前身可以追溯到1968年。为了解决乡亲们的生计问题，何享健冒着巨大的风险和23位北滘街道居民集资5000元，创办了北滘街办塑料生产组，生产药用玻璃瓶和塑料盖，后来替一些企业生产配件。随后的十多年里，何享健在走南闯北的过程中磨炼出了对市场的敏锐嗅觉。1980年，何享健正式涉足家电制造业，为广州第二电器厂生产电风扇零配件，拉开了美的发迹的序幕。1981年8月，他注册了"美的"商标，并于同年11月将工厂更名为"顺德县美的风扇厂"，自任厂长。1984年，何享健任"顺德县美的家用电器公司"总经理。1985年5月，经过考察，美的引进日本的生产技术和管理方法，同时开始与日本企业展开合作。也是在这一年的4月8日，美的成立了空调设备厂，开始了窗式空调机的组装生产。1986年，美的转页扇开始出售到中国香港地区。1988年，美的电器公司实现产值1.24亿元，成为顺德县10家超亿元企业之一，其中出口创汇达810万美元。1993年，美的上市获批，成为第一家上市的乡镇企业。以下从美的的发展，分五个方面来解读何享健机制与统制的企业治理方式，以资民营企业思考和借鉴。

（一）放权与分责

1992年，容声冰箱成为全国冰箱行业的"老大"，坐拥30亿元资产，而当时仍以电风扇为主业的美的，资产不过五六亿元。面对当时行业大佬的竞争压力,何享健并没有坐以待毙,而是一直寻找突破口。就在这时,1992年广东省推出股份制改革,容声等大公司对是否参与改制犹豫不决,何享健则主动争取到顺德唯一的股份制试点名额。这在当时是一步"险棋",改革试点被何享健抓到了,美的成为全国第一家在乡镇企业基础上改造并向社会发行股票的公司,为日后企业的发展拓宽道路。到1997年,美的已拥有美的空调、美的风扇、美的电饭煲等五大类共计数百种产品。当美的产值临近30亿元的时候,何享健明显地感受到增长的瓶颈。研发、生产、销售等过分集权于总部,造成大量的管理问题日益突出,从而导致美的销售额急剧下滑,从全国第三名跌落到第七名,甚至一度传出要被科龙兼并的消息,何享健为此不得不亲自出面辟谣。

危机之后,何享健下决心要对现有的管理体系进行改革。于是,高度自治的事业部改革拉开序幕。改革重点为将集团改制为事业部制,实行职业经理人制度。美的实施以产品划分的事业部为基础的分权制改革,空调、家庭电器、压缩机、电机、厨具5个事业部相继成立,专业的职业经理人制度被引入美的。何享健对职业经理人非常慷慨,给职业经理人的报酬非常高。二级集团的总裁身价至少在千万元以上,事业部层面的身价则不低于百万元。坊间同行流传不成文羡慕美的经理人的话:"他们活得更像老板,而不是在给别人打工,给别的老板打工好好干年末会请吃顿饭,给美的老板好好打工可以够吃一辈子的饭。"可见何享健在对职业经理人激励上下的功夫之深。

(二)"三权分立"

何享健开了民营企业的先河,实施股东、董事会、经营层"三权分立"制度。在股东人选安排上,何享健安排其子何剑峰进入董事会,保证何氏家族在企业的利益。掌控股权是保障创始人利益的核心保证,有了股权制度安排,创始人什么时候该收,什么时候该放,都要看是否有利于公司长远发展和股东利益,此举可以有效保障创始人权利。在改制集团管控模式上,集团总部重心放在财务、预算、投资、人事任免。其下事业部则在价值链决策上高度自治,事业部的总经理可以自己组织经营团队,并拥有数千万元的资金审批权。但如何防控职业经理人风险,这是长期困扰很多民营企业的一大问题。何享健对此有另一个管控职业经理人风险的撒手锏——"金手铐"股权激励。

首先,何享健在选人用人上狠下功夫。重用职业经理人第一步是发现人才,精心培养。从1992年看中方洪波,到2012年交棒给方洪波,何享健整整花了近20年时间，先后让其在不同部门、不同岗位进行历练，可见何享健用人之慎重。其次，重用职业经理人的确体现了何享健的巨大魄力，精心培养职业经理人的同时，给其丰厚的薪酬待遇，且有很大一部分收入来自绩效分红。这也使职业经理人和股东的利益在很大程度上一致。另外，股权对于激励经理人有着无法替代的作用。进入董事会的7个职业经理人虽然不持有美的电器的股权，但是公开数据显示，他们合计持有未上市的美的集团约16%的股权。就在交班的几个月前，何享健对外表示将拿出3%的集团股权激励几十位高管，价值超过15亿元。高管持股对于使经理人目标与大股东利益一致起到重要作用。由此可见，何享健对待职业经理人的气度，让股权与企业中长期经营业绩挂钩，使职业经理人与股东利益保持一致。

（三）"小人的机制，君子的态度"

何享健构建了层层约束机制、完善审计监察体系和全面财务预算体系。审计监察体系由审计监察委员会、审计监察部以及审计监察室组成。审计监察委员会由集团董事长为审计负责人、相关部门负责人及各二级集团总裁组成；各二级集团设置审计监察部，直接由审计监察委员会领导，各事业部设置审计监察室，直接由总裁管理。这样的安排既能使权力得到很好的分配，调动职业经理人的积极性，同时又能防止职业经理人滥用手中的权力。清晰的组织结构的建立和完善是大股东放权的重要保障。除了事业部的分权改革成果，何享健继续引导企业走向重用职业经理人，同时构造股东、董事会、经营团队"三权分立"的经营模式。2009年8月26日，何享健辞任美的电器董事局主席及董事职务，仅任非执行董事，其原职由原总裁兼董事局副主席方洪波接任，何享健通过事业部改制和分权经营的机会，劝退了部分创业元老，组建职业经理人队伍。但随后如何完善公司的治理机制，如何使创办人退出企业的日常经营管理，让所有权和经营权统一逐步安全着落分离，却也不得不着力考虑。何享健用的是"小人的制度，君子的态度"。何享健能巧妙地运用机制掌控职业经理人，用他自己的话说就是："既然决定不做家族企业，就需要用人，需要优秀的团队，经过不断淘汰、不断完善，打造一支最优秀、最有战斗力的团队。"何享健高明的治理智慧、授权法是既要下放一定的权力给部下，又不能让他们有不受重视的感觉。从公司长远发展来说，作为企业领导人"先小人"才能"长君子"，有了"小人的机制"才不会伤"君子的态度"。

（四）有完善的监督与咨询职能机构

何享健还不断完善董事会的监督和咨询职能。何享健在任命方洪波掌舵的同时，提拔了两位深受其依赖的副董事长。在美的电器新任6位内董事构成中，有3位同时来自美的集团，几乎都是从美的电器股改开始就跟随何享健的亲密部属，而且和方洪波不曾有过上下级关系。不难看出，何享健意图在董事会内部制造一种均衡，这样的安排以辅佐为名，行监督之实。在董事会内部意见无法统一的时候，方洪波个人只有一票而已，可以有效避免职业经理人做出侵害大股东利益的行为。在这样的董事会安排下，何享健才放心大胆地把美的交给职业经理人来打理。

此外，治理机制的改善也不可忽视。首先是董事会的构成。美的电器董事会规模不断扩大，其中独立董事配置也从早期单一财务背景出身的人，拓展到财务、法务、经济三方面的专家，就是引入外部"独立董事"制度，"独立董事是指与所受聘的公司及其主要股东没有任何经济上的利益关系且不在上市公司担任除独立董事外的其他任何职务"①。独立董事是独立于公司股东且不在公司内部任职，并与公司或公司经营管理者没有重要的业务联系或专业联系，对公司事务做出独立判断的董事。外部独立董事具有独立性、客观性、公正性，改变了公司董事会成员的利益结构。独立董事能够客观地监督经理层，维护中小股东权益，防止内部人专权控制。一般公司独立董事大多都是财务出身并且身兼数家，而何享健要求给外部董事限定两家任职，并给独立董事丰厚的费用。美的独立董事不仅有财务出身的独立董事，还有法务、经营管理出身的独立董事。这些措施保证了独立董事有能力、有精力并且有动力为企业战略发展提供专业意见和建议，对企业的重要决策制定和重要制度安排实行监督。

（五）牢牢掌握管控核心权力——股权

大胆引入职业经理人机制且高度分权自治的背后，何享健不得不考虑如何把控职业经理人的风险。实现控制权的有效武器是高度集中的股权。如果创始人的股权过于稀释，创始人将无法完全掌控经理人，也将失去对企业战略方向和重大决策的掌控。牢牢掌握股权在分权治理中，集团总部保留了最核心的决策权，事业部经理有制订营销计划的权力，但是没有投资权，所有的投资权都集中在集团总部的战略管理部门。这一布局也为何享健加强对集

---

① 王文书：《企业股权激励实务操作指引》，中国民主法制出版社2011年版，第293页。

团的掌控力度奠定了基础。

由此可见，美的治理机制的实质是控股治理。何享健通过美的集团控股美的电器，为了巩固第一大股东的地位，何享健从2006年2月23日起先后8次通过协议受让或在二级市场上增持美的股票，控股比例一直未低于40%，实现了股权的高度集中。

但是，大股东更为稳固的绝对控股地位，并不利于对大股东的监督和制约。而控股公司引进比较有实力的投资机构，一般被认为有利于促进公司治理的完善、管理模式的转型，同时推动股权结构的多元化，也有利于促进对控股股东以及经理人的监督。出于该考虑，美的于2011年年初向博时、鹏华、平安、耶鲁、华商、国元六大投资机构进行定向增发；随后在同年的10月1—8日，美的电器的控股股东将美的集团的部分股份转让给融睿、鼎辉投资两家机构。在新的美的集团董事会成员名单中，这两家战略投资机构已派驻董事，既可代表小股东监督控股股东，也能够监督职业经理人，保护已经不参与经营的大股东的利益。

不同于日本的"养子"接班人制度，何享健的高明和智慧在于，让后代走资本路线，用资本控股，而不是直接接班，从而避免企业传承风险。何享健采取了这样一种开放的、市场化的、现代化的企业治理模式，拓宽了民企老板的新思路，是企业走向国际化的前瞻性探索，为民营企业家交棒提供了新的参考模板。何享健选择了让后代走资本路线，用资本控制和企业管理的双向机制有效结合，谋求与利益相关方的价值共享，缔造共赢格局。

【专家点评】在中国古代有很多成就大业的人物，周文王欲振周室，拜姜子牙为丞相；齐桓公欲称霸天下，拜管仲为相；刘邦想干一番事业，拜韩信为大将；刘备欲光复汉室，拜诸葛亮为相；朱元璋为成就大业，拜刘伯温为军师。无论在古代还是现代，成就多大的事业，关键看有多少大将。周文王愿意放下面子，感动了姜子牙；齐桓公能放下架子，感动了管仲；刘邦愿低下头，获得韩信的效力，帮他成就伟业。

第三节　德胜洋楼"诚信无价"机制体系

苏州德胜洋楼有限公司（以下简称"德胜洋楼"）是一家1997年在苏州注册成立的公司，主要业务是做西式制木结构住宅，经数年发展，年收入达到6亿元，占据了国内木屋领域60%的市场份额。作为一家专业从事西式木结构住宅的研究、开发设计及建造的企业，德胜洋楼虽然规模不大，但其独树一帜的管理文化引起了业界的广泛关注。德胜洋楼出版的《企业文化地图》《德胜管理》《德胜员工守则》，被许多中国企业学习和借鉴。"在德胜看来，企业文化的关键是引导员工遵循价值观，激励他们具备诚实的品德、勤劳吃苦的精神，善良、平和、有爱心，不走捷径，遵守规矩。"[①] 该公司的价值理念"诚实、勤劳、有爱心、不走捷径"体现在多个方面。如这家公司仅有一名销售人员，更让人惊讶的是员工报销不用领导审批——没有复杂的层层签字流程，没有短则一星期、长则个把月的漫长等待，个人填好报销数据，就可以直接对接财务报销费用。为什么连一些知名企业都无法做到的人性化管理，德胜洋楼却敢于这样做？其信心从哪里来的呢？这家企业为什么要这么做？又是怎么做到的呢？以下总结其组织经营的三大特点。

（一）经营组织信任体系

在德胜洋楼，员工报销前要先听财务人员宣读《严肃提示：报销前的声明》，具体内容比较简单："您现在所报销的凭据必须真实及符合《财务报销规则》，否则都将成为您欺诈、违规甚至违法的证据，必将受到严厉的处罚并付出相应的代价，这个污点将伴随您一生。如果您因记忆模糊而不能确认报销的真实性，请再一次认真回忆并确认凭据无误，然后开始报销，这是极其严肃的问题。"宣读完后，报销流程到此结束，员工可以领自己所报销的现款。这样没有约束机制的报销管理会不会出问题呢？即便企业相信大部分员工都是好人，是守诚信的人，但谁能保证没有一个不好的人出现呢？

其实为防止制度可能发生风险，德胜洋楼在施行该制度时，设置了一套"分析系统"支持这个制度的落地执行，这就是"个人诚信分析系统"。该系统专门针对报销问题建立，定期分析员工的报销行为，为每个员工归纳报销习惯。这套系统可以从员工的报销单据中分析出真实性以及费用发生的必要性，并通过一些方法总结分析员工的信用度，确定该员工在公司的信用级别及借款信用额度，信用度高的员工甚至可以借款十几万元。在德胜洋楼，任何腐败与欺诈行为一旦通过抽样调查和个人信用计算机辅助系统被发现，员工就会为自己的不诚信行为付出昂贵的代价。

德胜洋楼为什么要这样做呢？为什么要宣读那份财务报销声明呢？这除了是一种心理监管技巧外，其实最重要的目的是培养员工的自我管理、自我

[①] 周志友：《德胜员工手册》，机械工业出版社2014年版，第4页。

约束的企业自律文化，把农民工改造成企业高素质的产业工人和绅士，让员工对自己的信用负责，同时减少管理部门的层层审批。这一报销制度是让员工选择做一个君子而不是一个小人。这套报销机制在很大程度上体现了企业对员工的信任与尊重，同时启发员工的自尊、自爱、自省、自律精神，并形成对自己、对企业的自信转变。

信任能最大限度地降低经营管理成本。自古中国人骨子里就有一种"士为知己者死"的精神，被人信任可以激发人内在的自律精神。作为一个企业老板，如果你的员工心甘情愿地追随你，那说明你一定赢得了部下对你的信任。信任的基础是建立在对人尊重的基础上的，信任可以为企业创造更多价值。你尊重员工，员工才会尊重你的客户，并将这种信任化为一种力量，成为企业成长进步的驱动力。有了对企业的信任，员工才有可能将专注力放到产品上，专心将产品做到极致，将企业对自己的信任转化为把企业的事当成自己的事，小到节约物料的使用，大到为企业提出有建设性的改善方案，都愿意尽心尽责。同时，人与人之间、员工与企业之间有了信任，就会减少企业的内耗。从某种意义上说，建立一个有信任的社会体系，对一个企业、一个国家、一个社会来说，管理成本将是最低的；反之，其社会管理成本将是最高的。商务部发布的数据显示，中国企业每年因信用缺失导致直接和间接经济损失高达6000亿元，其中因产品质量低劣造成各种损失达2000亿元。三聚氰胺事件使奶业巨头三鹿集团轰然倒下，几十年来树立的优秀品牌资源瞬间土崩瓦解。社会管理需要信任，没有信任，"你坑我，我害你"，人们急功近利，社会道德退化，再完善的法规制度还是会有人钻空子。企业与员工之间如果缺乏信任，企业的执行力就无从谈起。所以，一个企业、一个社会最需要经营的首先就是诚信。

（二）改造人，打造人性与制度"软硬兼备"的企业文化

用德鲁克的话来说，经营企业就是"左手是管理，右手是信仰"。此话用来形容德胜洋楼的管理最恰当不过。德胜洋楼打造了企业管理"一手更硬，一手更软"的双制管理文化。

"一手更硬"指的是制度，就是做好精细化管理。德胜洋楼有详细的员工手册、施工手册、制度学习会、督察制度、训导会等。德胜洋楼设有自己的程序中心，给公司的各个运营环节、各项工作都制定了明确的操作细则，包括建筑工地的施工程序、物业管理的服务程序、值班程序、召开会议的程序、餐厅服务程序、采购程序等。德胜洋楼认为，企业管理不能省程序，要防范中国人的"差不多"陋习，如擦桌子按标准擦三次以上，一次都不能

少；洗厕所要洗到厕所的水能饮用的程度……如此严格的标准要求，就是告诉员工不能耍小聪明、走捷径，必须严格按照程序完美地做事。

"一手更软"指的是企业的人性化管理。管理是把握人性的艺术，要包容、关爱员工。比如，德胜洋楼有听证会，在工作中遇到的不合理问题，员工可以到听证会上提出，但不得在工作中私下议论，如果诉求合理则采纳。又比如，德胜洋楼收到的客户礼品在员工内部低价拍卖，满足员工个人需求，义卖所得款项捐献给爱心基金，这样既避免了商业贿赂，又不辜负客户的一番心意。德胜洋楼不允许员工带病上班，上班无须打卡，员工报销不需要领导签字，充分信任员工。每年德胜洋楼会在苏州最豪华的五星级酒店召开年会，邀请全体员工参与。酒店方面担心农民工会闹出尴尬，然而农民工的端正行为远远超出了酒店的预期。不仅没有大声喧哗、乱发酒疯、吐痰抽烟的现象，而且都衣着得体、彬彬有礼。把所有农民工请到五星级酒店开大会，恐怕国内仅有德胜洋楼一家。之所以这样做，是希望让身处社会底层的农民工享受到绅士的待遇，感受高品质的生活，从而获得一份自豪感和尊严感。反过来，只有得到尊重、拥有尊严感的员工才能尊重工作，把自豪感带到工作中。

（三）培养君子文化，塑造匠人精神

德胜洋楼只有一名销售人员，一年做六七亿元的订单，送订单都要排队，与其他企业拼命拉业务、找订单的经营状况形成了巨大的反差。与很多企业极力营销产品或打价格战不同，德胜洋楼走的是"信任无价"的路线。德胜洋楼拼的是信用，经营的是让人信任的匠人产品，而不是拼价格。其实营销最核心的就是信任，信任是品牌的核心价值。而要保证品质，就要有过硬的团队素质，这也是德胜洋楼的核心竞争力之一。德胜洋楼在人才的培养上肯下功夫。为了确保质量服务，该公司每年都会送一批普通员工到美国、加拿大、芬兰学习培训，还成立了一所德胜鲁班木工学校。德胜洋楼对品质的严格要求，让人想起古代匠人们对器具工艺执着追求的精神境界。德胜洋楼把对人的信任转化、上升为员工的匠人精神，打造了精工产品，保持良性循环，这是很多企业梦想打造的企业运营模式。

《第五代管理》的作者查尔斯·M.萨维奇认为，怀疑和不信任是公司真正的成本之源，它们不是生产成本，却会影响生产成本；它们不是科研成本，却会阻碍科研的进步；它们不是营销成本，却会使开拓成本大大增加；它们不是管理成本，却会因内讧而使管理成本加重。海底捞充分信任授权员工"免单权"，让员工成为企业自管决策高手；稻盛和夫信任员工，打造了

"阿米巴自主经营体",创造了两个世界 500 强企业;德胜洋楼信任自己的员工,把员工都培养成匠人。对于企业老板而言,要想让员工前堂后堂跑得快,就得让员工与老板一条心,让员工发自内心地爱这个企业。而赢得员工信任的重要前提是要考虑员工需求。普天之下,三百六十行,实际上都是"经营人心工程"。政治家需要赢得人民的信任,企业家需要赢得员工的信任,打造好的商业模式需要赢得消费者的信任。要以开放的心态、利他的心态对待员工,学会授权给部下,学会相信员工,学会运用制度与规则创造一个大家都能为之奋斗成功的梦想。

德胜洋楼是继海底捞之后又一个可供企业家学习参考的经典企业经营案例。它们都有一个共同的特点,那就是特别注重经营人心,懂得经营人性。有人说,"中国人是一个没有信仰的群体,没有信仰就很难管理群体"。其实中国人是有信仰的,中国人信仰的是家文化。家是每一个人心灵归宿所在,家最大的魅力是有亲情,有爱,有信任。这种爱与信任的力量一旦产生,人就会自觉地去维护自己的信用,维护自己在企业的信用记录。对于企业来说,企业肯相信员工、善待员工,员工就会相信企业。这样的企业一定是有力量的团队,而这种内部信任在某种程度上又转化为顾客对企业品牌信任。德胜洋楼的案例告诉我们,对一个企业经营者来说,在企业经营思维上,应重新思考人性化管理的创新课题。德胜洋楼创新管理经验带给我们的启示是,人性与制度是相辅相成的,经营好员工的精神世界,经营好员工对工作的神圣感,至关重要。制度需要统一的思想来执行,当人性与制度相互结合时,就会形成有巨大的生命力的企业文化。

【专家点评】2015 年的热门话题之一是"去日本购马桶盖"。这个话题应引起国人深省。难道我们的产品品质不如别人吗?不是的,日本的马桶盖也是在中国制造的。真正的原因是我们产能过剩,更深层次的问题是我们的市场假货太多,缺乏诚信管理体系。经营企业要让员工放心,要让客户放心,不要欺骗别人,因为能被你骗到的都是相信你的人,不要忽悠你的客户,更不要坑你的客户!用你的专业精神来服务客户,用你的真诚来打动每一个客户,这样我们的商业社会才会越来越文明,诚信体系才会越来越完善。

第四节 用 PK 机制激活员工的能量

18 世纪时,英国将罪犯发配到澳大利亚,以增加那里的人口数量。英国政府给贩运者按上船人数支付一笔运送费,结果大多被贩运者都死在了途中。英国政府采取了很多办法，都没能很好地解决这个问题。后来一位官员发现了其中的奥妙，改为按到岸人数支付运送费，结果途中死亡的人数大大减少。这样一个小小的改动，就解决了一个难以解决的问题。

机制决定执行结果

世上本无无用之物，只有没用好之人。在《活法》一书中，稻盛和夫这样解释他的"燃烧理论"："一个人要有所成就、有所作为，就必须拥有自发性的热情，换句话说，即必须是个'可燃性'的人才能够点燃自己的热情。一般来说，物质可以分为三种类型：一是靠近火就燃烧起来，属可燃性物质；二是接触到火也不会燃烧的，属不可燃物质；三是在自然状态下燃烧起来的，属自燃物质。"这位"日本经营之圣"将人分为三种：自燃型的人、可燃型的人、不燃型的人。稻盛和夫所谓的"燃性"，是指对事物的热情。自燃型的人是指最先对事物开始采取行动，将其活力和能量分给周围的人。可燃型的人是指受到自燃型的人或其他已活跃起来的人的影响，能够活跃起来的人。不燃型的人是指即使受到周围的影响，也不为所动，反而打击其他人的热情或意愿的人。有些人不需要周围的环境给他什么影响，自己就能迸发出无限的热情，主动积极；有些人不管周围的环境给他多少影响，他还是一贯态度冷漠，消极懒惰，就连一丝热情也激发不出来。

一个人要有所作为，不仅要有自发性的热情，还要能把这种热情"传染"给周围的人，用自己的情绪和态度去感染、带动别人，营造一种积极应对、乐观向上的进取氛围，而绝对不能只是听命行事。如果我们都能不等上级说什么，就自己主动地去做，具有超前意识，工作自然能做得超乎预期。企业的团队内也有可能存在这三种类型的人，因此企业经营者要尽量用好自燃型的人，带好可燃型的人，帮助不燃型的人。大家知道垃圾是可以发电的，垃圾发电的原理是让垃圾焚烧发电。一般垃圾入厂后不需要特别处置，经过3~5天堆放干燥后释放出垃圾的水分就可焚烧。垃圾必须破碎成小块才能焚烧，而且通常是掺烧部分燃煤。利用焚烧产生的热量给水加热得到蒸汽，蒸汽推动汽轮发电机组做功发电。整个过程就是化学能转化为热能、机械能，最后转化为电能的过程，经过干燥、燃烧和燃尽三个阶段。垃圾都可以有用处，这世界本无无用之物，关键看怎么用。

用PK燃烧员工的工作热情

坊间有这样的段子："50后"一条心跟大队走；"60后"跟"铁饭碗"走；"70后"跟领导走；到了"80后"，开始跟领导保持距离；到了"90

后"，员工会说为什么领导不能离我近些？在遇到纠纷时处理问题方法上几代人也不一样："50后"有问题找队支书；"60后"找单位组织部；"70后"有纷争用"江湖方法"；到了"80后"，用法律解决；到了"90后"，他们会选择"人肉搜索"。人们的思想在不断地发生变化，而思想会影响人的思维习惯。以往的处罚管教方式经营已不适合当代企业经营管理。都说"80后""90后"难管，之前父辈们一个"铁饭碗"就愿意干一辈子，只要有份工作就愿意吃苦耐劳；"80后""90后"在企业工作不仅注重工资，更看重的是个人在企业的发展和未来，尤其在意企业中能不能成长、领导关不关心他们，还有就是在企业工作是否快乐。在这种情况下，如何点燃员工的工作激情，使其能够快乐地工作呢？这就得从如何保持组织的活力来考虑——员工有没有参与感，员工的智慧有没有被释放。

例如，可以采取创造性的工作PK机制。一是发布PK通知，就像打擂台赛，先进行造势，这好比进入燃烧的干燥程序，拉一个大红横幅，搞个PK仪式；二是明确PK要达到的目标（如销售目标、生产目标、品质达成目标等）；三是明确PK时间的起止日期；四是宣告PK对象（谁和谁）；五是公布PK方式（具体指示及奖惩方案），包括物质奖励与精神奖励（如精美的纪念册，由董事长签名的荣誉证书，金、银、铜的名次奖牌，丰厚的奖金加团队国外游等），可以用每天小奖、每周大奖、每月重奖的奖励机制来点燃员工的参与热情。

接下来，进入燃烧程序，员工与员工PK，班组与班组PK，小团队与小团队PK，主管与主管PK。老板也可以适当拿出一些奖金作为团队PK的奖励。例如，公司车间里可放一个旋转式的指针盘，优胜组小奖品可以通过旋转盘自转自选，通过小措施让员工快乐地参与到PK赛中。PK机制可以有效地让员工能量聚焦，从而让员工在工作中寻找快乐。经营团队、做好工作的最高境界就是"玩"，管理者可以让员工在工作中PK、打赌、玩游戏等，核心就是把工作与游戏结合起来，让员工在玩中工作，在工作中玩，释放工作压力，感受工作的快乐。

PK树立榜样的力量

目标是一个组织试图完成行动的目的，是引起行为的最直接的动机。设定合适的目标会使组织（企业）产生达到该目标的强烈愿望，因而对组织中的成员具有极大的激励作用。美国管理学大师彼得·德鲁克认为：目标不是命运，目标是方向；目标不是命令，目标是承诺；目标并不决定未来，目标是动员企业的资源和力量来创造未来的手段；目标是衡量绩效的标准，目标是分派任务的基础。① 一个企业、团队或一个组织怎样才具有执行力？关键要看你设置的目标有没有带动力，作为一个团队是以业绩来说话的，PK机制是激发团队战斗力一个有效方法。

团队内部一定要有PK机制、竞争氛围，通过简单的排名，再结合奖优惩劣，把团队内部的气氛激活。不竞争、不PK、不把工资拉开差距，会让优秀的员工感觉没有未来、没有动力，导致每年走的员工都是领导想留的，剩下的都是对公司没有价值的人。不同的人应用不同的激励方式，比如研发人员与销售人员激励就不能一样，但PK的一个原则就是要发挥榜样的力量。

经营企业就是经营人，经营人要靠机制，设计出符合人性的机制。企业的机制决定企业的统制。工作的最高境界是什么？就是玩，作为企业经营者，就要学孩子王，设定好一定的游戏规则，带领你的团队一起玩，玩出大家的热情与快乐、玩出成果。管理者要激活员工的能量，你不让员工聚焦和点燃能量，能量也会自我损耗。企业要不断导入激发机制，如举办各式各样的比赛活动，让员工之间展开PK，让员工在快乐的游戏中不断突破自己。

【专家点评】不论是用PK机制，还是建立自动化机制系统，核心目的都是要不断激发员工。如果员工的源动力没有解决好，一切管理就没有意义；而员工的源动力主要来自三个方面的需求：一是收入需求，二是安全保障需求，三是学习成长需求。"80后""90后"和"00后"处于思想活跃、追求自我的新时代，老板只能去适应新环境，并用机制去引导他们。企业经营业者只有学会激发员工的源动力，才能提升企业的竞争力。

第五节　用机制去除戾气

"戾"字在《新华字典》的字义是恶、违背、凶暴极端；在《说文解字》中的释义为戾，曲也，从"从犬""从户"，本义指弯曲、会意：犬从关着的门中挤出，必曲其身。在论语《荀子·荣辱》中，有"果敢而狠，猛贪而戾"。意思是说，只知从事赢利、争夺货财，而绝无辞让之心，果敢而狠，贪利无厌而暴戾。戾气是颓废之气、灰暗之气、污浊之气。戾气也常用于中医。在中医学说中，戾气又名"疠气""疫疠之气""毒气""异气"

---

① 任多伦：《哲学智慧与企业管理：中国哲学思想在企业管理中的应用》，商务印书馆2011年版，第88页。

"乖戾之气""杂气",是和正气相反,和邪气相对应的。人一旦被戾气侵心,就会变得浮躁迷乱,就会怨气郁积。《诸病源候论》卷十曰:"人感乖戾之气而生病,则病气转相染易,乃至灭门。"古代医学认为,戾气可以通过空气传染或直接接触传染,既可散发,又可成流行之疫。日常生活常说的戾气是指人的暴戾之气,是指人的残忍、偏向及走极端的一种心理或风气。

戾气时刻存在

我们这个社会有没有戾气呢?《深圳日报》曾报道"深圳女白领梁亚的50分钟"。梁亚上班途中在地铁站倒地,路过的人很多,竟没有人上前帮忙,最后还是一个外国人告知地铁工作人员。又如,郭美美与中国红十字会事件,从2011年6月21日起直到2014年7月9日郭美美因赌博被抓,事情才浮出水面,才被大众所知。此前竟然没有人较真,就连红十字会也没有人敢站出来说出真相。为什么这么久没人敢较真呢?因为在人们的习惯意识里,总觉得真相复杂,不知水多深多浅。再如,2014年8月2日国务院调查组认定江苏昆山"中荣金属"爆炸是一起重大责任事故,责任主体是企业,主要责任人是企业高层,当地政府负有领导和监管不力之责。据《中国经济周刊》报道,之前工人与企业的矛盾主要集中在"尘肺"等职业病上,并发生封堵"中荣金属"的大门事件,但劳动报酬相对较高的很多人最后选择妥协。企业用高收入替代或弥补其应该健全的职业健康投入,忽视工人的基本安全,就好比我们现在用经济高速增长隐藏社会矛盾,这也是戾气之源。

为什么我们的员工"勤而不敬"呢?作为企业经营者要反思一下,要想人敬业,首先要敬人。一个企业如果连最基本的法定保险都不愿意买,基本职业安全都保证不了,带薪年休假都不给,怎么能让员工心理平衡呢?"80后""90后"与父辈不同,他们从小的生活环境、生存需求及安全需求都能得到基本的保障,所以他们对归宿感、尊重感、自我实现比较重视,他们接受上一代"人治"管理思想较少,更乐于接受新体制、新机制。

还有曾在社会上热议的内蒙古呼和浩特市"呼格吉勒图冤案"及备受关注的"念斌投毒案"。前一案,直到2005年被媒体称为"杀人恶魔"的内蒙古系列强奸杀人案凶手赵志红落网才真相大白。赵志红落网后交代的10起强奸杀人案第一起就是"4·9"女尸案,而这个案件当年认定呼格吉勒图为凶手,但呼格吉勒图已经在1996年被执行了死刑。"1996年4月,内蒙古自治区呼和浩特市毛纺厂年仅18岁的职工呼格吉勒图和工友闫峰夜班休息时,听到女厕内有女子呼救,便急忙赶往女厕内施救。而当他赶到时，呼救女子已经遭强奸后被扼颈身亡。随后，呼格吉勒图跑到附近警亭报案，不想却被时任呼和浩特市公安局新城分局局长冯志明认定为杀人凶手。仅仅61天后，法院在没有充足证据支持的情况下，便判决呼格吉勒图死刑，并予以立即执行。翻案及司法赔偿结果仍在继续，希望迟到的正义不再缺席。"①

从以上的案例中可以看到部分中国人的冷漠，甚至冷酷。再下一步会到哪里呢？鲁迅先生曾对中国人的国民性有深刻的剖析，认为中国人有一种围观与猎奇的心理，习惯于"事不关己，高高挂起"。从文化上看，这是长期受中庸思想影响的结果。

"权大于法"是戾气之源

新一届中央领导集中加大反腐力度，一大批"苍蝇"与"老虎"应声落马。"把权力关进制度的笼子里"法治思维构想符合民众意愿，也是人类社会发展的必然要求。以历史的视域来看，与法治相比，人治是不可靠的，因为人性是贪婪与自私的，难以无私地替普罗大众谋福祉。纵观中国历史，李世民那样的好皇帝毕竟没有几个，能被人们记住的皇帝很少。因此，回归法治、遵守法律是必然之路。只有法治才能从根本上保证人权、自由、平等。中国人自古就认识到要治国平天下，必须寄托于法。历史上汉朝有文景之治、汉武盛世，唐朝则有贞观之治、开元盛世等，但中国历史为何总是一个朝代的衰落伴随着另一个朝代的兴起，总是在治乱与兴衰中循环？或许有人会说这是历史的规律，从法治角度来看，一个国家的法治水平与其文化基因有着密切的关系。中国古代法家思想就有"以法治国"的思想萌芽，儒家也强调法治，但强调的是"礼法互补，综合为治"。孔子在《论语·为政》中曾说："道之以政，齐之以刑，民免而无耻；道之以德，齐之以礼，有耻且格。"礼，作为一套有着深厚渊源的道德原则，作为人们一贯奉行的行为规范而存在。中国古代社会是典型的宗法和君主专制社会，作为正统法律文化的儒家法律文化曾长期占据统治地位。儒家的"礼"作为社会行为的根本准则，"出礼入刑""德主刑辅"等思想使法律成为儒家伦理教化的补充和附属，但其本质仍是君主至上。"国家有难，匹夫有责"，但匹夫不是治国的主体而是被治理的对象。儒家虽不排斥法的作用，主张仁人、贤士治国，但其核心思想主旨还是人治思维，儒家法律思想所倡导的"宗法制"，其基本原则就是"亲亲"和"尊尊"，宗法的伦理精神和原则渗透和

---

① 见人民网：http://legal.people.com.cn/n/2014/1216/c188502-26216477.html。

影响着整个社会，这便形成了"君君""臣臣""礼不下庶人、刑不上大夫"等严密的君臣等级体系。在这样一个严密的体系里，臣民服从的不是法律，而是权力。而且"君君臣臣、父父子子"理论把人们引向以人为中心、为依靠的等级森严的"人治"轨道上。从这一角度来看，在历史中发生众多愚忠愚孝的事也并不奇怪，因为思维决定行为，机制决定统治。在西方社会，柏拉图、尼采、亚里士多德等西方先哲所主张的人人生而平等、自由，以及通过法律限制权力等思想闪烁着不朽的光芒。如果没有法治，只靠人治，就会出现丛林法则式的争斗，人与人之间的信任无法建立，社会怨声载道，"呼格吉勒图"式怨声沸腾的冤案也就无法避免。事实证明，"权大于法"是社会戾气之源。

由此可知，人们缺乏同情心、缺乏包容，不仅因为信仰的缺失及民众自身缺乏安全感，更是因为人治干涉法治，才导致人变法变。为什么有些企业家要移民？因为企业家变更国籍后，产品便"出口转内销"，能享受此前民营企业难以奢求的政策便利，融资渠道更加多样化。

去除戾气需要遵守规则、敬畏法治

再如，此前新闻曾报道"原平交警依据交通法扣押涉案车辆"，其行为是行政权力，行政权力有没有效还需法院裁定。警察用行政权干预法院的司法权，是典型的行政权力阻挠司法权的案例，生效的司法裁定具有公共约束力，不仅约束当事人，各级权力单位也应当遵守。到底是法大于权，还是权大于法，答案当然是司法是最后一道防线。司法权得不到尊重也是戾气之源，因为我们忽视了法治。人治围绕人转，人都想有制度约束别人，但都希望自己不受制度约束，这是行不通的。

浮躁之气是戾气之源，戾气源于人人都想走捷径，想通过关系或路子一夜暴富。带着此种心理工作的人，一定"勤而不敬、良而不善、苦而不乐"。当今社会，人与人缺乏信任，诚信缺失在于诚信体系的缺失，政务诚信度和司法公信度与人民群众的期待仍有差距。政府应该做好信用示范，全面建立政府部门服务承诺制度，对行政职权范围内的服务事项向社会做出服务质量和服务期限承诺。应将政府工作报告中为群众办实事的践行纳入绩效考核范围。政府如果给老百姓开"空头支票"，就会直接影响政绩，难以建立为官诚信体系。

去除戾气，机制决定统制

对于人们痛恨的官员腐败，可以借鉴新加坡廉政制度建设经验。新加坡被誉为世界上最廉政高效的国家之一,其廉政制度最为重要的一个机制是积薪养廉。积薪养廉是新加坡廉政建设的一个重要措施,虽然从表面上看,新加坡高级领导人的工资差不多是世界上最高的(例如,2008年新加坡一个部长年薪为192.8万新元,约合人民币964万元),但领取高薪的只是少数精英,且这是他们的全部收入,与其在企业时的薪水相比要差很多。真正对公务员起激励和约束作用的,是新加坡的中央公积金制度。其主要内容是:公务员个人支出工资总额的18%,政府支出22%,以相当于工资总额40%款项存入公务员个人公积金账户;工龄越长,公积金就会越多。

实行这一制度后,若公务员能够廉洁奉公,没有贪污、受贿、渎职等行为,其退休后凭公积金收入就足以保证全家生活无忧。但新加坡法律也规定,凡有贪污、受贿、渎职等违法行为者,一律取消其全部公积金。例如,新加坡前商业事务局局长格林奈,在任职期间曾因政绩卓著被评为"杰出公务员"。然而,他在1990年以购买新汽车为由向银行申请贷款,银行付款后他却没有买汽车而改作他用;他在某印尼商人尚未签约前,先后两次对八达汽车公司谎称该商人已买下某度假村。事发后,他被法院以"说谎罪"判处入狱3个月监禁,后又被开除公职,其担任公职20年的50余万新币的公积金和30万元的退休金也被取消,身败名裂、倾家荡产。新加坡公积金制度的成功经验表明,推行这一制度,可以提高公务员廉政勤政的收入预期,能够增加公务员贪污腐败的即时成本和未来风险,从而对公务员的廉洁从政行为起到激励作用,对公务员的贪污腐败行为起到约束作用,使得公务员不敢也不愿因贪图蝇头小利而毁掉自己后半生的幸福生活。反腐是在跟人性做斗争,而人性最怕的是什么?人性最怕的就是信息公开,公开透明的信息才可能使信用制度真正落实。从某种角度来说,无论是一个国家还是一个企业,其治理机制决定了其廉政治理的效果。

法治不能长久,共赢机制才能长久

法治实质上也是利益集团博弈的产物,它并没有改变社会关系的基本法则。历史无数次朝代的更替证明,只要有严重的利益冲突,社会就会动荡,个人生命和财产就会受到威胁,遭受严重损失。西方企业在相当长的历史时期中,也曾忽视普通劳动者的利益,结果导致社会动荡。这些都不是用法律就能解决的,唯有在共赢的游戏规则下,让大家赢,社会才能实现真正的共赢。

【专家点评】很多老板都为员工存在自私、贪婪、虚伪、不忠诚等缺点而苦恼,希望员工都只有真诚、忠诚、勤劳等优点。其实,一位优秀的管理者不仅是一位机制的设计师,而且是一位了解人性的大师,他可以左手抑制人性的弱点,右手激发人性的优点。

第六节　曾国藩治军的秘密

在中国近代史上,曾国藩是一个颇具魅力的神秘人物,但同时也是一个颇有争议的人物。对曾国藩,有人称之为"罪臣",但在中国近代史上他曾起过举足轻重的作用。他潜心研究学问,并留下各种著述、家书供后人学习参考;他擅长治军方略、组织编练湘军,镇压太平天国运动,成为晚清王朝的重要人物;在一定条件下顺应了历史的潮流,倡导洋务,为中国社会的进步做出了贡献。其治军机制尤其值得后人反思。

在军事史上,曾国藩的湘军不能不算是一个奇迹。湘军是所谓的"湘勇",即地方政府招募的临时性武装军,并非国家的正规军,当时的国家正规军是八旗和绿营。然而,曾国藩却在很短的时间内,将这样一群来自草根阶层的散兵游勇打造成当时最具凝聚力和战斗力的部队,令"湘军精神"流传后世,成为"团队精神"的代名词。

曾国藩身处大清王朝摇摇欲坠、即将土崩瓦解的前期,在正规军连连败退的情势下,他奉命筹建镇压太平天国的太平军。曾国藩先分析了清朝的绿营为何打不过太平军。绿营在装备及士兵军事素质训练上与揭竿而起的农民相比,不是一个级别上的,然而这些训练有素的精锐部队在太平军面前,却一触即溃,望风而逃,转眼之间就将大清王朝的半壁江山送给了太平军。曾国藩认为这是制度不利、人性难驭使然。

制度决定人性

曾国藩用人选人有一套独特的方法,如"欲察德操,先观动静"。《冰鉴》一书是曾国藩总结自身识人用人心得而写成的一部传世奇书。"曾国藩用人重视品德,也是中国古代用人的一大传统,不论《论语》还是《人物志》,都把德放在十分重要的地位。"[①] 除了重视品德,湘军的战斗力来自曾国藩一手设置激励机制。曾国藩的治军之道先从机制与制度入手。曾国藩分析认为,绿营采取的是"世兵制",即士兵由国家供养,世代为兵,各地都有绿营。一旦发生战事,就采取抽调的制度,东抽一百,西拨五十,组成一支部队,然后派将带兵出征。其结果是兵不识兵,将不识将,兵不识将。这

---

① 王再华:《冰鉴的智慧》,远方出版社2007年版,第25页。

样就像砍树枝一样，东砍一条，西砍一根，然后捆到一起，形不成一个整体。既然彼此都不熟悉，没有交情，那么大家都明白，遇到危险就甭指望有人会来救自己。打起仗来就谁也不肯冲锋在前，独履危地。生死之际，所有人的本能反应都是自己先逃命。这就是绿营作战的特点，也就是曾国藩说的"近营则避匿不出，临阵则狂奔不止"。在曾国藩看来，"胜则相忌，败不相救"，这样的军队，即使诸葛孔明在世，也是打不了胜仗的。

所以，曾国藩在湘军采取了全新的制度设计，与绿营的世兵制不同，湘军采取的是招募制，而且是层层招募制。具体来说，就是大帅招募自己的统领，统领招募自己手下的营官，营官招募自己的哨官，哨官招募自己手下的什长，什长招募自己手下的士兵。

战斗力来自团队成员命运共同体

曾国藩非常注重团队的忠诚度。曾国藩曾给"诚"下过定义："一念不生是谓诚，故诚于中，必能形于外。"① 意思是说，真诚表现在内就是纯净无染，表现在外就是真实不虚、率真自然，如此，则自然心胸坦荡，正直无私。曾国藩不仅在选人用人上注重对人品德的考察，而且将人品与激励机制相结合。

曾国藩重视将士的待遇，湘军待遇很高，所以不愁招不到兵。但只有上司招募你，你才能进入湘军，得到升官发财的机会。这样一来，士兵势必感激自己的什长，什长势必感激自己的哨官，哨官势必感激自己的营官，营官势必感激自己的统领，而统领势必感激自己的大帅。如此，从大帅到士兵，湘军就像一棵大树，由根而生干，生枝，生叶，皆一气贯通，组织内部就全部打通了。由于各级组织之间存在挑选，在知遇之恩的感情纽带下，湘军有很强的凝聚力。

但仅有此是不够的，《湘军志》中有言："其将死，其军散；其将存，其军全。"曾国藩规定，在作战过程中，任何一级军官一旦战死，那么他手下的军队便就地解散。比如，营官战死，那么整个营就地解散，全部赶回家去，一个不留。这就导致一个结果，所有人都会做一件事情，就是一定要保住自己的长官。因为只有保住长官，才有继续升官发财的机会。原本保卫长官是一种道德要求，而湘军通过制度设计使其变成了最符合下属利益的行为。因此，在湘军中道德的要求和利益的追求完美结合在一起。湘军能征善

---

① 林伟宸：《感动力：人际互动与商业经营的神奇力量》，中国华侨出版社2011年版，第41页。

战,"湘勇"之名就得益于以上的制度设计。

从曾国藩的治军方略中可以看到,呼吸相顾、上下相维、喻利于义、赴火同行、蹈汤同往,湘军的勇猛来自好的制度设计,制度决定和改变人的行为。在确立制度之后,曾国藩根本不用自己挥着战刀在后面逼下属冲锋陷阵,下属自然就知道往前冲。一家公司发展如何取决于机制,产品只是媒介,分配决定民心所向。得人心者得天下,懂得机制的人就是高人,所有改革创新最根本的就是机制的改革和创新。

【**专家点评**】企业倒闭的五大原因:一是高层无大将可用,二是中层无能,三是基层腐败,四是团队无执行力,五是老板喜欢阿谀奉承。曾国藩是位管理团队的大师,更是懂得人性的大师,向大家推荐曾国藩的《冰鉴》一书。

第二章 共赢的机制

第一节 赚钱与分钱的机制

如何才能更好地经营企业？这是企业老板们经常思考的课题。企业是由客户、员工、股东等几方关系组成的。对于客户关系维持来说，离不开具有吸引力的魅力产品，这就要求企业打造好产品；对于员工来说，要让他们为之奋斗的愿景、梦想与收入、待遇相匹配，这就要求企业经营者分好钱，帮助员工实现梦想。

世界市场本质上可以说是一场能量争夺战，规则由强者决定。奴隶社会争夺的是人口，封建社会争夺的是土地，工业社会争夺的是资源，信息时代争夺的是眼球，网络时代争夺的是用户。对于一家企业来说，你的企业能存活多长时间，取决于你能满足客户的需求多长时间；对于一个家庭来说，你的家庭幸福能够持续多长时间，取决于你能满足另一半需求多长时间。企业和家庭都是一样的，其本质都是经营人性。一个社会、一个国家，离开人性，谈任何策略、机制都是没有落脚点的。决定人性的不仅是一个社会的文化、价值观、道德等，重要的还有利益机制，用老子的话来讲，就是"天下熙熙，皆为利来；天下攘攘，皆为利往"。笔者并不否认人内心对精神价值文明的追求，但无论是精神追求还是物质追求，人们之所以去追寻，一定是这件事或这个目标对他本人是有利的。

对于一个企业经营者来说，企业不是自己一个人的，要实现自己的愿望，就要想方设法帮助更多的人实现愿望。首先要解决的问题就是最大限度地调动团队每一个成员的积极性，最大限度地发挥他们的能量，为团队创造业绩。企业经营者要经常思考一个问题，就是团队的分配机制是否高效。团队建设凝聚力核心在于分配机制，分配问题一解决，所有问题都迎刃而解。别人不跟你合作，八成是你的分配机制出了问题；员工不愿跟你干，大多是因为你没有把钱分好或对员工关爱不够。所以，企业团队执行力低下的问题一定是执行的人与被执行的事或人没有建立有效的激励机制。企业所有的问题都是人的问题，人的问题是思想的问题，思想的问题在于你想要的和他想要的不匹配。如果企业能建立有效的激励机制，很多事情其实并没有那么复杂。人性的问题解决了，一切都会自动水到渠成。以下分别探讨如何赚钱、分钱、花钱。

（一）打造尖刀班产品是赚钱的核心

企业想要赚钱就得打造自己的尖刀班①产品，这种产品能满足人们的需求。例如，传统自行车最早是作为交通工具使用的，但现在如果企业还把自行车仅仅视为交通工具，则几乎无法在市场上生存。如果换一种思维，将原本用来代步的自行车定位为健身运动型产品，如现在的山地车、二轮脚踏车等，不但能健身，还能随时查看运动数据，将健身和娱乐融为一体，这才是与时俱进。

一个尖刀班产品，其设计往往能给人以力量感、成就感，并能保持自己的绝对优势。比如，苹果手机款式简单，但其产品设计远远超出用户预期，不仅能够给用户带来惊喜，还有非常好的用户体验。苹果手机让用户从细节体验开始，每一次更新换代都能够满足客户需求或总能够创造引导客户的需求。好的产品要像好的医生那样善于解决客户的问题，无论哪一国的患者都对医生言听计从，从不拒绝，也不和医生讨价还价。医生的第一步是倾听，听你说一些症状，身体有哪些问题；第二是让你做个化验的程序；第三是经过周全的了解，知道你产生症状的原因；第四是对症下药，客户从始至终都没有抗拒，这其中最重要的原因就是了解客户的期望是什么，有了这个核心期望值，就可以帮客户解决问题或消灭痛点，那么对方就会心甘情愿地买单，因为他相信你可以为他解决问题。所以，无论你是卖什么产品的，一定要记住你卖的是消费者对美好未来的期望。企业最本质、最核心、最关键的工作就是产品创新，如果企业无法根据目标客户的需求去提供产品，只是靠策略、靠广告、靠策划去忽悠客户，迟早会被客户抛弃。商业竞争的本质是拥有核心产品，所以打造让顾客满意的产品才是赚钱的核心。

（二）学会分钱，钱将越分越多

只有学会分钱，钱才会源源不断地聚过来。俗话说，"财散人聚，人聚财聚"。在一个公司里，一定有人会注重短期利益，也有人会注重长期利益。诉求不一样当然会出现矛盾，但在良好的机制下两者并非不能相互协力、相互制约。例如，历史上晋商曾经辉煌一时，在中国农业社会中最贫瘠

---

①尖刀班：是指军队中能完成艰巨任务的团队，这里是指能在市场上赢得客户信赖的产品。

的黄土高原上,集中了中国50%以上的金融资产。他们开办商号、钱庄,使商业交易变得更为方便和安全。晋商近两百多年的基业,其核心竞争力不是诚信,而是"财股与身股结合、身股为大"的商业机制。在晋商的机制中,如果经理人持有身股,可以获得60%~70%的分红,相当于自己当老板持有财股,虽然分红拿小头,却可以继承,可以决定总经理的去留,以保证基业的延续。正是因为有一套合理的商业机制,才成就了晋商两百年基业。再如当今创造互联网交易奇迹的阿里巴巴,除了商业模式外,另一成功的关键是马云的分钱机制。马云对阿里巴巴B2B业务的持股少于5%,但平均每名员工持有9.05万股,阿里巴巴B2B上市造就了堪称中国最大的富翁群。从某种角度说,是团队的成功造就了马云的成功。在当今"抱团打天下"的时代,如果掌握了分钱的诀窍,赚钱就会变得更容易。

人们常说花钱容易赚钱难,比赚钱更难的是分好钱。有的分法分得朋友不是朋友,亲戚不是亲戚,兄弟不是兄弟,更有甚者分出很多竞争对手。对于企业经营者来说,钱分得不好还会把人给分跑了。一个人有两种很重要的能力:一种是把自己的能力或潜在能力发挥出来的能力;另一种是发挥他人能力的能力,即发挥团队的凝聚力、把事情办成的能力。在经营企业的过程中,分钱是吸引人才并激发人才创造业绩的核心动力。赚钱只是表象,分钱才是本质;会赚钱是能力的体现,会分钱则可以把别人的能力变成你的能力。无数人赚不到大钱的原因是只会使用自己的能力,分则别人帮你干,不分则你自己干。无数人不能取得大成功的原因是只想赚钱而不想分钱。老板要想获得大的成功,就必须学会分钱,这样才能让跟随你的人和你一条心,从而成就大业。公司团队分配要区别对待,如高层拿整个公司的纯利润分红,中层拿本部门的纯利润分红,基层拿本人创造的纯利润分红,其他特定岗位也要有超额分红机制,具体依据公司实际情况而定。分红日期可按天、周、月、季、年份等,也可按完成任务目标来分,但一定是纯利润的分配,要点是分钱一定要及时,一般约定达成后要及时分,让分配更具有榜样带动的作用。

(三)学会花钱,钱将越花越值

在一个以财富作为衡量人生标准的世俗世界里,大家都仰慕那些拥有巨额财富的人。但衡量一个企业家是不是真正成功,第一个标准是看他怎么赚钱,即君子爱才,取之有道,不能为了赚钱而坑害消费者、压榨员工、危害社会等;第二个标准是看他如何花钱,即赚到钱后如何支配、花钱花得怎么样。比如,做个调查问卷,问一下受访者如果有了钱会怎么花,或许有人说要买个大房子，也有人说要买个超级跑车，也许还有人要买飞机，等等。每个人的价值观不同，所处的人生需求层次也不同，但花钱的艺术在于你花了钱能否更自由，更快乐，更有安全感，更有被尊重的感觉，更能感受到个人的自我实现。如果说赚钱是为了追求财富上的自由，是自利的表现，是人生的第一层次；那么学会花钱，想通过财富拥有更多的幸福快乐，想帮助更多需要帮助的人，希望为社会传递更多的善和美，则是人生更高层次的追求。

【专家点评】企业做不大主要有以下原因：老板不愿跟别人分钱与分权，只想守着自己的既得利益，考虑的仅仅是自己的舒适和富有，从不考虑他人的死活，不关心员工的未来，也不关心客户的利益。这样的老板不能称为企业家。一个企业家应该以大家的成功为事业的成功，把个人的成就回馈于社会和公益事业，活着不是以个人享乐为精神追求，而是以能为社会担当更大的责任、奉献更多爱心为精神追求。

第二节　老板的分钱法则

"画饼"——分未来的钱

老板应善于为员工的前途"画饼"，让能力强的人欲望更强。老板想要改变员工的前途命运，不仅要懂得"己所不欲，勿施于人"，力求让自己达到更高一层境界，而且格局也要大于自己的员工。企业领导者要学会给员工"画饼"，明确员工的职业规划前景，告诉员工企业未来年度要达到的目标，达到目标对其有什么好处，让员工觉得跟着公司干有希望、有奔头。只有充分了解员工的欲望和物质追求，才能让员工把公司的事当成自己的事。比如，企业未来年度要达到什么目标？让员工明确3年后企业会发展成什么样？五年后公司改变能给员工什么样的好处？分钱是分未来的钱，分未来的钱就要经营好员工的梦想与精神世界，让能人觉得有前途，培养其对企业的共同信仰。信仰的作用就是告诉你什么事不可以做，什么事可以做。马云、任正非都是"画饼"高手。任正非20多年来无时无刻不在给员工"画饼"，极富煽动性和感染力，从而点燃员工奋斗的火焰，最终将"画饼"变成了真实。

分钱不是钓鱼

分未来的钱，分的是胸怀，分的是境界，如果七分合理、八分也可以，那只拿六分就好了。老板要想让自己睡得好，那就设计一个让别人睡不着觉的赚钱与分钱机制，也就是让有能力的人不想睡觉，没有能力的人睡不着觉。小老板比谁挣钱多，光忙着一个人挣钱，所以企业规模小；中老板比谁花的多，所以做不大；而大老板比的是谁给别人的钱多，所以就有人愿意帮他挣钱，企业发展就有源源不断的动力。为何中国企业多数做不大呢？更多原因是利益冲突，老板不愿意多分钱，员工却想多要钱。员工认为自己创造的效益高，得到的回报少，于是给多少钱就干多少钱的活；而老板认为员工创造效益少，就应该拿这么多钱。舍得分钱的老板越分越多，不舍得分钱的老板越分越少。学会分钱、分名、分责、分权，才能吸引更多有实力的人与你合作。

分钱要建立依赖机制

学会分钱还要让员工因此对你产生依赖，否则还可能因分钱把人分跑。有一个做企业的老板，为人很大气，主要经营装饰工程。有一年，老板与团队达成两千万元的目标利润后，拿20%来分红，当时分钱很开心，但后来他员工辞职走了，开了跟老板一样的公司。老板大骂这些员工没良心。其实，这些员工并不是分钱分得不开心，而是他们想自己创业，想自己当老板，导致最后分红后团队成员出走。这叫不会分钱。分钱要建立与企业的依赖，如鼓励员工买车提升生活品质，公司给予适当的油费交通补贴，如果钱不够，公司可以先帮分期支付，员工再努力慢慢还钱给公司，等等。也可以让员工入股公司，让员工成为公司的一员，可以让员工将入股公司的金额与来年要达成的目标结合，员工投入越多，来年的分红也就更多。也可以用延续阶段分钱法则，如100万元分红，第一年50万元，第二年30万元，第三年20万元，依次每年都有新的分钱延续，让团队成员利益与企业利益不断产生捆绑与连接。此外，还要建立共同的使命、价值观、愿景，作为企业和员工长期奋斗的目标。

分的是钱，合的是力

三百六十行，实际上就是个"人心工程"：政治家要得民心，就要经营民心；企业家要笼络消费者的心，就要经营消费者的心；企业家要经营团队，就要经营团队的心，通过分钱让核心员工成为股东之后，就可以保持团队的稳定性，这也是平衡短期激励和长期激励的方式。公司的成长不是只靠某一个人，而是属于整个团队，要学会分享成果。你能赢得多少人心，你的事业就有多大。五五是中庸原则、四六是舍得原则、三七是利他原则，但公司经营不是一天两天的生意，分的是钱，其目的是要合力而为。比如，对公司一些核心骨干管理人员和比较优秀的老员工，企业可以采用入股的方式来激励。又比如，对在公司工作满5年以上的中高层管理干部，可以在每年年终考核时要求每位员工拿出10万元现金入股，到下一年年终分红时，再逐步扣除。若激励对象一时拿不出5万元，公司可考虑垫付。要把入股对象与公司的长远利益有机结合起来，这样不仅能让公司的管理团队、业务骨干和核心技术人员分享公司的经营业绩，而且能增强他们的主人翁意识，调动他们工作的积极性、主动性，提高工作效率。

一个领导者，即便他再怎么能力出众，仅仅依靠个体的力量，终究是势单力薄，难以服众，只有懂得借力的人，才能将众人之力合为一体，发挥出最大的领导作用。企业管理上借力就是要把每个职工的积极性、创造性挖掘出来，调动起来形成合力。企业能否持续发展的关键，不在老板个人的赚钱能力，而在于企业分钱的水平，企业分钱的水平决定企业赢利系统的优劣。企业经营者会分钱，才能调动全体员工的积极性，从而通过分钱达到管理的目的。经营企业就是经营人，不管是固定资产还是流动资产，只有把人的积极性调动起来，整个企业才会增值，企业创新需要激发每个人的创造力。

【专家点评】如果你是一颗好种子，应该感谢别人把你踩在泥土里面。正因为他们的"践踏"，你才得以生根发芽，长成参天大树。老板要懂得分钱，金钱是一种巨大的力量，既可用在正道上，也可用于歪门邪道，关键是如何利用它。分好钱，用好钱，是体现金钱价值与力量的最好方式。成就大业者要把大业看得重一些，把钱看得轻一些，分配机制可以让企业团队的土壤更肥沃，企业才可能成长为参天大树。

第三节　让奖罚机制更有效

经典名著《三国演义》有一段诸葛亮"挥泪斩马谡"的故事。这一段很绝，绝就绝在诸葛亮"挥泪"两个字上。诸葛亮要斩马谡的时候，眼泪下来了，他对马谡说："幼常，你我感情这么好，我真的不忍心杀你啊！可是军令状在此，不是我要杀你，是规则制度要杀你，我也没办法啊！你的后事，就不用担心了。我会照顾你的家人。"说完泪流满面地把马谡给杀了。诸葛亮杀完马谡收到了两个效果：一是全军肃然，团队成员明白不能办错事，制度无情；二是以情服众，大家都说："丞相真是好人啊，真关心下属！"诸葛亮处罚员工时是以温柔的手段做冷酷的事情，这种处理方式强化了制度的权威，晓之以理、动之以情，既教育了众人，又树立了自己的形象，可谓水平高超。

当代企业管理应奖惩分明，奖要奖出成就感，罚要罚出生产力。奖的目的是用企业文化去驾驭团队，所以颁奖时要有奖杯，要有证书，鲜花与掌声也不能少，奖励的核心是要奖出员工的神圣感，奖励的效果在于把握好员工的期望值。员工的期望值太高时，要适度降低员工的期望值，同时在实施激励机制时要超出员工的期望值。

奖贴心的钱

奖励是一种艺术，如果你给员工每人加100元工资，员工很难有感觉；如果你把这一百元变成实物，员工感觉就会大有不同。如给优秀员工的妻子、丈夫发奖金，感谢他们对公司的支持；每月给员工的父母发"亲情奖金"，感谢他们的培育。频繁的小规模激励比大规模发奖金效果要好。发奖金也要有新鲜感。员工在获取薪水时不仅是得到物质上的满足，同时也希望得到精神上的满足，如果能让物质奖励通过礼节性的仪式递交给员工，会无形中附上情感的传递，激发员工的自豪感、荣誉感、成就感。比如，奖励员工1000元，拿出600元奖给员工的父母，让父母知道孩子在企业这么努力，也会鼓励员工好好工作。

奖未来的钱

奖未来的钱，就是把优秀的人才变成公司的股东。公司在刚开始时可以试用虚拟股权激励方式，但前提一是必须与公司立场一致，也就是要符合企业的价值观；二是要入股，也就是一定要员工拿钱出来，股份不能白送，同时股份不能太高，一般以2%左右为好。按投入的点数，与努力达成目标的点数进行挂钩式激励，达成任务目标分钱，销售部门可根据目标计划进行月度或季度奖励，行政财务类核心人员可以采取年度激励。例如，一个餐馆的分钱激励是进行全员式营销，可以安排每桌销售额按提成、服务评价等进行奖励。

惩罚要有向善性

经营企业处罚是一个艺术活，处理不好，小到可能产生不满抱怨，大到可能引起一场内耗或劳动纠纷。如果没有一种人性化的机制，员工很容易或多或少地产生抵触情绪。人是趋利避害的，企业经营者要设计合理的惩罚机制，让制度催生文化，要舍得奖，要狠心罚，惩罚方法可自拟，特别是领导要舍得拿自己开刀，职务越高，越应当以身作则地接受处罚。在设计处罚机制时，首先要解决处罚的性质问题，处罚是为了让员工更好地改正错误及承担违规的后果。然而，员工犯错也有很多因素，有的并非员工有心犯错，所以为了达到处罚的目的，更需要让惩罚变得有意义。

惩罚要有向善性，管理者必须在工作与奖惩之间建立恰当的联系，员工想要什么就应该奖励什么，不想要什么就要惩罚什么。有效的奖惩机制可以引导员工努力工作，提高企业竞争力。权力运用的原则是：杀一人而三军震者，杀之；赏一人而万人悦者，赏之；杀贵大，赏贵小。公司罚款要有一个善的大义，如员工违纪的罚款，公司收集起来，以员工的名义捐助给贫困地区的困难儿童、资助贫困大学生、帮助生活不便的老年人等。企业鼓励向善的行为，这样的惩罚更有意义。笔者有一位企业家朋友，每年拿出一部分钱连同对员工的罚款，用于帮助贫困地区的教育事业。他让先进优秀员工和后进员工一起去做这公益事项，那些受惠的孩子经常来信，大家都觉得光荣，纷纷给孩子们回信，鼓励他们学习上进，在鼓励孩子的同时，他们也默默地鼓励了自己。那些孩子的来信还会在公司公告栏内展示出来，大家都觉得虽然被处罚了，但处罚的钱做了一件光荣的事，就不会对企业产生怨气，相反，会认为企业是一个有爱心的企业。企业在鼓励员工向善的同时，员工也会改正错误，得到成长。

惩罚要有仁义性

有仁义性的制度才是好制度。中国人常在骂人时骂"这个人真不是东西"。为什么不是"东西"呢？为什么不骂"这个人真不是南北"？引用传统文化的观点，因为东方属木，西方属金，木主仁，金主义，木是生财之物，金是贵重金属，都是有价值的物品；南方属火，北方属水，如果人是南北，南北属水火，水火都是无情之物，如果这个人不是东西，那一定是南北，暗指一个不通人情。中国是一个讲究人性化的国度，做团队管理如果仅依靠"严刑峻法"，团队肯定会离心离德，应该采取"法家+儒家"的方式，制度要人性化，双向结合，管理才能落到实处，才有可能被大家真心接受。处罚是个大学问，不小心把人罚跑了就不好了，这都是企业家要思考的，正如稻盛和夫所说的，只有以"何为正确"为出发点，才有可能让惩罚变为向上的动力。

惩罚要有连坐制

惩罚要有连坐制。如果普通员工没有做好工作，除了他自己应当承担后果外,他的直接领导人也要承担主要的责任,接受处罚。因为管理者的工作就是做好管理,他的属下没有做好工作,就是他工作的失职,就要接受处罚。另外,自上而下的处罚制度,会消除员工的不平衡心理,避免产生消极情绪。因为总有员工觉得奖励都是领导的,黑锅都由自己来背,而这样的惩罚制度会让他们无话可说。自上而下的处罚不仅能让普通员工心甘情愿地接受处罚,还能培养出一支有责任心、有担当的管理队伍。企业经营者要提倡承担责任而不是推卸责任。如处罚实施连坐制,如果要处罚员工50元,那么领导者要处罚200元。如果领导不对自己狠一点,就无法打造一支凝聚力强的团队。同时,连坐式处罚可以消除员工的不平感,员工会过意不去,感到愧疚,从而努力做得更好。另外,相关的处罚也要有连带性,如把市场部经理与销售部经理拴在一起,采用同奖同罚原则,促进对方合作。企业家只有建立一个以市场赢利为核心导向的目标体系,才能使企业有一个统一的发展方向;只有将组织架构和激励机制相配合,才能使员工有动力去实现企业目标。

惩罚由上往下、奖励由下往上是有好处的。只有你的管理让员工感动,员工的服务才会让客户感动,客户才会让你感动。奖励要先奖基层,有过自上而下惩罚,有功从下往上奖励。只有对自己高标准、严要求,未来才会取得进步。伟大的管理者懂得只有管理好自己,才可能领导好别人。兑现自己的诺言,才能做出榜样、树立威信。所以,领导者要对自己狠一点,才能激励更多人对自己高要求,然后层层"复制",打造一支具有狼性、拥有强悍执行力的团队。因此,要想惩罚别人,先要敢于主动承担责任,从而带动更多人主动地接受惩罚,从而让惩罚变为执行力、生产力。

奖惩文化以引导为主、奖罚为辅

有些领导者不懂得惩罚管理的稀缺性,不懂得奖励要超越期望。就如奥运会比赛,只颁奖牌给前三名,这就是稀缺,人才都在制造自己的稀缺性。任何东西,包括奖惩,若不稀缺就奖不出激励效果,惩不出威力。奖惩机制要小事大奖、大事小奖、惩不入罚、惩为自省,因此只奖前几名,只惩罚后几名,这样才能发挥作用。管理也是如此,太容易到手的东西没有人会珍惜。很多时候,一个头衔、一份奖品,哪怕官职再小、奖励再薄,也不要轻易授人,最好的方法就是激励下属通过公平竞争去获得其应得的奖励。管理者应该通过既定的组织目标对下级进行管理,当组织最高层确定组织目标后,必须对其进行有效分解,转变为各个部门、各个人的分目标,管理者根据分目标的完成情况对下级进行考核、评价和奖惩。

【专家点评】没有差的员工，只有不会引导的老板；刀没有错，要看你怎么用，用好了能杀敌，用不好会伤害自己；员工没有错，要看老板怎么引导，引导好了战斗力无穷，引导不好破坏力无边。老板掌握、使用好激励机制，就能让负面变为正面。经营企业必须用好奖惩机制，奖罚要紧紧地围绕人性。人性有两个层面：一是兽性，东方讲"人之初，性本善"，而西方强调的是"人之初，性本恶"，企业在小规模时要靠机制约束人的兽性；二是灵性，企业做强做大了，就要用机制激发人性好的一面，用有效的机制去引导人性，用文化提升人的灵性。

第四节 老板要懂收心法则

经营企业首要任务是收心

所谓"收心"，即收服人心，让人死心塌地追随企业领导者。企业的"企"字，由"人"组成，人停止了，不努力了，企业就会停止消亡。中国有句俗话，"树老根先老，人老腿先衰"。对于企业来说，人就是企业的腿，人在企业中的工作状态会反映出企业的文化。

收心应用好"南风法则"。"南风法则"也称"温暖法则"，源于法国作家拉封丹写的一则寓言。北风和南风比威力，看谁能把行人身上的大衣脱掉，北风首先来一个冷风凛冽、寒冷刺骨的下马威，结果行人把大衣裹得紧紧的；南风则徐徐吹动，顿时风和日丽，行人觉得如沐春风，因而解开纽扣，继而脱掉大衣，南风获得了胜利。这则寓言形象地说明一个道理：温暖胜于严寒，领导者应在管理中运用"南风法则"，尊重和关心下属，以下属为本，多点人情味，使下属真正感觉到领导给予的温暖，从而激发其工作的积极性。在很多企业里，管理人员往往自我感觉良好，但调查结果却显示员工们的感觉并不那么良好。在这种反差中，管理者可以找找自己没有获得员工认同的原因，并加以改善。人心管理主要是要解决组织中人的力量发挥问题，激发人的能动性。现在的老板和上司总是抱怨"90后"员工很难管理，认为他们没有归属感；而对于"90后"而言，他们不过是希望在通过努力获得利润、共享成果的同时，能够获得更多的认可。如果企业管理系统缺失了爱，它将是苍白无力的。员工不是用来被管的，而是用来被爱的，管理者在管理过程中应该以严格的爱来要求员工，给他们以透明化的管理，使团队多点快乐，形成一种积极向上的士气，形成和谐的工作环境。

企业应以诚信和服务去收心

经营企业，特别是小企业，由于没有大企业的平台优势，企业家就得在吸引人才上想方设法。比如，一靠股份、二靠个人魅力、三靠梦想，即用物质激励与价值观引导的方式，把人团结起来。

世界上最无价的东西是人心，做人做事应以动机为善、诚信为本，企业经营者经营企业应从自己做起，要对社会、对部下讲诚信，才会得到内部与外部的认同。收心就是要触动人心，触发其感恩之心。如海底捞的张勇，为员工租房子，关心他们的家人和孩子，让员工大为感动。海底捞一位员工认为，让一名管理人员一天感动10名顾客，还不如一天感动5名员工，因为受到感动的5名员工绝对不止感动10名顾客。只有要求管理人员感动员工，才能要求一线服务人员"感动顾客"。海底捞新员工入职地区的人事部会对新员工进行跟踪调查。比如店长有没有在第一时间接待，经理们有没有安排好生活，领班有没有讲解店里的情况，师父有没有认真带新员工，还有吃得习惯不习惯、住得舒不舒服之类等生活细节，使新员工刚一入职就受到了店长的"礼遇"。企业将心比心地对待员工，让这些大多从农村出来的员工，充分感受到尊重与关心。其实，人与人之间最大的距离是心与心的距离，投资最小的是人的诚信，收获最大的是人心，这些回报是不可想象的。

未来的服务，仅是礼貌、尊敬的标准已不能满足人们的需求，未来顾客需要更个性化的、体贴的，甚至是有趣的、好玩的服务。如果一个团队对员工而言没有未来，那么员工也就没干劲、没斗志，对企业没有感觉，那么这个企业又怎么会有希望和未来呢？经营企业，需要让员工感受到领导的关爱，最好是让他们感动，一旦员工被感动了，他们表现出对企业的热爱才是真正发自内心的。情感是人们接受信息的阀门，只有当情感能叩开人的心扉时，人的感染力和能量才会发挥出来。作为企业经营者，首先要成为情感专家。一个企业老板如果对人不真诚，凭什么让别人对他忠诚？忠诚是一种高度的心理依附，忠诚是相互的。有人情味的老板能产生一种向心力，让员工产生强烈的归属感，让团队更有凝聚力，从而使企业能够持续创造更大的经济效益。

用高效扁平化组织去收心

高效扁平化组织就是分好权、定好责、分好利，即将权力、责任、利益分成一个等边三角形，做到权、责、利的统一。例如，包青天武有展昭，文有公孙策；唐僧还有孙悟空、猪八戒、沙和尚这些徒弟帮手；刘备文有诸葛亮，武有关羽、张飞、赵云、黄忠、马超五虎上将；阿里巴巴的马云团队文有蔡宗信，武有陆兆喜、彭蕾等十八罗汉；张瑞敏有杨绵绵、周云杰、梁海山；柳传志有杨远庆、郭为、朱立南、林扬、陈国栋、赵令欢等。企业要通过分钱机制把企业利益与员工利益联系起来，在权力下放的同时，管理者要做好分配工作，要让员工感到有希望，而这种希望能让人发自内心地愿意去付出。

团体建设组织架构应尽可能地扁平化，清晰地揭示出各种关系和责任，过多的层级只会把优秀人才束缚在等级森严的制度里。公司尽可能地让组织扁平化，老板作为领航人，要有厂长（帮手）、总经理（帮手）、人力资源总监（帮嘴）、董事会或外咨询公司（帮脑），向老板直接汇报的下属应该至少有8~10人，老板至少要赢得8~10名核心高管的心。

【专家点评】为何蒋介石要建立黄埔军校？为何毛泽东要建立抗日大学？为何国家要成立中央党校？为何马云要成立湖畔大学？为何李嘉诚要创办长江商学院？因为管理最难的是统一人的思想。能统一多少人的思想，就能成就多大的事业。教育可以改变一个人的思维模式，训练可以改变一个人的行为模式。毛主席说："思想这个阵地你不占领，敌人就会占领！"作为企业经营者，要用大爱的经营哲学去引导员工，用高尚的使命感去激发员工和你一起干一番事业。

第五节 共赢的智慧

共赢社会需要建立诚信机制

党的十八大提出培育和践行社会主义核心价值观，就是强调要倡导诚信。在新一届政府领导下，在《社会信用体系建设规划纲要（2014—2020年）》的指引下，我国将会发展成为一个信用体系社会。诚信经营将是企业的安身立命之本，个人诚信管理将是个人在社会的立身之根。习近平总书记多次强调"要用法律来推动核心价值观建设，使符合核心价值观的行为得到鼓励，违背核心价值观的行为受到制约"。李克强总理在2014年"两会"谈及工作重点时也表示，加快社会信用体系建设，对违背市场竞争规则和侵害消费者权益的企业建立"黑名单"制度，让失信者寸步难行，让守信者一路畅通。

随着《社会信用体系建设规划纲要（2014—2020年）》的出台，各部委及各地政府也陆续出台本地法律规章制度，如国家质量监督检验检疫总局发布《企业质量诚信管理实施规范》，广东发布《广东省社会信用体系建设规划（2014—2020）》，等等。而东莞市发展和改革局也出台了《东莞市社会信用体系建设规划（2014—2020）》，明确强调企业信用管理，包括企业法人和职业经理人的信用体系管理。由此可见，本届政府推进社会信用体系力度之大，前所未有。这标志着信用已真正成为市场经济的灵魂。企业和个人的信用是现代市场经济运行中一种重要的资本形态，它决定了企业未来的发展空间。

国家大力反腐不是把人关进笼子里，而是要把权力关进笼子里，制度决定人性，没有解决制度问题，把人关进去只是治标，解决制度问题才能治本。好的管理制度就是让好人不吃亏，让坏人不敢做错事，久而久之，坏人就变成好人了。礼治君子、法治小人，制度仅仅是基础，制度与文化是共生的关系，缺一不可。企业文化与制度缺一，就无法形成有效的管理；国家制度与文化不能双管齐下，就很难形成有效统治。文化是用来凝聚人心的，制度是用来让人不能干坏事的。比如，现行的大多企业报销都是层层审批，须经过主管、经理、副总、总经理、董事长审批，最后财务再审批。为规范防止错误的发生，这样的机制也没错，但在管理上，我们应该设计更人性化的创新机制。笔者认识的一位企业家在这方面做得比较好。他将公司开销分为两种，日常必需开销，如水电、煤气、员工福利补贴等，直接交接经理、财务批；他只批增加或申请费用项目。因为他知道有些项目是必需的开支，不如交给经理批、财务审核，以减轻压力，提高做事效率。

建立与利益相关者共赢的机制

建立一套与利益相关者共赢的机制，是说如何做好分钱的工作，这是基业长青的智慧。人性有一种与生俱来的自私性、自利性。作为老板，要思考如何让员工将老板的事、企业的事当成他们自己的事，而这取决于能否让这事与他的利益有关系。机制决定统治，筹码决定忠诚，企业有多少人为你操心，将决定你的企业能够做到多大。创造事业首先要创造梦想，创建平台，经营企业就是经营人的欲望和需求。

根据马斯洛需求层次理论，第一层是生理需求，也是最基本的动物本性；第二层是安全需求，要满足基本的生活需求；第三层是归属感需求，要用来事业联盟来满足归属感的需求；第四层是尊重需求，要用荣誉联盟来满足人的尊重需求；第五层是自我实现需求，要用精神联盟来满足人的精神需求。

明白以上人性的五大需求，就明白欲望与需求可以激发梦想。俗话说，"己欲立而立人，己欲达而达人"，这是企业管理经营的王道。做企业就是创建平台，在帮助别人实现梦想的同时，顺便达成企业的目标。经营企业就是经营人性，经营人性的欲望，经营人性的需求。世界上最长寿的企业都有一个共同的特点，就是善于经营人，经营人的精神。企业家首先要经营的就是人心，经营人的精神世界。管理之所以难，是因为我们对人性的理解还不够。

向善共赢才是赢

稻盛和夫认为："利他必然损己并不正确，归根结底，利他才有自利，从商应该追求双赢、多赢，甚至让对方赢。"[①] 共赢即在产业链上，所有相关方应有相应合理的收益，博弈被认为是在交易之间你赢我输或我赢你输的过程。这两种不同的过程，导致供应商实施策略出现非常大的差异。共赢不仅要维护整个产业链所有相关方利益，还必须要保证品质和服务水准，不能为了获得超额利润而伤害最终客户，否则将导致整个产业受损。在低价高压的恶劣生存环境下，只要不影响产品的初期生产和使用条件，有些企业往往采取偷工减料方法，从中获取利益。企业要追求三赢：客户要赢，员工要赢，股东也要赢。稻盛和夫认为，企业家应该明确事业的目的和意义，名不正则言不顺，言不顺则事不成，公司目标应与员工有关系。稻盛和夫要求全体员工都持有企业股份，大家都是股东，把经营者与员工之间的关系，以及员工彼此之间的关系，看作互相合作的伙伴关系，也就是志同道合的同志关系。稻盛和夫特别强调首先必须改变全体员工的思维方式和意识。领导人必须具备值得下属尊敬的优秀人格，为此必须不断地提高自己的心性，应具有"敬天爱人"的人生观。稻盛和夫哲学中包含许多中国古代文化的精华，如孔子、孟子等人的思想，他在多部作品中引用《易经》《菜根谭》等典籍中的名句格言，如常引用《易经》的"积善之家，必有余庆"，而且在经营中贯彻执行。

一个才能出众而又不懈努力的人，可以积聚很大的能量。不管你人生中发生过什么，不论你过去做过什么，今后美好的人生全由你的心态来决定。人是思想的主人、人格的创造者、自身环境和命运的设计者。如果我们认为自己不过是环境的产物，那么我们的命运只能随环境的变化而沉浮，甚至被环境所击倒。如果我们认识到自己就是创造者，营造环境的土壤和种子就是

[①] 曹岫云：《稻盛和夫的成功方程式》，东方出版社2013年版，第281页。

自己的心灵，而心灵可由自己自由掌控、管理，那么我们就能成为自己人生的贤明主人。稻盛和夫认为，人格理念对能力具有统率作用，人格理念、人的思想品德可以左右人的命运。人格理念可以理解为人生的方向，人生向善的共赢才是真正的赢。

整合资源，共赢才是赢

新经济时代最明显的特征就是竞合，"合"是资源整合，是战略合作。钱伯斯素有"世界并购第一人"之称，他领导思科由小小的路由器起家，通过并购50多家通信公司、80多家企业，最终成为今天市值1100亿美元的国际企业，思科被公认为是世界上最擅长并购的公司。思科曾经一口气在16个月并购了23家公司，基于整合资源框架下的竞合，才能发展成为更大的赢家。办企业、做生意，应处理好三个关系：人与物的关系、人与人的关系、人与内心的关系，归根结底是人与人、心与心的关系。"一个好汉三个帮"，一个经营者如果没有客户、员工、投资者的协助，个人纵有三头六臂，还是难以成功。

人道酬善、商道酬信、天道酬勤，在未来商业竞争日益激烈，大众已很难从日趋同质化的产品信息中感受到产品的独特魅力，企业之间的竞争已不再停留在单一层面的竞争上，而是上升到资源整合能力的竞争，这一切都取决于企业家是否有足够的智慧让大家实现共赢。

【专家点评】 一个人若想成功，要么组建一个团队，要么加入一个团队。在这个瞬息万变的世界里，单打独斗者，路会越走越窄；选择志同道合的伙伴，就是选择了成功。用梦想去组建一个团队，用团队去实现一个梦想，这需要有共赢的智慧。

第六节　分配机制的智慧

成吉思汗成功在哪里？

在铁木真之前，草原各个部落基本上还处于奴隶制社会阶段，极少数贵族、少数平民和大量奴隶构成每个部落的人员结构。一旦贵族对外发动战争、取得胜利，那么基本上战争就会演变成一场抢劫，分配模式主要包括两种：比较小的部落，各抢各的，谁抢着算谁的，这就导致人们往往会因为急于抢劫而放弃继续战斗；比较大的部落，所有的战利品都要上缴贵族首领，然后贵族占有大部分，极少部分会分发给平民，奴隶一无所获，仅能糊口生存，这就导致人们的战斗热情不高，还经常因为分配不均而发生内讧。

铁木真彻底地改变了这种状况，他制定了严格的分配比例，确保人人都能从战斗中获益。在这个分配方案中，最引人瞩目的，一是铁木真作为可汗，只分配战利品中的10%；二是奴隶的子女也有财产继承权。

这样的分配模式，极大地释放了潜在的生产力。一个优秀的战士往往可以通过一场大的战斗改变整个家族的命运，所以大家从为铁木真而战转变成为自己而战，铁木真由此打造出一支前无古人的举族而战、全民皆兵、主动请战的军队。与此同时，他们面对的宋、金等敌人，都是实行军饷制的，一个拼的是自己一生的命运，一个拼的是每月的工资。为工资而战的部队和为命运而战的虎狼之师一旦交锋，无异于鸡蛋碰石头。

不要忘记，当时铁木真一无所有，他只是凭借一个全新的游戏规则，就征服了人心，其他部落的精锐将士因此都投奔他，这是一种相当高级的"杠杆效应"。铁木真在分配模式方面的改革成果，似乎可以给成长型公司指明一个方向，那就是员工持股或者股权激励方案对于激发团队主动性和战斗力具有不可替代的重要性，必须让人们从为公司工作转变成为自己工作。

用分配解决人性的自私

在当今财富神话不断上演的时代，不仅各位企业家在上市、创造财富传奇，演艺明星、文化名人也不甘落后。2005年，王京花（原华谊兄弟经纪公司总裁）出走，同年8月，陈道明、夏雨、杨紫琼、关之琳、刘嘉玲、吴君如、袁咏仪等艺人跟随王京花转投"橙天娱乐"。此时，作为华谊老板的王中军、王中磊兄弟开始思考如何吸引人才、留住人才。人最大的干劲是为自己干，因此应该充分考虑合作伙伴的利益，让他们参与到利益分配中来，才可能留住人才。此后华谊兄弟在上市前两次进行了增资扩股，2007年冯小刚、张纪中、李冰冰等人以每股0.53元的价格入股，2008年黄晓明、张涵予、罗海琼等人入股，但此时股价已涨至近6倍，上述各人的持股市值已在1000万元至1.5亿元之间，华谊兄弟此次创业板上市，其旗下的艺人明星在持股3年之后都获得了多则100余倍、少则20余倍的投资收益。

作为老板，自己拿的钱越多，员工拿的钱越少，最后老板得到的钱却越来越少，因为公司的整体动力下降了。做好分未来的钱的准备，是经营者的重大责任之一。伟大的企业必须经营好员工的成功。当一个领导既然现在不能给予别人希望，就要在未来给予别人希望。

企业竞争力薪酬设计

人世间分分合合都是因为处得不开心、不愉快。当老板懂得合的时候就是合的开始，分的是利益驱动，合的是统一立场。工资可以做三个层次的设计，一是工资，工资是绩效考核用的，包括劳动报酬，解决的是员工的安全需求；二是奖金，奖金是对能力的认可，解决的是尊重需求；三是股权，解决的是员工的自我实现需求。经营企业基层靠待遇，中层靠平台梦想，高层靠精神事业。

有的企业产品很好但就是卖不出去，正是因为老板只会经营产品，不会经营人。因此，产品质量再好，人才质量跟不上，企业照样经营不好。其实，企业的价值往往体现在人的能力上，而不是产品上。优秀的企业与你合作，不仅仅关注你的产品，而且关注你的团队。产品与产品之间的差价永远比不上人才与人才之间的差价。老板与其天天想着生产产品，不如建设好自己的团队，让团队帮你赚钱。真正的企业家都是靠别人成功的，靠自己的人要么累死，要么孤独而死。小企业没有大企业的平台，在吸引人才上一是靠股份，二是靠个人魅力，三是靠理想，即用价值观和理想把人才团结起来。

不论是国内的华为、联想，还是国外的IBM、谷歌，表面上做的是企业，实际上经营的却是人才。如果老板能释放好员工的能量，比任何战略都管用。企业的利润来源并非客户，真正的利润本源是员工，而提升员工的绩效在于企业经营者能否激发员工的工作效能。企业员工不作为的原因是没有做事的激情、热情和追求。企业最重要三项资产是员工、顾客和企业文化。如果管理者不注重利用和开发员工的创造力和潜力，那么公司最有效的一项创造性资产就被浪费了。公司最大的竞争优势是帮助员工成为优胜者，以支持公司的发展和获利能力。

薪酬要有榜样的力量

如果我们的薪酬制度不能激发员工往前冲，企业就会被市场淘汰，就会被员工淘汰。薪酬机制的核心不是平分，而是让一部分人先富起来，起到榜样的作用，让员工相信自己也有机会富起来。薪酬设计依赖于企业薪酬的价值观，良好的薪酬设计要从四个方面因素考虑：一是层级，二是个人技能和资历，三是个人绩效，四是津贴福利。岗位工资（岗位价值评估）是决定一个员工工资高低的主要决定因素。一个设计良好的薪酬体系不仅能够直接与组织的战略规划相联系，还能够使员工努力帮助组织提高市场竞争力和生存能力。薪＝钱财，而酬＝酬劳精神，仅仅是钱并不能凝聚人心，也不能最大化地调动人的积极性，酬要给员工更多的选择空间，例如弹性工作的自主性，从而激发员工的创造性、责任心、上进心和事业心。

【**专家点评**】一个人的行为是受心理支配的，而一群人的行为则受客观规律支配。管理制度设计就是要找出这种客观规律，发现它、认识它、利用它，将其作用机理引入到管理活动中，老板着眼于未来，中层着眼于现在，员工着眼于过去，所有的一切关键在于如何将任务、目标执行到位。

第三章 资本与机制

第一节 雷士照明：一堂不得不学的资本课

据中国证券时报网 2015 年 1 月 5 日报道，"雷士照明创始人吴长江因涉嫌挪用资金罪，被广东省惠州市公安局移送至惠州市人民检察院提请批准逮捕"。其实，早在 2014 年 12 月 17 日的《每日经济新闻》就报道了雷士创始人吴长江于 2014 年 12 月 16 日被广东惠州市警方刑事拘留的消息。据报道，吴长江涉嫌挪用资金罪或职务侵占罪，涉案金额超过 1 亿元。雷士照明给民营企业家们上了一堂不得不学的资本课。而雷士照明的"内斗事件"，还要从吴长江创业说起。

雷士照明的创始人吴长江、胡永宏、杜刚三人同为重庆人，是高中同窗好友。后来三人分别考入西北工业大学、四川大学、华南理工大学。毕业之后，吴长江被分配到陕西汉中航空公司，胡永宏进入成都彩虹电器集团，杜刚则进入国有企业惠州德塞电子。

1998 年，吴长江、胡永宏、杜刚创立了惠州雷士照明，吴长江出资 45 万元，杜刚与胡永宏各出资 27.5 万元，公司以 100 万元的注册资本在惠州正式创立，其股权结构为吴长江占比 45%，为单一大股东。吴长江负责工厂管理，胡永宏主管市场营销，杜刚负责调配资金及政府等资源，三人合力将企业迅速做大，第一年销售额即达 300 万元，此后每年以近 100% 的速度增长。雷士照明销售额从 2002 年超过 1 亿元，2003 年超过 3 亿元，2004 年超过 5 亿元，到 2005 年超过 7 亿元。

"道合志不同"，导致创始人分家

随着企业做大，股东之间的分歧开始产生。从 2002 年起，股东对于赚了钱怎么用、利益诉求等看法不一样。吴长江一直想把企业往大里做，赚了钱就要再投入，其他两位股东则希望赚了钱要分红。态度上的差异，与他们的职业生涯有着密切的联系。吴长江自 1992 年离开国企之后，就一直在市场上打拼，养成了爱冒险、大手笔的习惯。而胡永宏、杜刚从大学毕业直到创立雷士照明之前，都一直在大型国企工作，因而形成了职业上谨慎保守的风格。随着股东之间矛盾逐渐升级,加上吴长江的强势,渐渐地双方都失去了耐心,但凡公司开会,股东一方提出看法,另一方就表示反对。此时吴长江开始尝到两位股东联手牵制的滋味。由于胡永宏与杜刚的股权联合起来达55%,董事会正式决定分红,但由于吴长江的股份较多,分的钱也多,其他两位股东心理不平衡,要求分红也必须一致。后来妥协的结果是,吴长江把自己的股份向其他两位股东分别转让5.83%,于是3人股份形成33.4%、33.3%、33.3%的均衡状态,3位股东在企业的工资、分红上也完全均等。

渠道的变革是3人矛盾激化的导火索。吴长江计划从全国数百家经销商中,选出规模较大的数十家,并把它们整合成35个运营中心,其角色不再是单纯的销售职能,而是当地的物流、资金和出货平台,兼顾区域服务与管理工作。但吴长江的方案遭到胡永宏及杜刚的反对,"他们认为这样做风险太大,担心成立运营中心会导致大经销商反对。吴长江认为他俩思想太狭隘了"。此后,吴长江多次提出方案被否决,于是股东之间的分歧上升到了企业分家与否的层面。

2005年11月的一天,胡永宏与杜刚决定开董事会,刚从国外出差回来的吴长江被通知参加董事会,"分家"矛盾爆发,由于谈不到一起,吴长江随口发了句牢骚:"你们既然这样讲,你们觉得我不行,管得不好,那好,你们来我退出。"吴长江开出了退出企业的条件,企业作价2.4亿元,自己从企业拿走8000万元,作为交换,自己在企业拥有的股权归其他两位股东所有。胡永宏、杜刚二人欣然同意,随即签署协议。

然而,3天之后又发生了戏剧性一幕:从全国各地赶过来的雷士照明经销商齐聚惠州雷士照明总部,强势介入雷士照明股东"分家"之事。经过5个多小时的协商,最终200多名经销商举手表决,全票通过吴长江留下。面对此种局面,胡永宏、杜刚被迫接受8000万元离开企业。

盲目融资,被宰"地板价"

然而,新的问题又冒出来,雷士照明账上并没有足够的现金支付股东。最终达成折中方案,两位股东先各拿5000万元,剩余款项半年内付清。对于吴长江来说,剩下的一个问题就是找钱,这时一个叫毛区健丽的人出现了,先期通过第三方向雷士照明提供了2000万元的借款,以帮助雷士照明进行资金周转。其实此时吴长江对毛区健丽的大手笔也有所顾虑。早在此事之前,吴长江就找过联想投资,可是由于联想投资程序严格,钱的问题一直没有落地。接下来,毛区健丽又找来3个投资人:"涌金系"掌门人魏东的妻子陈金霞、优势资本总裁吴克忠、个人投资者姜丽萍,他们合计出资400

万美元（陈金霞180万美元、吴克忠120万美元、姜丽萍100万美元）。3人的资金以毛区健丽的名义投入雷士照明，之后再将雷士照明的股份转给3人。

就在2006年6月27日，毛区健丽抢在联想做出投资意向之前，抢先入股急缺钱的雷士照明994万美元，对应雷士照明的市率估值只有4.7倍（依据雷士照明2005年净利润700万美元推算）。通常企业第一轮融资，投资方给出的估值一般是8～10倍盈率，而吴长江只卖到了正常价格的一半左右。在入股交易达成后的第二天，2006年6月28日毛区健丽随即把雷士照明10%的股份转手兑现给了出资400万美元的陈金霞、吴克忠、姜丽萍。至此可以发现，毛区健丽只投入了494万美元即获得雷士20%的股权。毛区健丽以超低市盈率入股雷士照明，就这样吴长江被狠狠地"吃了一把"。"毛区健丽某种程度的算计，头一回让吴长江领教了资本方的手段，但是他似乎并未吸取教训，以至于他几年后陷入另一个'资本局'时，仍然浑然不知。"①

资金紧缺，股权被层层稀释

但更苦的还在后头。由于雷士照明的资金缺口依然很大，随后毛区健丽又牵线介绍知名的风投软银赛富给吴长江。软银赛富投入2200万美元给雷士照明，占股权比例35.71%，市盈率估值约为8.8倍，相比原先的毛区健丽高了一些。随后，吴长江为增强其制造节能灯的能力，以"现金+股票"的方式收购了世通投资有限公司（其旗下的三友、江山菲普斯及漳浦菲普斯专事节能灯灯管及相关产品的制造），其中现金部分须支付4900万美元。此时吴长江面临的问题还是缺钱。吴长江不得不再次寻求私募融资，此时高盛与软银赛富联合向雷士照明投入4656万美元，其中高盛出资3656万美元，软银赛富出资1000万美元。

然而，就是此次融资导致吴长江因持股比例稀释而失去了第一大股东的地位，吴长江持股为34.4%；而软银赛富则因两次投资，持股比例超越吴长江，达到36.05%，成为第一大股东；高盛以11.02%的持股比例成为第三大股东。

此后，雷士照明又以"现金+换股"的方式完成对世通的收购以后，吴长江的持股比例再度被稀释至29.33%，依然低于软银赛富30.73%的持股比例。2011后7月21日，雷士照明引进法国施耐德电气作为策略性股

---

①苏龙飞：《股权战争》，北京大学出版社2012年版，第45页。

东，由软银赛富、高盛联合吴长江等六大股东，以4.42港元/股（较当日收盘价溢价11.9%的价格），共同向施耐德转让2.88亿港元股票，施耐德耗资12.75亿港元，股份占9.22%，成为雷士照明第三大股东。

深陷局中局

按照香港上市规则，VC/PE投资人在企业上市后6个月即可自由套现，雷士照明在上市满6个月后，其股价一直在4港元以上的高位徘徊，如果软银赛富当时套现，可以获得超过10倍的回报。面对如此诱人的回报，软银赛富并没有套现，更奇怪的是，在2006—2011年长达5年时间里它都没有套现。按照一般VC基金6～10年的存续期规划，到期会将基金清盘结算并将收益分配给VC基金的出资人。

随后发生的一幕验证了"风投并不是天使，不小心就变成了魔鬼"这句语。2012年5月25日，雷士照明创始人吴长江被毫无征兆地"因个人原因而辞去了雷士照明一切职务"，而接替他出任董事长的则是软银赛富的阎焱，接替他出任CEO的则是来自施耐德并在施耐德工作了16年的张开鹏。此时吴长江才领教了资本的可怕，其实在施耐德入股不久后，吴长江就已经意识到可能会失去企业控制权，只是没想到自己会这么快出局。2011年9月，施耐德中国区总裁朱海提名其下属李新宇出任雷士照明副总裁，分管商业照明及项目审批，这是雷士照明的核心业务部门。吴长江这才意识到施耐德最终的目的不仅仅是"投资"那么简单。

为防止可能失去控制权，吴长江将企业总部从广东惠州搬回老家重庆，以强化企业控制力，为夺回企业控制权，他积极在二级市场持续增持雷士照明股份，以图"王者归来"。之后通过杠杆化增持，到2012年5月15日时，吴长江增持的股份提升了2个百分点，比例为19%，高于软银赛富的18.48%，重新夺回第一大股东位置。

然而，事情并非所料，此时风投已形成强大的董事会阵容，吴长江依然是弱势的第一大股东。吴长江、穆宇（雷士照明副总裁）两位代表创业股东，软银赛富的阎焱、林和平在董事会也占据两席，高盛的许明茵占据一席，施耐德的朱海占据一席。软银赛富、高盛、施耐德抱团，行动一致，其董事会力量比例是2:4，这意味着企业控制权依然控制在风险投资者手中。

随后，雷士照明内斗越来越激烈，从经销商鼎力支持吴长江回归雷士照明，到员工罢工、供应商停止供货等，直到2012年8月29日，雷士照明在香港召开临时股东大会，占投票股东所有持股数95.84%均赞成罢免吴长江董事及董事会下属委员会的所有职务。这标志着吴长江在雷士照明彻底出局,这也是吴长江第三次从其所联合创立的雷士照明出局。随后,吴长江因涉嫌挪用资金罪或职务侵占罪被警方刑拘。

资本给民营企业上了血泪的一堂课。这告诉我们以下几个道理:一是在谁的游戏规则里就是谁对,比到最后就看谁先"出规"。二是雷士照明案例告诉企业家们"不要轻易将主动权交给投资人","企业不要在缺钱的时候去融资,一定要在不缺钱的时候去融资,否则一定会被宰"。三是要警惕股权的局中局、股权背后的秘密。在引入风投资金时,要考虑做好内部转让协议约定或投票权约定等法律文件手续,如阿里巴巴的马云就在雅虎入股阿里巴巴时通过交易合同的具体条款来强化自己对企业的控制权;雅虎持有阿里巴巴40%的股权,但只有拥有35%的投票权,多余部分投票权归马云团队所有。四是民营企业家引入资本要从企业发展战略的大视域去考虑。五是要有法务思维,要敬畏游戏规则,更要敬畏法律,要有专业的法律人士保驾护航。从雷士照明纷争案中,我们可以看出吴长江根本不懂"玩法",最后把自己"玩进去了"。此案例同时也告诉我们,中国企业家要改变"一定要成为世界五百强"的病态心理,因为这种心态驱使很多企业家想通过外面的资金做大做强,吴长江就是其中的教训之一。雷士照明给中国企业上了一堂不得不学的"资本课"。

【专家点评】公司要想做大做强,做成百年基业,先要有一个硬朗健康的股权架构。软银赛富基金几次投资雷士照明,2008年总持股比例达到30%,超过持股29.33%的创始人吴长江,成为公司第一大股东,为日后公司控制权的争夺埋下了定时炸弹。企业老板要有法律思维,特别是在公司股权顶层规划上。在法律上企业有9条生命线,1%有代位诉讼权,3%临时提案权,5%重大股东变动警示线(上市公司尤其要注意这条线的变化),10%临时会议权(10%可以申请解散公司),20%界定同业竞争权力(上市公司可以合并你的报表,可能你永远上不了市)、界定权利(上市公司界定限制),30%拥有收购权,34%拥有一票否决权(董事会的决策可以不同),51%老板有相对控制权(对重大决策进行表决),67%老板有完全控制权(有权修改公司章程、增资扩股)。

第三章　资本与机制

第二节　国美电器控制权之战：
一堂公司治理的必修课

2010年夏秋之交，陈晓与黄光裕之间的"战争"最终以陈晓出局、原大中电器创始人张大中出任国美电器董事会主席而结束。国美电器的控制权之争虽已正式画上句号，但给现代企业公司治理带来很多思考，也给很多民营企业家上了一堂公司内部股权治理课。

黄光裕设置了全世界上市公司中"权力最大的董事会"

黄光裕在任时，为了便于自己操控企业，于2006年对公司章程进行了一次大幅度的修改，并且推动股东大会投票通过。经过公司章程修改后的国美董事会，其权力几乎凌驾于股东大会之上。比如，董事会可以随时任命董事，不必受制于股东大会的限制，可以各种方式增发股票、发行债券而无须获得股东大会的事先批准；再比如，董事会可以随时进行对管理层的股权激励而无须事先获得股东大会投票通过；等等。黄光裕由此设置了全世界上市公司中"权力最大的董事会"。黄光裕的想法当然是方便自己操控企业，但是他全然没有想到，万一日后有一天自己无法出任董事长甚至从董事出局之时，作为大股东的他如何制约董事会。黄光裕万万没想到的是，自己有一天真的"进去了"；更没想到的是，自己设置的全世界上市公司中"权力最大的董事会"，被继任者陈晓发挥得淋漓尽致。从某种角度来说，黄光裕是搬起石头不小心砸到自己的脚。

强势领导，"蜀中无大将"

2008年11月，因涉嫌内幕交易，黄光裕及杜鹃夫妇先后被警方带走，黄光裕临时将整个国美的经营权交由陈晓执掌。继而，2009年1月陈晓接替黄光裕出任国美电器董事局主席。陈晓是原永乐电器的老板，也曾雄心壮志，但后因永乐被国美电器收购，陈晓就从老板转变为职业经理人，为黄光裕打工。按照常理来说，陈晓并非黄光裕的嫡系人马，那么黄光裕为什么把国美电器交给陈晓打理呢？从黄光裕的角度来看，在其出事后，势必会引起国美股票下跌、供应商大规模追讨货款、银行集中上门追债等一系列事情，随时可能因挤兑而导致现金流断裂。全面驾驭国美这艘巨型航母的人，一定要有曾经亲自掌控类似大型企业经验的人，而现有的高管之中，除了陈晓，没有其他人能应付得了这种局面。事实证明，黄光裕的判断是对的，陈晓确实拥有全局性的战略视野，只是后续国美电器一系列事态发展超出了黄光裕的意料。陈晓在出任国美电器董事局主席后，一方面亲自出面安抚供应商，避免挤兑货款，也将自己的股权质押给银行，以换取银行不对国美提前收货；另一方面开始按照自己的想法改造国美，其中最核心的就是从"规模优先"向"效益优先"转型，将国美各地"开店数量"的权重比例显著降低，注重"单店效益"的权重则大幅提升。陈晓的一系列举措，逐步消除了国美可能出现的因各路挤兑导致关门的危机，在国美深陷"黄光裕危机"泥潭时，确实起到力挽狂澜的作用。

"陈黄战争"引爆器——"最大权力董事会"

由于国美受困于资金紧张，2008年12月，国美电器董事局提出了一份发行股票或者可转债的融资计划。对于国美的融资计划，陈晓管理层也通过相关渠道请示了失去自由的黄光裕。据说黄光裕向董事会回了一封亲笔信，表示公司缺钱可以进行股权融资，作为大股东的他可以降低股权，"但不能失去控制权"。在随后2009年4月，国美公布了投资者入围名单，分别是贝恩资本、华平基金和KKR。2004年6月22日，国美公布了详细的融资方案，其一，单独向贝恩资本发行可转债融资18.04亿港元，贝恩持有的债券转股之后将成为国美电器第二大股东，持股9.8%；其二，以0.672港元/股的价格，向现有全体股东每100股增发18股股票，合计发行22.96亿至24.85亿股股票，融资额不低于15.4亿港元，两项合计净融资不低于32.36亿港元。

然而，对于国美与贝恩资本所签订的部分协议条款，黄家事后明显持异议态度。比如，贝恩要求在国美董事会中拥有3名非执行董事的席位，如果触发违约条款，国美要向贝恩做出相当于1.5倍投资金额的赔偿。其中违约条款包括：与现有核心团队进行绑定，如果陈晓、王俊洲、魏秋立3名执行董事中有两名被免职，就属于国美电器违约（注：这条最终没有写入正式协议）；陈晓以个人名义为国美电器做贷款担保，陈晓被免即可能触及违约条款；与企业经营的现金流绑定，如果国美电器产生任何一笔1亿元以上的无法支付的款项即属于违约。在黄家看来，贝恩的条款过于苛刻，贝恩要求3名代表进入董事会，与其投资金额所占的股权比例不成配比关系；另外，投资协议与陈晓绑定，也被黄家认为陈晓是有目的的。

对于黄家的异议，陈晓则解释称，黄光裕身在狱中，不可能将引资文件全部送进去，只能通过纸条和一两页的书信沟通。而且按照有关法律，黄光裕并非董事会成员，董事会引资在股东大会授权范围之内，完全可以不告知黄光裕具体事宜，因而黄家事后获悉是正常之事。

随后，2009年7月7日陈晓抛出针对包括执行董事及高管在内的百余名管理层的大规模股权激励计划。根据该股权激励计划，公司高管最多可认购国美电器发行的3.83亿股股票，行权价为1.9港元/股。执行董事会成员中，陈晓2200万股，王俊洲2000万股，魏秋立1800万股，孙一丁1300股，伍健华1000万股。陈晓用股权激励的"金手铐"对国美原中高层进行利益捆绑，使自己在国美的地位得到有效地巩固。事后黄光裕的毅然反对无疑将原国美高管推向陈晓阵营。陈晓在大股东反对的情况下也可以成功实施股权激励，恰恰是利用了黄光裕时代所留下的公司章程的有利条款。因为根据黄光裕当时主导设定的公司治理规则，股权激励事项可以由董事会自行决定而无须股东大会表决。此时，作为大股东的黄光裕也无法有效制约以陈晓为首的董事会的行为，此苦果只能由黄光裕自己咽下去。

不信任源于没有安全感

2010年5月11日，国美电器年度股东大会再次举办，这次股东大会上，黄光裕出人意料地投票否决贝恩资本派驻在国美的3名非执行董事，使得这3名非执行董事未能获得超过半数的赞成票而出局。让人意想不到的是，国美股东大会结束当晚，董事会随即紧急开会并一致同意，重新委任贝恩的3名代表进入国美电器董事会。第二天国美电器以董事会公告的形式，否决了股东大会前一天的决议。这项对企业来说天大的权力，也是源于黄光裕时代所设置的公司章程，董事会可临时委任董事，直至下次股东大会再通过投票产生董事。陈晓与黄光裕一系列的交锋，使黄家与陈晓的矛盾更加激化，直到不可调和。

随后，黄家进行了一系列反击。2010年8月5日，大股东黄光裕提出举行临时股东大会进行表决，要求撤销陈晓的执行董事及董事局主席职务，要求撤销孙一丁的执行董事职务，并提名私人律师邹晓春、妹妹黄燕虹进入董事会担任执行董事。面对黄光裕的反击，陈晓控制的董事会则于第二日发布一则公告，称国美电器将在香港正式起诉大股东黄光裕。这一起诉缘自2009年8月香港证监会一项调查。调查称，黄光裕、杜鹃夫妇在身为国美电器董事局主席及执行董事之时，二人曾策划国美电器在2008年1—2月用国美电器的公司资金回购黄氏持有的国美电器股份，促成黄光裕得以将售股所得向一家财务机构偿还一笔24亿元的私人贷款。黄氏夫妇的这种行为涉嫌违反香港上市公司的董事委托责任。此后，香港高等法院冻结了黄光裕、杜鹃夫妇价值16.55亿港元的资产。这给了一直担心国美电器股票增发、大股东股权将可能被稀释的黄光裕致命的一击。此后，黄光裕不得不卖掉房地产、物业及其他产业项目中，抽钱出来在二级市场购买国美电器的股票，以稳固自己在国美第一大股东的位置。

  随后，陈晓与黄光裕家族在企业内外同时展开拉票战、拉拢战、公关战、道德战等，但这场纷争中最具有决定性制胜权力的，就是股东的投票权。为增加胜算，黄光裕家庭持续不断地从二级市场暗中买进国美电器的股票，以增加自己的股权。2010年8月24日—8月25日，黄光裕家庭连续两天，耗资近3亿港元买入占0.8%比例的国美电器股票。2010年8月30日—8月31日，黄光裕再度斥资4亿港元，买入1.77亿股国美电器股票。通过这两次二级市场的增持，黄光裕方面的持股比例升至35.98%。在多数机构投资者倾向于选择支持陈晓的背景下，黄家只能把重点放在寻求散户股东的支持票上。

  2010年9月26日晚间，黄光裕方面再度发表《关于确保国美长久稳定发展的呼吁——国美电器创始股东再致股东同仁公开函》，最后一次为9月28日即将举行的临时股东大会进行拉票。2010年9月28日，国美电器临时股东大会在香港如期召开。最终投票结果显示，陈晓以51.89%的支持选票获得留任。也就是说，黄家未能成功罢免陈晓。黄家提出的委任邹晓春、黄燕虹出任执行董事的议案也未能通过。而对黄家来说，唯一的收获就是撤销对董事会增发的一般授权以54.62%的赞成比例获得通过。黄家不得不面对这个不符合自己意志的投票结果。但好在根据国美电器的公司章程，董事会拥有自行聘任董事的权限。也就是说，黄家可以继续与现董事会及贝恩方面商谈重组董事会，而无须重新发起临时股东大会投票表决。一个多月以后的2010年11月10日，国美电器发布公告，称与大股东黄光裕达成谅解备忘录：第一，扩大董事会规模，最高人数从目前的11人增加至13人；第二，董事会委任邹晓春和黄燕虹分别担任执行董事和非执行董事。这意味着陈晓离开国美已经进入最后的倒计时阶段，就等公布各方认可的董事主席人选了。2011年3月9日，国美电器发布公告：陈晓辞去公司董事会主席、执行董事职务；孙一丁辞任公司执行董事，但留任公司副总裁职务；委任原大中电器创始人张大中为公司非执行董事及董事会主席。至此，陈晓与黄光裕之战，在各方利益平衡下画上了句号。

尊重游戏规则，切莫"作茧自缚"

  在轰轰烈烈的国美争夺战中，有3件事情是令熟悉我国《公司法》的人想不通的，那就是董事会的权力为什么会如此之大，甚至大过股东大会。

董事会为什么能推翻大股东的决议？国美争夺战正式打响是在 2010 年 5 月 11 日国美年度股东大会上，黄光裕的代表出人意料地连投反对票，否决了 12 项决议中的 5 项，其中包括来自贝恩的 3 名非执行董事的任命。而面对黄光裕的突然发难，以陈晓为首的国美董事会连夜召开紧急会议，以"投票结果并没有真正反映大部分股东的意愿"为由，否决了股东大会的相关决议，重新委任贝恩的 3 名前任董事进入国美董事会。董事会推翻股东大会的决议，这一明显违背公司治理常识但并不违反国美公司章程的事件，使得国美内部大股东与董事会的矛盾第一次被公之于众。

这种事情在我国上市公司中是不可能发生的，因为属于大陆法系的我国《公司法》中规定，股东大会是公司最高权力机构，"执行股东大会的决议"是明确规定的董事会主要职责之一。但是，国美的注册地在百慕大群岛，上市地点在我国香港，这两地均属于英美法系，而英美法系则奉行"董事会中心制"，即除了股东大会保留的权力外，董事会具有一切权力。而且在百慕大群岛注册的公司一般只需备案一个简单的公司章程，真正的公司章程往往是不在政府部门备案的，法律对公司章程的干涉也很少。此事也要归责于黄光裕自己设计的股东大会授权公司董事会有权在不经股东大会同意的情况下任命公司非执行董事，直至下一届股东大会投票表决权。

陈晓于 2006 年年底随着国美并购永乐而进入国美出任总裁，但由于黄光裕成立的"决策委员会"独立于总裁之外，总裁实际权力被架空。但黄光裕万万没想到有一天自己会"进去"，更没有想到自己一手提拔的兄弟会反戈一击，大都选择与陈晓组成攻守同盟。2010 年 8 月 11 日晚上，国美电器董事会上，王俊洲、魏秋立、孙一丁均对重新任命贝恩投资的 3 名非执行董事投了赞成票，直接否决了白天大股东的反对票。王俊洲对于黄光裕要求陈晓"下课"表态说："这是一个非常令人失望之举。"孙一丁也表示，对黄光裕的做法"觉得遗憾"。贝恩的竺稼也曾在 8 月初对媒体表示，"目前管理层中已没有任何一个人再亲近黄光裕了"。那么，黄光裕的旧部为何会倒戈背叛呢？主要有三个原因：一是陈晓使用高管股权激励机制将利益捆绑和期权"金手铐"的诱惑；二是一审法院宣判黄光裕被判 14 年，一些高管感觉时间太长了，没了盼头；三是陈晓把控了董事会，"识时务"的氛围裹在高管层中，另外，黄光裕在任时个人性格过于强势和多疑，也是让"手下不得不反"的重要因素。但这其中最关键、最主要的原因是陈晓在 2009 年 7 月 7 日通过股票期权激励计划拉拢黄光裕旧部。按照国美董事会授予的股票期权计划，国美部分董事及高管可认购国美发行的 3083 亿股新股，共惠及 105 人，价格 1.9 港元/股。其中，陈晓 2200 万股，王俊洲 2000 万股，李俊涛 1800 万股，魏秋立 1800 万股，孙一丁 1300 万股。在此之前，国美除陈晓之外的所有高管无人享有股权。黄光裕家族事后反对陈晓拿大股东的股份实施"慷慨计划"。但黄光裕为什么不能阻止该股权激励计划的实施呢？这是由于 2006 年国美的公司章程在修改中，将授予股权激励的权力作为"一般授权"给了董事会。因此，国美电器对经理人的股权激励计划只要董事会批准就可以了，无须再上报股东大会。这是当时黄光裕怎么也想不到的，本是自己用的权力，没想到有一天会被旁人所代用。此种情况依据我国内地法律情况是很不一样的，我国法律《上市公司股权激励管理办法》第十二条规定：上市公司全部有效的股权激励计划所涉及的标的股票总数累计不得超过公司股本总额的 10%。非经股东大会特别决议批准，任何一名激励对象通过全部有效的股权激励计划获授的本公司股票，累计不得超过公司股本总额的 1%。本条第一款、第二款所称股本总额是指股东大会批准一次股权激励计划时公司已发行的股本总额。上市公司的股权激励计划必须经股东大会批准，而且即使修改公司章程，也是不可以将该权力授给董事会的。如果当时黄光裕料到自己有一天会去坐牢，就不会修改此项了，这是黄光裕作茧自缚。

董事会拥有比股东大会大得多的权力这一治理结构，除了英美法系以董事会为中心这一客观事实之外，另一个更重要的原因是黄光裕为了集权，将大股东、决策者和执行者于集于一身。黄光裕为了方便和自由掌控公司，选择在英美法系下的百慕大群岛注册，选择在中国香港上市。在 2004 年和 2006 年，国美电器 65% 股权和 35% 股权再次借壳上市之后，黄光裕家族一度持有超过 75% 的国美股份。正是在这一时期，凭借"绝对控股"地位，黄光裕多次修改公司章程。在 2006 年修改的公司章程中规定：无须股东大会批准，董事会可以随时调整董事会结构，包括定向增发以及对管理层、员工实施各种期权、股权激励等；董事会还可以订立各种与董事会成员"有重大利益关系的合同"。黄光裕将英美法系下股东大会原本就不多的权力通过公司章程授予董事会，其目的是当自己股份减少时，还可以牢牢掌握公司的权力，以方便自己进行一系列"资本动作"。千算万算，黄光裕唯一没有算到的是，有一天董事会会被陈晓控制。因此，在国美之争中，与其说陈晓不好，不如说黄光裕不懂普通法系与大陆法系的股权游戏规则，被自己制定的这一套游戏规则套住了。在普通法系的美国、英国、中国香港的资本市场上市，并不需要做大股东，只要将董事主席的位置拿到就基本上掌控了公司。这是因为在这些实施普通法系的国家资本市场上由于存在做空、举证倒置、集体诉讼等制度，再加上公司章程将一些股东大会的权力授予董事会，那么掌握董事会，实际上就掌握了公司。但是仅仅套用普通法系下的《公司法》，而无相对应的诉讼制度做保障，在中国内地是很难行得通的。

"陈黄控制权之争"的警示

我国新《公司法》规定，在股份有限公司的选举中采用许可性累积投票制度。这一举措提升了累积投票制度在我国的法律地位。对于上市公司而言，根据《上市公司治理准则》第三十一条规定，控股股东控股比例在30%以上的上市公司，在董事和监事的选举中采用强制性累积投票制度。根据《证券公司治理准则（试行）》第十七条规定，证券公司股东单独或与关联方合并持有公司50%以上股权的，董事（包括独立董事）、监事的选举应采用强制累积投票制度。累积投票制度与直接投票制度是相对的两个投票方式。直接投票制度是股东大会选举董事、监事的传统方式，采用的是一股一票制度，每一选票可以同时投给多名自己要选的候选人，即股东的表决权可以重复使用。而累积投票制度是指在股东大会选举的董事、监事人为两名以上时，股东所持每一股拥有的投票权与所选举董事、监事人数相等，股东既可以把所有投票权集中起来选举一人，也可以分散选举数人。

累积投票制度的实行有助于改善小股东在董事会中没有人替自己说话的处境。例如，某股份有限公司总股本为100股，其中大股东A持51股，其他股东B、C、D分别持27%、20%、2%，合计持有49股，现在要从3名候选人甲、乙、丙中选两名董事，其中甲和乙是大股东A的人，丙是小股东B、C、D的代表。如果采用直接投票制度，A股东可以对每一位中意的候选人投出51票，而B股东只能对每一位中意的候选人投出49票。结果是A股东的代言人甲和乙进入董事会，而B、C、D的代表丙将无缘进入董事会。

那么，如何才能保障小股东的权益及其在董事会的发言权呢？首先，在不违背"一股一票"的资本多数决定原则的基础上，充分运用好累积投票制度规则，在遵守法律法规的前提下，严格制定并遵守有限责任公司和非上市的股份有限公司章程约定。每个股东获得的投票数为其所持股份标数乘以股东大会所要选出的董事人数，即用一个公式计算选出一定数量代表自己的董事所需要持有的最低股份数：最低股份数 =（股份总数 + 股东希望获得的董事席位数 + 1）÷（要选出的董事人数 + 1）。如果B、C、D股东需要一个董事席位，最低合计持股比例要求为34%，也就是A大股东表决权为102票，B股东为98票。如果B、C、D股东的98票全部投给丙，丙肯定能进董事会。但A大股东的102票不可能使甲和乙的票数都超过98票，因此

A 大股只能让一个人进董事会。如果有了这种制度制约，A 大股东想完全操纵董事会的企图就不可能实现。小股东有了自己的代表人进入董事会，对保护小股东的权益及改善小股东的发言权是大有益处的。

从此例中可以看出，累积投票不是分别就某个候选人进行投票，而是将所有候选人放在一起进行选举，每张票只能选一个人。对于上市公司来说，除了将累计投票制度导入章程外，还可以运用代理投票制度。代理投票制度是指不能出席股东大会进行投票的股东，可以委托代理人出席股东大会，由代理人向公司提交股东授权委托书，并在授权范围内行使表决权。

代理投票制度是针对上市公司的小股东专门设计的一项制度。在上市公司中，小股东由于股份少，在股东会上的意见难以得到有效的支持，小股东可能散居全国及世界各地，参加股东大会需要付出巨额交通、食宿费等物质成本和较多的时间成本。通常大部分小股东都会放弃参加股东大会。但如果导入代理投票制度，将所有小股东的投票权集中在一起行使，则能够有效地影响公司决策，对大股东、董事会、监事会和经理人进行制约。小股东不满意公司的经营状况，就可以通过代理投票制度来争取公司的控制权。小股东可以在股东大会前通过报纸、网络等媒体向公司的其他股东来征集"代表投票"委托书，只要有能力收集足够多的委托投票权，就可以在股东大会上拥有相应的话语权，这将是一股不容忽视的力量。

2010 年，国美控制权争夺战的标志是 9 月 28 日股东大会上黄光裕家庭 PK 陈晓与贝恩阵营。投票权登记日，黄光裕家族持股 33.98%；国美第二大股东贝恩持股 9.98%；陈晓的永乐团队持股为 5.12%；其他持有 52.43% 的投资者中有 200 多家机构投资者，其余的都是散户。

为争取最终的胜利，黄光裕家族阵营、陈晓阵营分别忙着拜访机构投资者，争取机构投资者手里的投票权。当机构投资者纷纷表态之后，在 2010 年 9 月 28 日之前的一段时间，黄光裕家族、陈晓和贝恩联盟开始进行路演，发表公开信拉票。路演的目的实际上就是为了争取小股东（小机构和散户）手里的投票权。而最后左右投票结果的，恰恰是这些小股东手里的投票权。最后的投票结果是管理层的 3 项提议获得通过，而大股东黄光裕家族的 5 项提议中通过了 1 项，否决了 4 项。重选竺稼为非执行董事以赞成票占 94.76%、反对票占 5.24% 获得通过；重选 Lan Andrew Reynolds 为非执行董事以赞成票占 54.65%、反对票占 45.35% 获得通过；重选王励弘为非执行董事以赞成票占 54.66%、反对票占 45.34% 获得通过；即时撤销本公司于 2010 年 5 月 11 日召开的股东周年大会上通过的配发、发行及买卖本公司股份之一般授权，以赞成票占 54.62%、反对票占 45.34% 获得通过。即时撤销陈晓作为本公司执行董事兼董事会主席之职务,以 48.11% 赞成、51.89% 反对被否决;即时撤销孙一丁作为本公司执行董事职务,以 48.12% 赞成、51.88% 反对被否决;即时委任邹晓春作为本公司的执行董事,以 48.13% 赞成、51.87% 反对被否决;即时委任黄燕虹作为本公司的执行董事,以 48.13% 赞成、51.83% 反对被否决。

以上的 8 个提案,前 3 个是管理层的提案,后 5 个是大股东的提案。这个结果刚出来的时候,很多媒体都认为大股东黄光裕家族输了,陈晓赢了。其实这个结果对于黄、陈双方都谈不上谁输谁赢,因为在这次股东会上虽然否决了大股东的 4 项提议,但是大股东 1 项关键提议获得通过,这就是撤销股东大会对董事会配发、发行及买卖本公司股份的一般授权。这防止了陈晓团队进一步稀释大股东的股份,为未来争夺控制权开了一个好头。

另外,在这次投票中还有两点比较有意思。首先是竺稼以 94.76% 当选非执行董事,说明黄光裕家族对竺稼也投了赞成票。这可以看作大股东黄光裕家族向二股东的示好,国美后续事态的发展也证明了这点。而 2011 年 3 月 9 日陈晓从国美的出局正是大股东和二股东联手的结果。其次,从投票结果来看,黄光裕家族最后争取到的投票权在 45% 左右,陈晓与贝恩联盟争取到投票权也在 45% 左右,而剩下 10% 左右的投票权在一些提案上支持了黄光裕家族,在一些提案上支持了陈晓与贝恩联盟。这 10% 左右的投票权应该是一些小股东持有的(小机构及大散户),他们的理性选择导致了最终结果的出现。可以说,这个结果对公司利益和小股东利益是有利的,因为它代表了稳定。这个结果可以使大股东、经理人和二股东都达到了自己最基本的诉求,不至于激化矛盾,让双方理性地回到谈判桌前按照商业规则继续进行控制权争夺的游戏。

国美电器控制权争夺战起初也是黄光裕本人造成的,最终导致事态发展并非其本人所能控制。在这次控制权争夺战中,黄光裕家族、陈晓、贝恩以及小股东代表除了自身参加股东大会行使投票权之外,还通过代理投票制度获得了一些没有参加股东大会的股东的投票权。可见,代理投票制度日益成为上市公司控制权争夺的一个重要手段。从本案中可以看到,代理投票权在股权融资过程中可以一定程度的防止公司创始人控制权的旁落。好在当时黄光裕有邹晓春这位资深的证券律师为其出谋划策,不然黄光裕在资本市场的博弈中,可能又是另一番结局。

黄光裕的锒铛入狱、加多宝与王老吉的品牌争论,都是中国企业不熟悉商法带来的后果。企业领导者必须懂得股权治理,如果你不懂股权治理的方法,股东及风投会给你上一课。再看京东的刘强东、阿里巴巴的马云,之所以在进行巨额融资后,没有失去对公司的控制权,正就是因为他们巧妙地运用了代理投票权的制度安排及事前有良好的股权布局。

另外,从"国美内斗"事件中,企业家们应该意识到随时保持足够现金流的重要性。哪怕名下资产再多,一旦发生突发性危机,资产变现很有可能会出现困难。在危机发生后,如果紧急处理资产,必会遭人压价,比如黄家出售建国大饭店、国美商都等资产的时候,都遭疯狂压价,为了急于回笼资金,黄家只能打碎牙往肚里吞。巴菲特就非常强调庞大的现金流对于企业的重要性,他的账面上始终保持几百亿美元的现金,以备不时之需。①

【专家点评】一般而言,创业初期股权分配比较明确,结构比较单一,几个投资人按照出资多少分得相应的股权。但是随着企业的发展,制度变得重要,必然会在分配上产生各种各样的利益冲突,这样也导致企业在发展过程中内耗不断。国美的"陈黄之争"最早的伏笔也是黄光裕自己埋下的,在当今这个合伙制的时代下,一套有效的股权布局机制对企业的发展至关重要。

第三节 时代节拍的试弦者——孙正义

2014年9月19日,阿里巴巴集团在纽约证券交易所正式挂牌上市,同时阿里巴巴创始人马云以195亿美元的身家成为福布斯榜单的中国首富,但与此同时有一个人在不知不觉中成为亚洲新首富,这个人就是孙正义。孙正义是韩裔日本人,毕业于美国加利福尼亚大学伯克分校,是日本软银集团的董事长兼总裁。孙正义1981年创建软银集团,用了短短33年就缔造了一个信息技术王国。美国《商业周刊》杂志称孙正义为"电子时代大帝",《福布斯》杂志则称他为"日本最热门企业家"。软银帝国入股或控股的互联网公司有800多家,在世界互联网中的地位举足轻重,他缔造软银帝国的智慧值得企业家们借鉴。

把握时代的"势"

孙子兵法讲究"势",《孙子兵法·势篇》曰:"善战者,求之于势,不责于人;故能择人而任势。任势者,其战人也,如转木石;木石之性:安则

---

①尹锋:《控股才是王道:经典股权战争启示录》,广东旅游出版社2014年版,第165页。

静，危则动，方则止，圆则行。故善战人之势，如转圆石于千仞之山者，势也。计利以听，乃为之势，以佐其外。势者，因利而制权也。"善于用兵打仗的人，总是努力寻求有利的态势，而不是对下属求全责备，并且能够善用人才，创造有利的态势。善于利用态势，指挥军队作战，就如同滚动木头、石头一般。木头和石头的特点是，置放于平坦安稳之处就静止，置放于险峻陡峭之处就滚动。方的容易静止，圆的滚动灵活。在这里，孙子借用"木""石"之性，对"势"做了形象生动的概括，阐明了中国战略的"任势"思想。要想以小的代价获得胜利，要想比较容易战胜自己的对手，就必须"任势"，就必须借助各种有利的外部条件，就必须首先形成有利的战场态势之后再用兵决战。同样的力量放在不同的地方，产生的效果不一样，如把木石放在平稳的地方或陡险的地方，所产生的势能或动能就不一样。同样的力量，构成的形状不同，产生的效果也会不一样，如方形和圆形的运动效果就不一样。所以，高明的将帅轻而易举地战胜对手，并不是一味地把自己的力量拼到极限，而是通过改变力量的位置和形状，即通过力量的战场部署和作战编制，形成有利的战场态势，就像将圆石从万丈高山推滚下来那样，形成排山倒海般的力量，最后战而胜之。

"势"是以最大限度聚集资源，集中精力不断积累、不断聚集，最终打造成强势的利润点。当今时代，财富洗牌的速度越来越快，现代商场竞争的关键就是智慧的竞争。当你增加物质财富的时候，一定要相应地增加你的智慧，否则赚再多的钱也守不住。在新经济财富时代更需要借用"势"的智慧去成就伟业。孙正义自称孙子的后裔，"故百战百胜，非善之善者也；不战而屈人之兵，善之善者也"。孙正义曾说："创业，如果不去彻底追求，彻底研究的话，就无法尝到成功的果实；创业，最关键的是选择什么样的行业，一旦选定了，今后几十年里就要为此而战斗。"孙正义不愧是国际互联网之王，他不仅是新经济时代的赢家，更是行王道的庄家。从赢家到庄家，高手不再执迷于精准的算路，更是时代商业节拍的悟道者。

财富智慧"专利一源"

阿里巴巴在美国上市之后，开盘报以92.7美元，较68美元发行价上涨36.3%，阿里巴巴集团市值达到2383.32亿美元。至此，阿里巴巴执行主席马云的身价也达到212.12亿美元，超过王健林和马化腾，成为中国新首富。

但马云并不是最大的赢家，最大的赢家是孙正义。这个韩裔日本人当初投资了8000万美元，如今收获了1000亿美元。马云只占阿里巴巴股份的8.9%，持有阿里巴巴34%股份的是第一大股东日本软银，而日本软银的老板正是孙正义；排名第二的是雅虎，持有22.6%的股份。按照最低估值1000亿美元计算，软银持股价值344亿美元，是投资额8000万美元的430倍。孙正义投资马云，成为日本首富。

从赚钱的角度来说，社会有三种人：资源者、配置者和资本者。以个人的技能或体力赚钱的人为资源者，因为他用的是自己的资源；配置者是不直接用自己的资源，而是通过配置别人的资源来创造价值，马云创造了阿里巴巴公司，被称为企业家；而资本者孙正义投资了马云，有了今天的阿里巴巴，马云只有一个阿里巴巴，而孙正义投资了很多个马云，所以他成为日本首富。农业时代最重要的生产力要素是人，封建时代最重要的生产力是土地，而资本时代最重要的生产力要素是资本。孙正义的厉害之处就是在资本时代站在资本的制高点去扩张属于自己的产业帝国。

孙正义这位拥有中国血统的韩裔日本人，从20世纪90年代起，就敏锐地感觉到日本的精工制造将成为明日黄花，开始聚焦于互联网产业。1995年，孙正义向刚成立的雅虎公司投资了200万美元，其后一年又追加1亿美元的投资。1997年，雅虎的浏览量就达到了一个亿。到1998年时，孙正义仅仅脱手雅虎2%的股票就获得了4.1亿美元，净赚3.9亿美元。他以围棋高手般的战略眼光，投资布局了众多互联网公司，中国的盛大网络、阿里巴巴、雅虎、新浪、网易、当当网、携程旅游网等，都成为他的战略棋子。无论世界经济发生何种变化，孙正义的投资从未离开互联网联网这一领域，其"专利一源"的财富智慧值得浮躁的中国企业家们学习借鉴。

一个把梦想当真的人

人生需要一种信念的力量，"人最重要的是记住往前走，只要你敢于往前走，每一天走一步，一年就是三百六十五步，总有一天回头一看，你会发现很多走在你前面的人，因为停下来休息了，你走到他们前面去了。"[①] 无论大人还是孩子，都有过梦想，但大部分人只是在做白日梦，真正把自己远大梦想当真的还是少数。没有坚定的信念，不能知行合一，就很难取得成功。从《信仰：孙正义传》一书中可以看出，孙正义真是把梦想当真的人，书中描述："无论吃饭时还是洗澡时，他都不忘学习。就是泡在水缸里的时刻，眼睛也没离开教科书。"

孙正义在大三那年，给他自己制定出"人生50年规划"，看起来像是痴人说梦："无论如何，20多岁的时候，正式开创事业、扬名立万；30多

---

① 井上笃夫著：《信仰：孙正义传》，孙律译，凤凰出版社2011年版，第225页。

岁的时候，至少要赚到1000亿日元；40岁的时候，一决胜负，为干出一番大事业，开始出击；50多岁的时候，成就大业；60多岁的时候，交棒给下任管理者。"在此后20多年里，他开发过翻译机，投资了800多家互联网企业，其中700多家是赢利的，他竟然按照这张蓝图逐个实现了愿望，令人匪夷所思。

从某种角度可以说，孙正义已经"霸占"了中国互联网，迄今为止，被软银"点指"投资的中国企业包括UT斯达康、新浪、网易、携程、阿里巴巴、当当、淘宝网、博客中国、千橡集团等，这些企业几乎都有他的股份。

时代节拍的试弦者

孙正义之所以能够敏锐地嗅到热点行业的信息源，能够"未卜先知"，就如他所说："最重要的是三点：一是志向和信念，二是想象力，三是战略。"[①] 中国企业家在这三方面还有待修炼，特别是在信念、视域、价值、心境等方面更是有所欠缺。商业嗅觉敏感的人通常是在行业兴盛之前就已经做好准备工作，比如孙正义。企业的竞争对手是谁，似乎是一个再简单不过的问题。提到竞争，理所当然想到的是同行业间的竞争，企业往往将同行作为自己的竞争对手，其实一个先知先觉的企业家一定都是围绕客户进行博弈的，客户才是企业最终的竞争对手。孙正义为什么选择专投互联网呢，正是因为互联网符合人性的需求。孙正义看中并把握了互联网时代的节拍，准备好了，机会来了，运气也来了。

【专家点评】科技的进步会淘汰很多落后产业的工作，制度的变革会损害很多既得利益者的收入，系统的优化会让很多人失去就业的机会，规则的改变会让一切变得不再理所当然。作为老板，必须拥抱变化，用科技优化系统，调整规则以适应发展需要，紧跟时代的脚步。如果不主动与时俱进，就会被别人革了命。中国及世界正进入一个"股东钞票的时代"，孙正义之所以被称为"互联网大帝"，是因为在互联网众多领域项目中，几乎都有他的股份。这就是孙正义赚钱之道——只在一个行业里深挖井。

[①]郭智慧：《资本的力量：中国企业全球资本运营成功宝典》，中国法制出版社2012年版，第40页。

第四节　股权机制的智慧

"人"字是一撇一捺，人是相互支持、相互尊重的。社会是由人构成的，如果这个地球没有了人，一切财富、一切物质都没有任何意义。人是这个世界最本质的资源，是所有财富的创造者。作为一个人，要尊重人，要支持人，生活工作中的人际关系是人最本质的发展资源。而作为一家企业，对内要培养优质人才资源。

所以，为上者要明白人才是激励出来的，是考核出来的，是选拔出来的。企业家要把人作为企业最宝贵的资源，对于人才，不要吝惜那点工资。你让员工吃亏，员工就会让客户吃亏，客户就会让你吃亏。

管理的核心就是安人安心。管理者要想员工发挥主观能动性，就必须让他们开心起来，就要使用不同的语言和方式去沟通激励。中国人更需要激励，因为中国人是世界上最庞大的不信神的群体，中国的文化基因里强调对人的皈依，强调对人的归顺。《水浒传》中的宋江，上梁山闹了半天还是想受朝廷招安。他不是怕打不过朝廷的军队，而谋求心灵的归宿，总觉得落草为寇，这辈子没办法跟列祖列宗交代，总觉得没面子，会被人天下百姓看不起。由此可见，中国人的价值是信"人"的，而不是信神的。总考虑别人对自己的评价，总考虑与前人对照，总考虑后人评价。员工永远不会满意薪酬，但是喜欢被公平对待、喜欢被激励鼓舞。

员工对公司的归属感，源于个人价值能得到实现，获得认同和尊重。企业应打造一个能够充分沟通，可以提升员工凝聚力和向心力的平台。激励的核心是激发人性，用分配解决人性的自私，用考核解决人性的懒惰，用晋升解决人性的虚荣，用激励解决人性的恐惧。激励系统分为精神激励系统、物质激励系统，其中物质激励是驱动力，让三个人干五个人的活，拿四个人的工资。

薪酬要给员工基本的安全感，更要给员工持续的激励。企业应该给员工适度的安全感，但又不能过于安逸。固定薪酬养人，弹性工资激励人。为此，必须建立薪酬梯队和岗位等级梯队，让有能力的人坐高位子，让有业绩的人获得高回报。当老板把下属成功的欲望挑动起来，下属自己就会去学习，拦都拦不住。老板要明白新生代员工的心理特点，员工为什么会跟着你干，他们主要是看跟着你有没有成长，跟着你能否学到新东西。所以，老板要做的是将员工的利益、事业、命运与公司发展连在一起，变成共同的命运体，给员工成长的机会、赚钱的机会、发展的机会，设立多个成长的阶梯。

企业的战略一定要与激励机制挂钩

有个寓言故事，说的是有一天，一个渔夫看到船边有一条蛇，口中衔着一只青蛙。看到垂死挣扎的青蛙，渔夫觉得它可怜，便把青蛙从蛇的口中救出来放走了。随后，渔夫又对那条将要挨饿的蛇动了恻隐之心，便想给那只蛇一点东西吃。因为身边只有酒，渔夫便滴了几滴在蛇的口中。蛇喝过酒后，高兴地游走了，青蛙也为获救而高兴，渔夫则为自己的善举而感到快乐。他认为这真是一个皆大欢喜的结果。仅仅过了几分钟，他看见那条蛇又回来了，而且嘴里咬着两只青蛙，正等着渔夫给它酒的奖赏。

这个寓言说明了什么呢？奖励什么样的行为，就会激发更多同样的行为。如果渔夫只救青蛙，而不给蛇奖赏，蛇是不会再咬着青蛙回到渔夫身边的。如果把这一寓言的感悟运用到具体管理中去，就会得出这样的结论：管理者会得到他所奖励的，而不一定会是他所期望的。如果希望员工做出某种行为，就不能只停留在思维上，而要对这种行为做出诱导性的行动，奖励这种行为才会得到所希望的效果。有效管理就要激励一个人去执行某事，只有让他了解做这件事最终会对他有好处，他才会努力去做。目标管理能够有效地让个人充分发挥特长，凝聚共同的愿景和一致的努力方向，进而建立团队合作，把企业目标和员工个人目标结合起来，为自己工作的同时实现公司目标。企业的战略一定要与激励机制挂钩，没有激励奖励惩机制，战略就是空中楼阁。

虚拟股票激励方法

股权激励模式概括为股票期权、期股、业绩股票、干股、限制性股票、虚拟股票、股票增值权、延期支付和员工持股计划等，其中期股模式是我国独创的激励模式。虚拟股票计划又叫虚拟股票期权计划、模拟持股计划，用于非上市公司时可称为虚拟股份计划。虚拟股票是股票期权的一种衍生形式，是指公司授予激励对象一种"虚拟"的股票。激励对象可以根据所持有的虚拟股票计划享受一定的分红权和股份升值收益，但没有所有权和表决权，不能转让和出售，在离开公司时自动失效。例如，当虚拟股票的持有人为公司服务5年后，可将虚拟股票变现。对于非上市公司来说，实施虚拟股份激励计划，核算净资产是1000万元，这时可以将总股本设置为100万股，每股1元钱。在1000万股真正股份的基础上，虚拟100万股虚拟股份，也就变成了1100万股，其中1000万股是真正的股份，100万股是虚拟的股份。长期激励性报酬的本质是其递延性特征。由于报酬的递延性可以增加经理人的失败成本，加大股权激励对经理人的内在约束性，因此，现在股权激励非常流行"一次授予，多次加速行权"的方式。

例如，A公司授予李先生为期6年的100万股股票期权计划，等待期是3年，行权期分别是第四、第五、第六年。这时有3种行权方式：第一种是平均行权，3年分别行权33万股、33万股和34万股；第二种是减速行权，3年分别行权50万股。哪种行权方式好？对谁好？第三种对老板好。比如，李先生第四年行权了50万股的股票期权后，发现外部环境变得更恶劣了，如果他想获得剩余50万股的股票期权，需要付出更大的努力，在这种情况下李先生就很可能在第四年获得股票期权计划的一半后就选择放弃剩余的计划，选择离职，对公司来说，股权激励计划就失败了。为防止出现这种情况，A公司将李先生在第四年可能应该行权的50万股扣下来30万股放在第六年，将行权的方式变为20万股、30万股和50万股。因为100万股的股票期权计划才获得20%，他会坚持努力工作，以获得剩下80%的股票期权。当第五年李先生又行权30万股后，他发现要在第六年获得剩下的50万股期变得更困难了，但即使外部环境竞争更激烈了，需要他付出更大的努力，他也会咬着牙玩命干完最后一年，因为持续5年获得了计划中的50%，最后怎么可能放弃剩下的50%呢？

美国人一般使用股票期权制度捆绑经理人10年，在日本很少有企业采用美国的期权制度，没有美国那么显著的激励性报酬。因为日本企业大多采用的是长期雇用制和年功序列制工资，捆绑经理人一辈子。日本企业员工工资从入职到退职工资是递延性的，随着时间的推移，员工40~45岁的时候是个工资的增长高峰点，比如在42岁这一年，员工获得的报酬和他所创造的生产率刚好相等。超过42岁之后，员工的工资增长幅度依然大于其生产率的增长幅度，这就意味着从43岁开始，该员工可以把42岁之前抵押在公司的工资分批往回拿。到60岁或65岁的时候，企业就一次性支付相当于4倍年薪的退休金。这样的制度使得日本的员工不敢跳槽，因为成本太大了。

明确股权激励对象

股权激励的对象，一是创业元老，这是为企业出过力的人，他们没有股权就不会放权退位；二是公司核心骨干，他们是现在为企业创造价值的人；三是以后的高管人才，这是企业未来需要的人。为了把员工变成合作伙伴，很多公司给高管干股。但是干股不管是对管理层还是对股东，都不是好事。因为干股是利益共享，风险不共担，职业经理人往往选择离职，最后只能还是老板顶上，只有真金白银地拿出钱来，员工才会明白股份的分量，才会真正把企业当成事业。员工没钱怎么办？可以先用工资抵，也可以满足条件后适当打折，但是一定不能白送。长效激励一定是把员工视为"合伙人"，给权利（参与经营的权利），给责任（公司经营的好坏直接影响个人的资金投入和收入），给前景（在公司的发展前景），使员工变"给老板打工"为"给自己打工"，投入工作。简单点讲就是，公司与员工一起做蛋糕、分蛋糕，实现双赢。一个成功老板应该做的是搭建平台，让员工成为自己的老板，提供资源帮助一部分人成功，经营员工的成功，用员工的成功带动企业的成功。

低价之所以战胜不了高价，是因为没有文化。为什么发达国家发达，因为体制决定统治，激励决定效率。例如，在美国大型上市公司中 CEO 的平均工资占有其总收入的 10% 以下，而年收入超过 3000 万美元的 CEO 平均工资只占其总收入比重的 3% 以下，其余收入几乎全部来自其所获得的股权激励。例如，1998 年迪士尼公司总裁艾斯纳，其工资加奖金总计 576 万美元，但是股票期权则为他带来了将近 5.7 亿美元的收入。再如，通用电气公司总裁杰克·韦尔奇 1998 年总收入 2.7 亿美元，其中股票期权占 96%。又如，苹果公司的库克接任乔布斯出任苹果公司的 CEO 后，年薪 90 万美元，年度奖金 90 万美元，但苹果董事会授予库克 100 股限制性股票，以当时苹果的股份来算，价值估计约 3.762 美元，占库克薪酬总额的全部，这些股票在未来 10 年内分两次解禁，一次解禁于 2016 年，另一次则将在 2021 年解禁。

在英美国家，几乎所有的职业经理人都不愿为一家不提供股权激励的公司工作。在美国有拿 1 美元的 CEO，其原因是这些 CEO 之前已积累了相当大的财富，有承受风险的能力，在职业生涯中更关注长远的利益，更加注重股权。相反，在中国运用最多的是业绩股票。

中国职业经理人需要有效的激励机制

在职业经理人人才市场的约束机制中，有一种激励叫作声誉激励。美国有成熟的职业经理人人才市场，职业经理人更多地会长远考虑自己的职业生涯。假设一个经理人被一家公司聘为 CEO，他不仅仅看中的是这家公司给予的报酬，更是从长远考虑在任期内努力工作能使自己的人力资本增值，在为企业创造效益的同时，使自己的人力资本增值，将来会有更多的公司邀请他出任 CEO，那么他在下一任期内就有很大可能获得与自己人力资本匹配的报酬。在美国，对于做董事或经理人的激励主要是声誉激励和报酬激励，这是因为健全的信用制度和有效的经理人人才市场发挥着重要的作用。

北京中关村是中国软件企业扎堆的一个区域，有这样一个统计，在某一年园区内400多软件公司倒闭，但同时却有700多家新的软件公司注册，为什么会这样呢？中国的软件企业为什么做不大？为什么微软、SUN、百度、甲骨文能做大做强？原因之一就是这些企业一直坚持各种各样的股权激励计划，如股票期权计划、限制性股票计划、员工购股计划、利益分享计划等。如果老板经常不愿意分享股权，那么最后不但苹果长不大，连苹果树也可能被别人扛走了。

在中国如何激励职业经理人？一是可在激励机制中设置员工投钱入股的模式，也就是说员工持有股份一定要投钱进来，但一定要选择激励有才的人、创富的人、放眼未来的人。二是分红方案，分红利润率＝年度实际利润÷资金总额，个人所得分红金额＝个人缴纳入股金额×当年利润率（A），分工额度由公司按照当年利润率（即A）将红利提出，基金红利会根据个人参与缴纳的金额分发红利，一年一清；3年期满后本期基金分红结束清零，所有成员退出，依据公司经营情况，退还员工本金（注意：若公司经营出现亏损，则个人本金受到相应影响）。

股权激励要明确退出机制

股权布局要有退出机制，只有先小人、后君子，才能确保合作愉快。原则上，所有持股人员3年内不允许退出，如因过错被辞退、自动离职或个人主动辞职者，仅退还个人所缴纳本金，不享受红利；如因个人身体原因不能继续从事本岗位工作者，经基金会审核同意后，退还个人缴纳的本金，如果满一年则参与当年分红，不足一年按当年银行同期利率付给利息。

企业不是因为做大了才导入股权激励，而是导入股权激励才能做大。退出机制对员工退出方案的约定，包括以下三种情况：第一种是正常离职，企业往往会按照合同约定继续让这些员工享受股权或者期权；第二种是非正常离职，员工的离职没有给公司造成损失，不违反保密协议等，也可让这些员工继续享受股权或者期权；第三种是开除，这种情况按照相关规定是要取消享受股权收益的权利的。

股权进入条件要根据公司发展的实际情况及需要，引入的股东需要与创始人志同道合，对企业的发展能有所帮助，并符合公司章程规定或经董事会（或股东会）批准。如有新股东进入，创始人即原始股东同意稀释一定比例股权转让给投资方。

按公司章程规定或董事会（股东会）批准，股东可以对内、对外或以其他方式转让股权以实现退出。主要有以下几种方式：一是当然退出，以原价回购。股东不发生如下情形之一的，公司以原认购价格代为回购其持有的股权，并不再发放其当年度的红利。如股东达到法定或公司规定的退休年龄或作为股东的法人或其他组织依法被吊销营业执照、责令关闭、撤销，或者宣告破产、股东不能胜任所聘工作岗位或拒绝服从公司工作安排，经公司董事会批准取消其股东资格的；由于不可抗力或突发事件，致使本合同在法律或事实上已经无法继续履行，或合同的根本目的已无法实现等，如发生上述情形不影响股东权利的行使（如股东不担任公司职务）及公司的发展，则经董事会（或股东会）批准，该股东可以保留股东权利。二是除名退出（无偿回购）。股东发生如下情形之一的，公司有权自行取消其股东身份，无偿收回其股权，不再发放当年红利，如给公司造成损失的，须对公司进行赔偿。三是期满退出（现价回购）。如股东在公司持股超过一定期限后当然退出或退休的，则公司可按现价回购其股权。参考方式有股东持有股权满10年后主动辞职、当然退出或者退休的，公司回购其持有的股权，回购价格按现价回购。但股东可根据自身需要在以下两种回购方式中进行选择：一是由公司一次性回购其持有的股权并按上一年度的分红标准支付5年的红利；二是由公司每次回购其股权的20%，分5年逐年回购时公司上一年度的净利润和其持有的股权数额享受红利分配。但如股东在5年内死亡的，公司将现价回购剩余的股权，红利不再发放。

做好股权激励设计

股权激励设计主要是针对企业的投资人而言的，这也是他们应有的权利。在公司步入正轨，并一天天发展壮大的时候，人才是最迫切需要的资源。如何稳定员工、吸引优秀人才？导入股权激励方案是常用的方法。一是明确激励要素设计。成功的股权激励方案首先考虑企业的发展周期，选择适合企业的方法，然后才开始设计方案，而方案的设计主要着眼于6个关键因素。二是要明确激励对象。激励对象也就是股权的受益者，一般有三种方式：第一种是全员参与，这主要适用于初创期；第二种是大多数员工持有股份，这主要适用于高速成长期，留住更多人才以支持企业的发展（如华为）；第三种是关键员工持有股份，受益者主要是管理人员和关键技能人员。对于激励对象的选择要有一定的原则，对于不符合条件的宁缺毋滥，不要把股权激励变成股权福利、股权奖励。三是明确激励方式。常用的中长期激励方式有三类：股权类、期权类和利益分享类。每一种方式都有优缺点以及具体适用的前提条件。无论采取哪一种方法，都要考虑到激励机制和约束机制的有机结合，真正发挥员工的积极性。四是明确持股总额统筹。这主要解决的是股权激励总量、每位收益人的股权激励数量、用于后期激励的预留股票数量。这涉及企业的长远规划，可以根据公司的实际情况来确定。每位收益人的股权数量基本上是按照职位以及个人的价值能力来确定的。五是明确资金来源、购股方式。一般购买股票的资金来源有员工现金出资、公司历年累计公益金、福利基金、公司或大股东提供融资、员工用股权向银行抵押贷款。这几种方式都好操作，有些方式会产生财务支出，要重复交税。公司更多会采用员工出资购买的方式，直接从工资中按比例扣钱，有利于对员工控制。上市公司的股票来源比较麻烦，要证监会审核，股东大会审批。股票来源一般为定向发行、股市回购、大股东出让、库存股票等。其中，库存股票是一个公司将自己发行的股票从市场购回的部分，根据股票期权或其他长期激励机制的需要，留存股票在未来某时再次出售。

股权治理要"重义重利"

"信仰先从相信开始，从相信到产生信心，到产生一种依赖，最后形成一种精神皈依，叫作信仰。"[1] 孙悟空能力强但没有信念，多次打退堂鼓，观音仅用紧箍咒来约束孙悟空是不够的，观音一句话孙悟空很爱听，就是"待取经功德圆满，还要给一个金身正果"。用今天的话来说，就是企业发展成功后，分你股份，你也是CEO级别的股东。没有信念的人是不能给别人信心，也不能给别人动力的。比如，宋江是没有信念的人，他最大的梦想就是被招安。对于企业经营来讲，经营的核心就是经营信念。经营好信念，才可能经营好别人的信任；有了信任，才能维持好信誉。同时，还要培养信任的品牌，用品牌的核心价值培养客户的信仰。企业股权分配有4个原则：一是控股原则，老板应有控股地位；二是不可替代原则；三是行权原则，分4年授予股份，中间因故离职者收回升剩余股份；四是预留原则，预留10%～20%给未来的人才，确保新人才进入。

作为企业经营者的老板，不仅要知道怎么赚钱，还要学会怎么分钱，特别是分股份。员工有了股份，就相当于和你是一个长期的利益共同体，每一个人都在为自己做事，而且把大家的利益绑在一起，也使大家有了安全感。例如，合伙成立公司时，在股份设计上一定要考虑给小股东安全感，要给几个小股东可以联合起来的否决权，这样他们就不会担心自己成为摆设或被无视。在董事会上给他们一定的席位，让他们有一定的决策权或者否决权。只有让他们有了主人的感觉，才会使他们更有安全感。

初创期企业股权必须要集中，分股与引入风险投资目前最多的

---

[1] 单海洋：《非上市公司股权激励四维模式》，广东经济出版社2010年版，第12页。

51%∶49%的比例。这是很危险的,按照同比例稀释,上市后哪怕只要稀释2%股权,也足以造成大股东失去公司控制权的风险。牛根生在引入风险投资时,股份占33.80%,股票权占35%,但投票权只占25%;马云同样在引入风险投资时规定占40%股权的雅虎只能占35%的投票权,也是为防止风险投资人炒创始人的鱿鱼。企业规避经营风险的方法有:在引入风投及股权可能遭遇风险前,注册B企业,用B企业法人股入股到A企业,如A企业股份结构14.7%~85.3%,B企业是大股东,在企业出现风险时B企业大股东可以用B企业法人代表B企业行使A企业的权力,这主要起到防火墙的作用。

股权激励不等于直接给股权,它其实是一个宽泛的称呼,很多企业在没有上市预期、没有分股权的必要的时候,是可以通过模拟分红的方式对员工进行激励,一样会取得非常好的效果。而很多公司的员工对股权理解不深,他们更想要的是现金。采取什么样的股权激励方式要根据本公司的实际情况而定。可以给50%的股份,但只给10%的分红,没有努力就不能分红,要用事业目标去吸引合伙人或投资者。

股权激励是分未来的钱,是为达成目标并基于过去贡献的一种激励方法。股权激励是基于未来的创造,股权奖励是不可收回的,而股权激励是可以收回的,如果被激励对象没有完成目标,将得不到相关的激励;股权激励对象是功臣,不仅要给股权,而且一定要给到位,功臣不稳,现臣也不安。骨干、现臣要给,储备人才也要给,这是未来。同时股权分配方法要保密,要有严格的法律手续及相关规定。

【专家点评】股权激励与公司规模大小是没有必然联系的,企业越小,就越需要进行股权激励。因为和大企业比,小企业一无资金、二无技术、三无品牌,拿什么来吸引和留住人才?企业现在给不了人才足够高的收益,就要许人才未来,这样才能吸引更多高级人才加盟。华为为什么能从一家小公司发展成为一家成功的大企业?因为任正非在20世纪90年代就开始实行股权激励,全员持股。现代企业竞争归根结底是人才的竞争,人力资本分享公司发展成果是企业收入分配体系改革的必然方向。企业的核心命题是价值创造与价值分配,股权激励是解决企业价值分配问题的根本性机制。

第五节　股权机制的秘密

股权代持的法律风险

股权代持又称委托持股、隐名投资，本质是有限责任公司的实际出资人与名义出资人订立合同，约定由实际出资人出资并享有投资权益，以名义出资人为名义股东。在目前的商业环境下，股权代持现象越来越多，但其中的法律风险应引起各方的高度重视。一是股权代持合同效力问题，《公司法》对股权代持问题并没有做出明确规定，导致对于协议效力问题的认定存在很大的争议。最高人民法院在《关于适用中华人民共和国公司法若干问题的规定（三）》（以下称"解释三"）中对股权代持的问题处理做出司法解释，首次明确了我国法律对有限责任公司的实际投资人的股东资格的确认，对于实际投资人与名义股东之间的代持协议的效力问题，解释三规定，只要相关协议不存在《合同法》第五十二条规定的情形，则应认定代持协议合法有效。《合同法》第五十二条规定："有下列情形之一的，合同无效：一方以欺诈、胁迫的手段订立合同，损害国家利益；恶意串通，损害国家、集体或者第三人利益；以合法形式掩盖非法目的；损害社会公共利益；违反法律、行政法规的强制性规定。"

在实践中，如果设定股权代持的目的在于以合法形式掩盖非法目的或规避法律行政法规的强制性规定，比如外资为规避市场准入而实施股权代持、以股权代持形式实施变相贿赂等，该等股权代持协议最终可能被认定无效。名义股东损害实际投资人利益的风险，由于实际出资人对于代持股份无法行使实际的控制权，则存在名义股东利用对股份的控制权损害实际投资人利益的问题。名义股东滥用经营管理权、表决权、分红权，甚至擅自出让或质押股权，都会损害实际出资人的利益。

名义股东的债务风险实务中，如果名义股东出现债务问题，可能导致代持股权卷入纠纷。而根据解释三的规定，实际投资人恢复股东身份，至少应得到公司半数以上股东的同意；实际投资人欲撤销委托，可能存在一定的法律障碍。另外，由于代持协议的效力不能对抗善意第三人，因此，名义股东承担公司的出资义务。如果出现实际投资人违约不出资，那么名义股东则面临必须出资的风险，具体包括股权代持期间，公司分红所涉及的所得税问题以及撤销委托、股权转让时所得税的风险。公司在设立和经营的过程中要尽量保持公司股权清晰，如果确实不可避免股权代持情况，必须由公司、实际出资、名义股东三方通过相应的协议或其他约定，规避股权代持可能存在的法律风险，具体可委托律师代为起草协议。

什么样的人适合发激励股权？

什么样的人适合发激励股权，应根据企业不同时期及不同情况而定。如企业老板的创业伙伴，就给他发期权。如腾讯、百度的核心技术人员，这样的人比较适合发期权。如果以实现激励效果，尽可能通过发期权进行激励。以百度为例，上市前百度发过很多次期权，上市之前发了一期，以每股10美元的价值发的，上市发行价是27美元，当日涨幅为354%。当日收盘价为122.54美元，涨了900多倍，所以百度上市时有6个亿万富翁、51个千万富翁、240多个百万富翁。一定要让每个拿到激励股权的员工相信，只要他们努力，公司发展好了，他们就是下一个千万富翁、亿万富翁，至少是百万富翁，只有这样才能更好地达到期权的激励效果。期权与受限股区别是，受限股是先拿到股票，一开始股票就放你名下，但只有在条件成熟之后才真正是你的；而期权则是你后拿到股票，你先成熟满足条件，然后行权拿到股票。

期权主要分为买方期权和卖方期权，称为看涨期权或认购期权。期权是一种特殊的股票，这种特殊的股票是由公司授予一定数量公司的股票（期股）锁定在激励对象的个人账户中，在锁定期内经营者不能变现，但拥有这些股票的分红权，并可用这部分红利来支付购股费用。只有受益人在达到预期经营业绩并达到公司规定时间以后，才可以将这些股本变现。享有期权的员工只需支付授予时的期权价格，而不管当日股票的交易价是多少，就可以得到期权项下的股票。

股权激励尽管诱惑力十足，但也是一把充满杀伤力的双刃剑。如期权股优点是：股份收益短期内兑现；须掏钱购买，因此倍加珍惜；有利于调动员工积极性。其缺点是：可能造成短期效益行为；若持股比例较大，有违两权分离；为增加利润，可能会牺牲职工利益。股权激励的推行时刻伴随着来自企业的疑虑和来自社会的争议。但如果排斥股权激励，必将影响企业核心人才的工作积极性，也不符合企业长远发展的需要；而实行股权激励，倘若操作不当，又容易抬高人力成本，出现分配不公、股权纠纷等新问题，此种方式较适用于非上市高管及技术骨干人员。

激励对象出现离职或发现激励对象错误时，收回难度大。如果是期权就比较好办，因为没拿到股票，手中只有协议，企业可以定下如"中途离职退出，此协议自动失效"等约定。而受限股，特别是已登记了股东时就比较麻烦,容易产生行政上的法律纠纷。对于员工来说,其身价不仅取决于固定工资的高低,更取决于其所拥有的股权或期权的数量和价值。另外,拥有股权或期权也是一种身份的象征,是满足员工自我实现需求的重要筹码。所以吸引和保留高层次人才,股权激励不可或缺。做股权激励,不是为了做一个协议,而是为了实现激励效果;但如果做得不好,则会适得其反。

创业初期,股权不能一下子就分散,这样的公司股权管理一有钱,内部就很容易分裂。在早期创业时,股权要一股独大才行。股权激励要防止短期行为,制度本身比结果更重要,股权激励最关键的不是造就多少股东,而是在企业内建立科学的财富分配激励机制。股权是一种稀缺的资源,股权激励是昂贵的激励方式,正如股权融资是代价最高的融资方式。股权管理一个很重要的制度,要设计好退出机制。要留住一个不想留住的人,代价会非常大,而且会严重打击其他人的积极性。回顾股权激励失败案例的教训,对于企业来说,要想使股权激励发挥拉动企业绩效的作用,必须想方设法把股权打造成一种稀缺品,而千万不能使之成为员工的一项福利。股权要给不可替代的人,要给为企业创造利润的人,要给有资源的人,并要制定退出机制,防止发生不必要的法律风险。

股权激励与员工劳动合同关系的处理

在实践中,有些股权激励合同往往约定,公司高管、核心技术、营销人员等股权激励对象在以优惠价格获得股票后的一定期限内不得离职。若离职,则要以支付违约金的方式向公司承担违约责任,违约金的计算方式则为股票市价减去发行价再乘以认购股数。若股票上市时与发行时存在较大价差,则在此种股权激励合同引发的纠纷中,公司的诉讼请求往往是主张"天价违约金"。因此,在给激励对象一定利益的同时,此类股权激励企图限制激励对象的择业自由,以经济利益给激励对象戴上了无形的手铐,可谓之"金手铐"股权激励合同。解决基于此类合同的纠纷,必须首先探明此类股权激励合同的法律性质。

关于此类股权激励合同法律性质的不同认定,直接决定纠纷解决适用的程序以及判断违约金条款是否有效的法律依据。如果将此类股权激励合同视为普通的民事合同,则应适用普通民事诉讼的程序,依据《合同法》裁决由此引发的纠纷。而如果将其视为劳动合同的组成部分,则应适用劳动合同纠纷的解决程序,依据《劳动合同法》判断违约金条款的效力。就劳动合同纠纷解决程序而言,根据《劳动法》第七十九条、《劳动争议调解仲裁法》第五条和第五十条的规定,因劳动争议发生纠纷的,应"向劳动争议仲裁委员会申请仲裁",对"劳动争议案件的仲裁裁决不服的,可以自收到仲裁裁决书之日起十五日内向人民法院提起诉讼"。据此,基于劳动纠纷的专业性、特殊性及其解决的政策性,有别于普通的民事合同纠纷,劳动合同纠纷的裁决实行仲裁前置、"一裁两审"模式,先由劳动争议仲裁委员会仲裁裁决处理后,才能由有管辖权的人民法院受理。未经仲裁程序,人民法院不行使对劳动合同纠纷的司法管辖权。就违约金条款的效力判断而言,根据《劳动合同法》第二十五条,除劳动者违反该法第二十二条、第二十三条中规定的专业技术培训后服务期的约定或者违反竞业禁止事项外,"用人单位不得与劳动者约定由劳动者承担违约金"。该规定无疑属于该法第二十六条第三项所规定的导致劳动合同无效或者部分无效的"法律、行政法规的强制性规定"。基于此,此种股权激励计划中的违约条款,则将因为违反《劳动合同法》中关于违约金的强制性、禁止性规定而无效。

股权激励计划中,服务期限与违约金绑定的安排属于公司与激励对象间劳动合同的组成部分,由此引发的纠纷适用《劳动法》《劳动合同法》的有关规定进行处理。其主要理由如下。

首先,"金手铐"股权激励合同的当事人是作为用人单位的公司和作为激励对象的劳动者。公司作为用人单位无疑议,而股权激励合同的激励对象,无论是从法理的一般解释,还是根据中国证监会 2006 年颁布的《上市公司股权激励管理办法》,都是与公司签订劳动合同、建立劳动关系的劳动者。因此,从合同双方主体的维度考察,股权激励合同是公司与存在劳动法律关系的劳动者之间签订的合同。正是基于激励对象的劳动者身份(而不是出资者身份)及其人力资源的特殊性,公司才对其实施股权激励。以优惠价格发行新股的前提是激励对象的劳动者身份,目的是激励劳动者充分发挥劳动力的价值,使其与出资者形成激励对象承担违约责任,也是以其违反《劳动合同法》上的义务,即提前离职为主要理由。

其次,签订"金手铐"股权激励合同的目的是为了回馈激励对象的既有贡献,以稳定劳动关系。股权激励计划是以优惠价格向激励对象发行新股,在我国目前的股票发行体制下,股票上市后其市价必然要远远高于原始发行价。其中巨大的差价,公司事前完全有充分的预期。即便如此,公司仍然以较低的价格向激励对象发行新股,恰恰说明股权激励的目的并非出于融资的考量,而是基于与激励对象之间的劳动关系,希望通过股权激励的方式使激励对象可以长期地、尽责地为公司服务,以保障公司的长期、健康、稳定发展。因此,从合同签订目的的维度考察,股权激励合同旨在通过股权激励的方法,稳定激励对象与公司的劳动关系。

再次，股权激励计划一般均作为薪酬计划的一部分，其方案的制订和实施主要由负责公司薪酬设计的人力资源部门负责，而非主要由融资相关部门负责。根据国家税务总局2012年18号《关于我国境内企业实行股权激励计划有关企业所得税处理问题的公告》的文件精神，公司实行股权激励的相关支出可以作为薪酬在企业所得税中进行税前扣除。这表明税务部门认可将股权激励归属于薪酬。这与《劳动法》第五十条"工资应当以货币形式按月支付给劳动者本人"的规定并不冲突。相对于工资，薪酬实际上是上位概念。薪酬包括工资、奖金、福利、股权激励等多个部分，且《劳动法》这一规定的立法目的旨在保障劳动者的合法权利，主要强调工资需按时（每月）发放且不得以实物等非货币形式发放，因此对于该条规定不应做出不利于劳动者的解释。而股权激励合同是当事方在工资基础上对于薪酬进一步的补充约定。因此，从合同内容的维度考察，公司与激励对象签订的股权激励合同，是对双方在劳动合同中关于薪酬条款及合同期限条款的一种补充约定。

公司与激励对象签订的股权激励合同，是一个由用人单位与劳动者之间签订的、以稳定双方的劳动法律关系为主要目的、以对原有劳动合同中薪酬条款和最短服务期限条款的补充为主要内容的合同。很明显，股权激励合同应该归属于劳动关系范畴，在性质上也应该属于劳动合同的组成部分。因此，在"金手铐"股权激励计划中，作为劳动合同关系组成部分的绑定条款，因为违反了《劳动合同法》关于违约金的强制性、禁止性规定而归于无效，若公司基于这一条款向激励对象主张支付"天价违约金"作为损害赔偿救济的，当然不应得到支持。

公司可以通过科学的股权统筹、激励与布局，构建企业无可替代的核心竞争力，让员工彻底改变，让关键人才从"劳动型"转为"奋斗型"；让老板彻底解放，享受有钱有闲的富足生活；让员工价值得到提升，过上体面、尊严、幸福的生活，实现企业股东、员工、社会共赢的局面。

【专家点评】 老板把员工当工具，员工就会把老板当玩具。企业经营者只有充分尊重人性，满足人的欲望才能获得员工的心。然而，俗话说，"请神容易，送神难"。公司在吸纳员工入股时更要注重股权的约束机制，如不懂得机制设置，可能会出现员工入股前工作兢兢业业，入股后成为公司累赘的现象。这个问题的核心在于没有明确的进入退出机制，只有奖，没有罚，股东没有压力，往往也就失去动力。所以，科学的股权激励方案是统一优秀员工立场、激发员工动力的唯一途径。

第六节　企业家要做好定位、人才、企业文化布局

定位布局

价值观相当于企业的 GPS，一个人、一个企业只有找到了发展的方向才能有动力。定位就是认准一个行业，想到 10 年后、20 年后甚至一生的愿景。战略定位就是以客户满意度为中心，一枝独秀或与众不同地成为行业第一或区域第一，将自己的最大价值挖掘出来。有人说商业世界中的国家分五类：一是卖力气（体力），如中国、菲律宾、越南；二是卖产品，如日本、韩国；三是卖品牌，如德国；四是卖文化（卖内涵），如法国贵族文化；五是卖精神，如美国好莱坞。而未来的商界竞争只有卖服务、卖生活方式、卖文化，才能取得更大的成功。

优秀的企业家同时也是教育家，财富不会永远流传，文化却可以生生不息。经营企业的最高境界就是经营员工的神圣感，让员工觉得自己优秀。例如，宗教活动需要营造一个庄严肃穆的平台，让人体验到宗教道场的神圣感。要通过培养员工的神圣感，让他们觉得不是在为你干活，而为了共同的目标干活，为了共同的理想而努力。

人才布局

《西游记》中的唐僧团队，唐僧是团队的领导者；孙悟空是技术核心人员，解决技术困难；猪八戒是监督员，有违纪事件就打报告；沙僧和白龙马是普通团队成员，他们共同的特点是任劳任怨，干得了苦活、累活。这个团队最大的好处就是有互补性，领导有权威、有目标、有坚定的毅力。这是他们历经九九八十一难后，最后能修成正果的原因。

在当前企业从雇佣制走向合伙制、资源整合的时代，企业的成功将由你的团队有多少将才所决定。马云是一个不懂计算机互联网技术的人，阿里巴巴却成为世界最大的互联网公司之一。在创业初期，马云就非常注重人才，特别是选择志同道合的人才作为合作伙伴。为了得到优秀人才，马云不仅舍得分钱，而且舍得给股权。事实证明，马云的选择是正确的，在多次企业危机中，他的"十八罗汉"从未离开过他，资深法律背景的"福将"蔡崇信在马云遇资本危机时起到化险为夷的作用。

人才布局是企业最为重要的战略布局。很多企业走不远，是因为合伙人没选好，如知名灯饰企业"雷士照明"创始人吴长江出局的原因就是创始

人的内耗引起资金危机。合伙人关键要志同道合，优势互补，有长远的打算。又如，"真功夫"也是创始人内耗，直到蔡达标坐牢，家族内耗才算告一段落。初创企业或合伙企业最好不要有夫妻或兄弟姐妹，从生物学的角度来说，管理上的近亲繁殖是劣等的、有缺陷的。企业人才梯队建设，是企业所有者最重要的管理职责。

企业文化布局

经营企业就是经营人心，人心是一笔巨大的财富。经营人心首先是帮他赚钱；二是帮助他成长；三是向他传播你的价值观，使他认同你的价值观。经营人的精神世界，是要使员工具有神圣感，让他觉得他现在做的事很重要；比钱还重要的是人的面子，因此企业经营者要学会经营员工的面子，在激励设计上要肯在人的面子上下功夫，目的是让团队的人明白，哪些事是不能做的，做了会丢自己的脸。企业文化的精神内涵是一种油然而生的使命感，一群人因为有了共同的目标或者说使命感而组织起来，从而产生了比离散的个体更为强大的力量，因此，使命感对于一个组织来说是必不可缺的。

文化从哪来？培养企业文化的核心是人口素质的提升。如果一个富人开着豪车从车窗向外吐口水、扔垃圾，你就会明白如果没有文化，再富也不会强大。企业也一样，比如老板喜欢骂人，这企业就有骂人的文化；老板喜欢玩虚的，企业就有玩虚的文化。企业的管理风格往往就是老板的风格，中国企业的失败归根到底是文化的失败、理念的失败、信念的缺失。

文化就是组织里所有成员在适应环境的过程中，慢慢发展出来的一套思想、观念、行为，以及这些思想、观念、行为所创造出来的产品。文化管理不是管理企业文化，文化管理管的是企业的长期利益。人治是老板厉害，法治是机制厉害，文治是文化厉害。

因此，企业家应打造开放、透明的企业文化。"80后""90后"都是有独立个性和思想的一代。"80后"的价值观是开放和分享，他们认同的事才愿意执行，所以做好管理首先要让员工一起参与，让他们认同。人的文化是什么？是人的气质、内涵，企业也一样需要气质与内涵。南怀瑾先生曾说做人要以佛为心、道为骨、儒为表。"顾亭林把明末士大夫分为南北两种批评，南方的士大夫，群居终日，言不及义，指出明末之所以亡国是因为他们所谈论的话，没有谈到国家思想、民族文化，至于理义理之学的影子更没有，说些空说而已，而北方的士大夫们则'饱食终日，无所用心'。所以他认为这样太危险了，国家岂有不亡的？这是当年历史上的士气，所以一个国家的文化思想有如此重要。"①

对于企业来说，没有良好的企业文化是很难走远的，能指引导企业长远发展的一定是建立了良好的企业文化精神。做好企业文化要考虑以下三个层面：第一个层面是"心脏"文化，就是企业的愿景、使命、价值观；第二个层面是组织"血液"文化，即制度与机制是否有活力；第三个层面是"皮肤"文化，即表层文化，也就是员工的精神面貌、态度。每一种高利润商品背后都有文化的支持，如瑞士手表、LV包包、奔驰车等，瑞士手表产量仅占全球产量的0.3%，但其获得的利润却占行业的50%。企业文化是看不见的软实力，经营企业就是经营企业文化。

企业文化也是一种柔性与刚性制度相互融合的管理手段。文化和制度并存，软硬结合、刚柔相济，企业文化补充了企业制度刚性的弱点，能有效地消除员工对制度控制的抵触性。文化治理就是理念渗透和行为规范，一旦理念渗透不下去或行为规范体系不能成为自觉行为时，制度的刚性就要发挥作用了。一个企业即使制度完善，若没有企业文化的配套与补充，企业管理仍会问题层出，因为任何一种制度都是有空子可钻的，所以只有将文化建设作为补充，这样企业管理才是健全的，整个公司的氛围才是健康的。

【专家点评】卖产品可以成功，卖模式可以成功，卖梦想可以成功，其实卖什么并不重要，最重要的是卖信任。你能让多少客户信任你，你的企业就能做多大。你能让多少信任你的客户把这份信任传递给他身边的人，这就需要经营者打造有魅力的企业文化。普通的老板管控员工的行为，聪明的老板调整员工的思维，优秀的老板营造公司的环境，杰出的老板设定公司的规则，有影响力的老板打造企业的魅力文化。

---

①南怀瑾：《论语别裁》，复旦大学出版社2002年版，第6829页。

第四章　文化与机制

第一节　机制决定文化走向

笔者在长期从事企业管理咨询顾问的过程中，常遇到企业家或企业管理者抱怨现在企业团队凝聚力不够、执力行差，或企业难做、人工成本高，不仅人难招，而且现在新生代难管，招了也很难留住，员工流失率非常高等问题。这是国内企业的真实写照，尤其是珠三角沿海发达城镇企业的真实写照。企业经营管理者们常把这种现象归咎于员工素质不够高，不敬业等。其实现在制造业的危机不仅是人工成本上涨、品牌和技术等代工生产经营模式的危机，更是企业文化缺失造成的危机。

成为一家有凝聚力的企业

世界上有许多具有强大凝聚力的组织，如宗教、政党织组，但最值得学习并具有借鉴意义的两类组织是学校和军队。毕业多年的人一般都很怀念学校生活，怀念同学友谊；而离开部队多年的退役军人都很怀念曾经一起度过军旅生涯的战友，所以我们常听到身边的同事或朋友说，最近要和大学同学或高中同学聚会，也常听当过兵的朋友们说老战友要一起聚会，当说这些话的时候，从他们表情中可以看到那种愉快、骄傲与自豪的神情，这都是组织凝聚力使然。

毋庸置疑，学校与军队这两个组织凝聚力都非常强，特别是军队组织是最强的，那如何将企业文化打造成出园或军队那样的凝聚力呢？企业经营者们首先要理解什么是企业的凝聚力。企业凝聚力是指企业对员工的吸引力，员工对企业的向心力，以及员工之间相互的吸引力。凝聚力是无形的精神力量，是将企业与员工紧密地联系在一起的看不见的纽带。可能这样的定义还比较抽象，可操作性不强。其原因在于至今没有一个专家或组织能够准确地衡量一个企业或评价一个企业凝聚力的标准。但大家公认学校和部队是最具有凝聚力、执行力的，也是入职、离职文化最好的组织。如离开军队的人常会说起自己在部队的故事，会骄傲说，我们部队曾经出了哪个英雄，校园出来的学生会说我们班或我们学校的同学谁谁很牛，从中可看出曾经的军队生活和学校生活给他们留下了很多美好的回忆,部队或学校给了他们引以为豪的组织生活经历。例如,军队是培养人才的组织,军人入伍第一天的目标就是成为一名合格的军人,这个组织的特点是一直在培养人才。对于企业来说,企业的口碑在于团队中能培养出多少优秀人才,这既是打造企业凝聚力的方式,也是团队的荣耀。

做一家有远大愿景的企业

国家与国家之间的竞争,企业与企业之间的竞争,归根结底是文化的竞争。企业文化没有竞争力,所生产的产品也不会有竞争力。从某种角度来说,企业文化应上升到企业使命感及企业经营战略的高度。企业文化建设是一项具有战略意义的工作,企业间的竞争归根结底是企业软实力的竞争。世界500强优秀企业之所以有旺盛的生命力,是因为它们都具有一个共同的特点,那就是它们的企业都有明确并远大的价值观及使命感(目标)。例如,韩国三星公司的使命是"产业报国";GE的使命是"以科技及创新改善生活品质",目标是"成为世界上最有竞争力的企业,让公司每个领域的业务都能在市场上占据第一、第二的位置"。再看中国企业华为的愿景,在《华为公司基本法》中,第一条是"华为的追求是在电子信息领域实现顾客的梦想,并依靠点点滴滴、锲而不舍的艰苦追求,使我们成为世界级领先企业"。由此可见,这些知名的企业都有一个远大的企业愿景,其愿景有的与自己国家命运联系在一起,有的甚至和全人类的生活联系在一起。没有远大愿景的企业是形不成凝聚力、感召力、驱动力的,没有愿景的企业很难产生有凝聚力的企业文化。

企业文化应由三部分组成。第一部分是企业愿景、理念、价值观、使命及目标方针,它是企业经营和员工行为的最高准则。愿景告诉人们企业将要做成什么样子,愿景好比企业在大海远航时的灯塔,只有清晰地描述企业的愿景,社会公众和公司员工、合作伙伴才能对企业有更清晰的认识。一个远大美好的愿景能够激发团队成员的感召力、凝聚力和向心力,能给企业发展指明方向,通过凝聚人才,创造一个将个人目标与企业目标相结合的沟通平台,从而创造个人命运与企业命运相结合的契机。第二部分是主体文化,是指企业全体员工良好的行为习惯,它是企业竞争力最重要的组成部分,包括组织架构、执行效率等。第三部分是表层文化,是指用来识别组织特征的外在表现,如军队的早晨起床号、晚间熄灯号,对外形象服装统一,等等。

企业文化应该传递崇高价值,树立共同理想。学校或军队通过树立伟大理想把成员团结起来,而且这些理想往往都会和国家、民族的命运联系在一起。在建设一流学校或一流军队时，一方面，团队和个人之间彼此充分认同，目标一致；另一方面，学校或军队自始至终都会向成员传递崇高价值，并以团队的成就为荣。企业要建设有凝聚力的团队，需要企业经营者在树立共同理想和传递崇高价值（充分阐述企业赚钱以外的存在目的）方面有所作为。如果企业经营者有理想，那么企业的发展完全可以与国家的命运联系在一起；如果企业自己崇高，那么企业就有能力向员工传递崇高的人生观和价值观。如果一个企业把挣钱作为唯一目标，那么这个企业一定不会长远的。企业没有崇高目标，就很难让员工高尚起来，因为企业只是在雇用员工的双手，而没有雇用其脑袋。员工"勤而不敬"（努力工作却不敬业），只是为了吃饭而没有把工作当成事业来做，其原因就是没有崇高目标。事实证明，完全靠金钱驱动的雇佣军是没有凝聚力和战斗力的，只能完成短期任务，因为他们将自己定位在打工者的角色，只会考虑个人的短期利益，而不会考虑整个组织的长远利益。

　　通常很多老板都会告诉员工，只要好好工作，干出成果，一定会拿到更多的钱，得到更多的奖励，一定会给你升职加薪，等等，其实这是巧妙地利用员工的利己心，促使其提高业绩。而最大限度地刺激人们的物欲，然后以此对员工工作成果进行评价，恰恰导致我们本来已经混乱的价值观变得更混乱。作为企业管理者，要帮助员工追求精神与物质两方面的幸福，同时为社会发展做贡献。工作并非简单的个人幸福，更事关社会的幸福，要在让员工幸福的同时，让社会更和谐，这样的企业才更具凝聚力，这样的企业才会向着更强大的方向迈进。

　　如果企业的经营理念等不能转化为员工良好的行为习惯，不能让文化更有活力，就很难发挥全体员工的智慧，有凝聚力、执行力的企业文化一定是在员工主动付出并不断参与的过程中形成的。在现实经营中，有的老板信誓旦旦地说要以人为本，但他们在员工洗手间连手纸都不愿意放，从何而谈尊重员工？目前中国最大的连锁餐饮集团真功夫营业额不过30亿元，麦当劳却创造了6000亿元的奇迹；汇源果汁刚做到30亿元就危机四伏，而可口可乐则创造了数百倍汇源的价值，并站稳全球市场。中国餐饮企业追不上麦当劳、肯德基，首先要从厕所文化反省。在国内很多餐馆连纸巾都不愿意放，有的连厕所都不愿设置，即使有厕所，除了脏臭还是脏臭，环境给人的印象即如此，很难想象这些店的餐饮卫生会是怎样的。从某个角度来说，中国餐饮企业的失败就失败在厕所文化上。什么时候我们餐饮企业的厕所能像国外连锁餐厅一样干净，使厕所有厕所文化，用餐有用餐文化，中国餐饮企业就成功了。

建设有凝聚力的团队机制

一个团队的凝聚力来自团队成员能不能产生共振力量。团队凝聚力主要从以下三个方面着手建设。

一是注重人才选拔。如军队招募在兵源上,入伍时部队就有严格的政审程序,甚至父母的背景也会作为是否通过应征入伍的考虑因素,还有学历、身高、体检等,一个都不能少。为什么政审这么严格呢?其实主要是为了考查应征者德、体、智等方面的素质,这是选择优秀的人才进入团队的第一关。其实企业在招聘人才时也是一样的,只是企业没有军队如此高的关注度而已。企业在进行团队建设时,首先要把握好人才入职的第一关口,这是团队第一次的纯度提炼。

二是重视思想教育。在部队里团级以上单位都有政治委员,如团政委与团长都是同级别,但政委多是兼任党支部书记角色,连队有连指导员,营队有营指导员,团、旅、师、军级以上都设政委。入伍后部队有为期3个月的新兵训练,从基本的队列训练、军队条令条例开始学习,不仅有身体素质方面的各项军事技能训练,还有政治思想学习,通过队列训练规范士兵行为准则。正如我们所看到的,无论是在部队内还是在外执勤的士兵,他们走路总保持两列,三人成队,通过思想与行为的改变,可以使团队成员始终保持积极正确的态度,培养成员良好的行为习惯。对于企业来说,建设团队凝聚力文化最朴素、最有效的办法就是运用传统面谈机制来解决员工的思想问题。用部队的话说就是"做好人的思想工作"。一切问题是人的思想问题,当人的问题解决了,一切问题都不是问题,一切问题都会迎刃而解。

三是注重人才培养。军队和学校都十分关注团队建设,首要是注重成员的能力提升。在军队里带兵的干部会告诉士兵,练好过硬的军事技能,不仅是保家卫国的需要,也是成长为一名合格军人的基本技能,成为一名合格的军人是一种荣耀。对于不利于团队的事,每个人都要坚决制止;对团队有利的事,每个人都要积极付出。有凝聚力的组织成员一定是愿意不断付出的;没有凝聚力的组织,大家只会索取,不会主动地为团队付出,即使付出,也是有目的的付出。

企业文化凝聚力、执行力来自领导的以身作则

在军队和学校里,老师或教官为人师表、言传身教,衷心期望所有成员获得更多能力,希望帮助所有成员健康成长。每个部队都有自身优良的传统文化,凡是具有优良传统的连队,大多表现为纪律严明、勇敢顽强,其重要

因素一定是所在的连队里队长、营长、旅长军官们都是以身作则的,在部队士兵也最佩服能以身作则的军官干部。

如笔者18年前踏入军旅生涯、成为一名新兵时,发生了一件让笔者印象深刻的事情。也许是因为饭菜不好吃,有几个新战友将仅吃了一口的馒头扔在剩饭桶里,结果这一行为被连长发现,立即召集全连集合,连长让全连100多人围着剩饭桶,问浪费的食物该怎么办?全连队没有一个人敢说话,连长走到剩饭桶旁边用手拾起扔在剩饭桶里的馒头吃了下去,接着各排长、班长都自觉地带头把剩饭桶里的剩饭吃掉。从此,我们连队再未发生过浪费粮食的现象。由此可见,以身作则是提高凝聚力、执行力的最好方法。

如果企业的各级管理者都能像军队的教官和学校的老师那样做管理、做教练,企业员工也会心存感激。但现实是许多企业经营者仅把员工当成简单的工具,许多企业不愿在培养员工上投资,推卸最多的、最直接的理由是员工培训好了就会离开,等于给别人培养员工。而军队和学校却会说,培养好的人才是国家的、军队的,即便不是国家的、军队的,有了过硬的素质,也是在为社会培养人才。学校和军队的伟大之处就在于不断培养和造就人才。

团队凝聚力来自价值观和归属感

俗话说,"铁打的营盘流水的兵"。在军队里有三种离开方式:第一种是达到法定年退休(一般副师级以上),第二种是转业或退役(军官转业到地方任职,退役一般为义务兵或士官),第三种是违规离开的成员。学校情况类似,一类是毕业后离开的,一类是毕业后留校任教的,还有一类是违规或中途退学的。学校和军队这两个团队为什么让人留恋?作为企业经营者有两个关键词必须要记住,即光荣和自豪!从光荣入伍再到光荣退役,学生入校至毕业都有各种各样的仪式,团队成员即便知道他们会离开,也会全力以赴对他们进行培育,帮助成员提升各种能力,并对成员的离去给予祝福,由衷地祝愿他们在新的岗位上做出更好的成绩。而我们很多企业在这方面做得很不够,认为"人走茶凉",对将要离开的员工采取漠视的态度,或敌视离开或将要离开的员工,甚至每离开一个员工就要发生一次争吵。企业管理者甚至希望离开后的员工穷困潦倒,而员工也在离开后希望这家企业早点关门。这样的离开是双输的离开。双赢的离开应该是开心的,双方都舍不得离开。

企业管理者要培养团队成员的价值观。中国人择业往往以收入作为标准,缺乏对工作的认可、职业的归属感,只顾看钱而不看职业,看到某种职业谁挣钱多就会得"红眼病"。美国人、德国人择业往往和个人兴趣联系在一起,同时希望能为社会创造价值;而我们的员工虽然很勤劳,却是勤而不敬，因为都是在为钱而工作。敬业即尊敬职业，也就是喜欢这份职业，但现在很多人都把工作当成饭碗，所以员工敬业度低是中国企业最大的管理问题。因此，企业管理者要选择有感恩之心、能对下属行为负责、讲诚信、有激情的人成为团队成员，还要培养团队成员的价值观，通过为人才设计好管理通道、学习通道、技术通道、晋升通道等发展阶梯来培养优秀的员工。当然，也不要忘记用伟大的使命感和良好的企业愿景去感召员工。

培养承诺文化

态度决定人的行为。如对于食堂浪费的现象，不需要老板像部队连长那样带头吃掉浪费的剩饭，但可以做一份就餐纪律，由员工代表宣讲或承诺，并由各班组签名等方式进行约束，其核心要素是一定要让员工参与进来。众所周知，世界上执行力最强的组织一定是军队，当军人接到上司的命令后回答只有一句话，那就是"请放心，我保证一定会完成任务"，就如《士兵突击》里的钢七连一样，"不抛弃、不放弃"。其实在部队里每个连队都有不同的风格，如"英雄四连""硬骨头九连""济南第一团"等，这些从战火硝烟中走出来的红军连队，其光荣传统激励着一代代官兵奋勇争先。这就是军队精神力量的魂魄，它会一代代传承下去。

以精神鼓励为主，以物质奖励为辅

企业在激励上应以精神激励为主，以物质激励为辅。事实上，物质激励与精神激励相比，精神激励保持时间更长久，甚至影响人的一生，所以部队的立功授奖大多是精神奖励，如颁给证书、奖章等，而不会直接进行金钱的奖励。而现实中，任何一个组织单靠物质奖励也是无法长久的，如现在奖励1万元，10年后1万元早就花光、被遗忘了。而军队的军功章、学校的荣誉证书则是值得一生珍惜的宝贵财富。又如，军队与学校都有新人欢迎会与欢送会，企业也可以为员工举行欢迎会与欢送会，而现实中能做到的企业并不多，退一步来说，员工跳槽或许还被认为是不忠，其实这正是企业管理者以及员工职业精神缺失的表现，正因如此，社会才更有必要建立诚信体系，企业要遵守与劳动相关的法律，员工要遵守职业道德，逐步养成良好的风尚，从法律、道德、人文精神去解决问题。

看一家企业是否有文化，首先从外在看员工的气质形象，如看员工的礼仪、行为、精神面貌等就能看出该企业是否有良好的企业文化；其次从内在看企业管理制度的奖励与处罚机制，如工资制度是多劳多得，完成目标用钱来奖励，违反制度也是用钱来惩罚。比如，有些老板经常告诉员工企业存在的目的就是为了赚钱，当经营企业的核心是为了钱时，就不可能产生良好的企业团队文化。企业经营管理者们一定要彻底摒弃"用钱解决一切问题"的错误认识，在打造凝聚力团队时要审慎考虑其核心问题，即动机是什么，要真心帮助员工提升职业价值、人生价值，帮助他们提高思想意识和职业技能，为他们的职业生涯突破创造条件。

打造凝聚力团队文化，重在"全员参与"

部队有"干爱兵，兵尊干"的优良传统，也就是说上级关爱下级，下级要尊敬上级，在部队组织活动时，军官与士兵都会共同参与。企业要想方设法激发员工参与到企业的创新活动中来。企业的活力在于员工的智慧被不断挖掘。在一个没有创新氛围的企业里，员工很难收获成长；在一个不能让收获成长的环境里，员工很难有工作的积极性。如何最大限度地调动员工的积极性？无数老板的答案如出一辙，都是利用员工对金钱待遇的追求或欲望。企业经营者通过金钱激励使员工保持积极性是短期的，这种激励是不能长久持续下去的，并且还会导致恶性循环，在这种机制下员工最终会变成只认钱不认人，谁给的钱多就跟着谁干。

企业应发挥团队集体智慧。团队最大的浪费即人力资源的浪费，人力资源最宝贵的就是员工智慧。如果说顾客是企业外部客户，那么员工就是企业内部客户，内部员工也是最了解企业的人之一，在企业经营中要让员工参与进来，集思广益，充分发挥全员的智慧，这样企业的战略执行才有可操作性，才能获得大家的认同。

在管理中不仅要关注作业结果，更应关注员工的劳动过程。在劳动过程中能否让员工有参与感？能否使员工得到提高与成长？能否树立员工信心？只有当员工能够在工作过程中发挥个人智慧并100%参与进去，才能在工作过程中获得成长，员工的积极性才可能持续不断地发挥。这看似是一件小事，但坚持做好一件小事，就会变成一种文化。

团队凝聚力文化从相互尊重开始

文化是建立在相互信任、互相认同的基础上的，企业要注重建设平等、尊重的文化。企业要积极培养员工的自尊、自信精神，以此体现以人为本的管理原则。一个积极向上的人首先应该是一个自尊、自信的人，很多管理者错误地认为，基层员工的需求层次低，只要在金钱上给予基本的满足，是否尊重并不重要。这种错误认识所派生出来的管理方法和行为会极大地伤害了员工的自尊心，对企业凝聚力建设是十分有害的，其忽视了一个重要的问题，就是尊重文化。现在很多企业难招工，除了社会各项成本上升的原因外，从某种角度来说，也是很多企业只用金钱、物质等激励政策的结果。残酷的管理现实表明，该政策下产生的弊端已经让企业经营者们手足无措了。尊重要从满足员工基本劳动条件及遵守法律法规开始。如果作为企业管理者，连员工的法定保险你都不愿意购买，谈所谓的尊重都是瞎扯。在一个优秀文化团队里，劳资双方的目标是一致的，双方是平等相处的，既要尊重员工人格，又要真诚地对待每一位员工，如果双方不能做到这一点，最后只能是双输的结果。

在优秀的企业文化里，员工之间是相互友爱的，特别是对新员工更是关爱有加，对离开的员工也会真诚挽留或是真诚祝福送别；在不好的企业文化里，员工之间相互提防、钩心斗角，对新员工让其自生自灭，对老员工也是冷漠对待。显然，只有相互尊重、互助互爱的团队文化才更有利于企业的成长。一个组织的核心情感力量来自爱，人的动力来自目标，企业经营管理者在可能的条件下，要带领干部帮助有困难的员工家庭，也可以带领员工一起做些力所能及的社区服务或其他公益活动，如敬老院帮扶活动、关注贫困儿童或大学生等。

分配机制决定文化的走向

其实对企业来说，如果企业文化建设得好，就可以让企业文化成为企业发展的助推剂。当然，这关键取决于企业的分配机制。利用良好的分配机制让员工的目标与企业发展的目标结合在一起，通过梦想和使命使核心成员的价值观和使命感保持一致。高层人员要给股份，中层人员要给待遇，基层员工要给发展通道。正如德鲁克所说，"没有目标，就没有任务"，团队成员利益一致，关系才会和谐，才会互相关心、爱护和帮助，凝聚力才会变大；反之凝聚力就小，甚至会相互排斥。如果一家公司劳资纠纷少、离职率低、离职员工满意度高，想进该公司的人很多，要离开企业的人会恋恋不舍，这样的企业文化就成功了。

【专家点评】机制管人，流程管事，文化管心。文化与机制的核心秘密就是要围绕"人性"这两个字，用分配解决人性的自私，用考核解决人性的懒惰，用晋升解决人性的虚荣，用激励解决人性的恐惧。抓住了"人性"，就可以战无不胜，势不可当。经营人才成功的企业，一定有成功的企业文化。

第二节　唤起员工的神圣感

说起神圣感，我们会想起在国旗升起的时候，在嘹亮的国歌声中，我们能切身感受到祖国的伟大、五星红旗的庄严。升国旗是一种庄严的仪式，能够激发我们每一个人尊敬国旗、热爱祖国的思想感情。这是仪式带给我们的神圣感。又如，对于虔诚的藏传佛教徒来说，到拉萨朝拜是他们一生的心愿，有的人甚至会花上几年的时间才能到达拉萨。他们一步一叩首，刮风下雨都阻挡不了他们去拉萨朝圣的愿望。这一步一叩首也体现了教徒对心中圣城的尊敬。

对于经营企业来说，从无到有，从一个人到几个人、几十个人，甚至上千人，企业走向何处，需要有自己的使命。这个使命能让团队成员朝着一致的方向前行，这个使命是神圣的，团队成员有共同的神圣感。使命感来自想做一个什么样的、对社会起什么作用的企业。神圣感越大的人越能成就大业，神圣感小的人很难成就大业。经营员工的精神世界，也就是唤起员工的神圣感，不要让员工为你个人干活，而要让整个团队为企业目标干活。企业员工共同努力，团结在一个共同的目标下，要比团结在老板一个人周围容易得多。

不是为活命而干，而是为使命而干

在人才培养上，也需要建立共同的使命感，团队成员每个人的目的、需求各不相同，但真正抱在一起走得远的团队，一定是具有共同使命的团队。所以企业在考察人才时要看其价值观是否与企业接近，还要看其在这个平台上成功的意愿强不强。同时，企业家要做一个不断"清扫门户"的负责人，对那些不求上进、无使命感的成员，要及时清理出团队。当一群人真正奉献于一个共同愿景时，将会产生一股惊人的力量，能完成原本不可能完成的事情。共同愿景会唤起人们的希望，会激励人们共同奋斗。具有共同使命感的人，会把工作变成不只追求工资所得，而是追求人生远大梦想。

企业使命要能走进员工心里

企业使命应该诠释企业为相关利益者创造的价值，表达企业存在的理由；企业的使命感应当转化为企业的日常经营行为，经营企业应当围绕使命展开。企业使命必须与企业经营相结合，使命指出的重要服务内容、使命指向的客户及社会价值、使命界定的专属区域、使命指向的客户及社会价值等能将企业经营目标具体化,并成为控制时间、成本和执行绩效的推动力。好的使命诠释是可以清晰地传递给团队每一个人的。团队有了长远的使命,才能够让员工更清晰地了解公司的真正意义。何谓正确的事?使命能够指引方向,告诉团队成员哪些可以做,哪些不可以做;使命也可以帮助员工做好每一个重要的决策,知道了团队的使命,员工在决策时会考虑怎么做更符合公司使命,因此也更有利于实现公司的使命;在团队困难的时候,使命也能够为员工提供无限支持的动力,因为使命会成为团队每一成员的信仰和希望。

培养企业员工的仪式感

在传统中医理论中有"心主火"之说。五行(即金、木、水、火、土)与五常(即礼、义、仁、智、信)是相对应的,火与五常的礼是相对应的,因此有"火主礼"之说。礼真正的含义是敬意。人是自己的一面镜子,你越喜欢自己,你也就越喜欢对方,对方也容易跟你建立起良好的友谊关系,也就自然而然愿意购买你的产品。人们一般不会向自己不喜欢的人买东西。不喜欢呈现的是外在态度,而表达的是内在想法,小到打招呼的礼貌,也能体现你的状态。一个人的行为可能看起来与内在没有直接关系,但反映的是其内心世界状态。

仪式感可能看起来与企业管理没有直接关系,但它呈现的公司文化与公司精神状态却有很大关系。企业团队定期的仪式感,可以强化员工的工作态度与斗志,可以传递企业的价值观,增强企业团队的凝聚力,规范员工的行为,也是塑造企业形象的重要形式。例如,清明节是纪念先人的节日,理应全家人都去祭拜祖先,但现在去祭拜的大多是老人家,年轻人较少去祭拜。因为不讲究文化传统仪式,就没有了文化的传承。现在凡事最讲究的是钱,情也没了。这是一种人性与文化的危机。

责任心不是灌输出来的,也不是强调出来的,而是管理出来的。员工的责任心不强,只能说明你的管理水平不高。提高管理者的管理水平是提高员工责任心的重要法宝,如果员工能管好自己的"一亩三分地",就是有责任感。

找个标杆来学习

美孚石油在1992年时营业额已高达670亿美元,但是这家企业发现自身有三个方面还做得不够好。是哪三个方面呢?就是速度、微笑和安抚。于是,美孚石油决定寻找榜样,开展学习。在速度方面,美孚石油选择了潘斯克公司,潘斯克公司负责给赛车提供加油服务,每当赛车风驰电掣般冲进加油站时，身着统一制服的潘斯克加油员便一拥而上，分工细致，配合默契，眨眼之间就出色地完成了加油任务。在微笑方面，美孚石油发现丽嘉·卡尔顿酒店服务员总保持招牌般的甜美微笑，并且获得了不寻常的满意度，于是美孚石油把丽嘉·卡尔顿酒店定位为学习温馨服务的榜样。第三个榜样，美孚石油选择"家庭仓库"公司。在"家庭仓库"公司看来，公司里最重要的人是直接与客户打交道的人。美孚意识到，以前认为与客户打交道的一线员工无足轻重，其实这是极其错误的观点。

在榜样的影响下，美孚的顾客一到加油站，立刻享受到服务员温馨、快捷、便利的服务。美孚也尝到了甜头，试点的加油站的平均收入增长了10%，2000年销售额为2320亿美元，位居全球500强第一位。美孚找对了榜样，因此获得了成功。由此可见，找对学习榜样是成功的捷径。榜样的力量是无穷的，有时候企业的榜样不一定是某个人或某个企业，而是学习一种精神；榜样的力量是无穷的，公司的领导时间花在哪里，公司的重点就在哪里，亲自向员工做出表率，不但能使员工心悦诚服地按你的要求完成任务，而且能激发员工的工作热情，会使员工紧紧地团结在你的周围。俗话说得好，"火车跑得快，全靠车头带"。企业管理者是最大的管理资源，内部管理之成败都归于领导者一人。假如领导者都能以身作则，那么任何制度、任何流程都会执行得彻底，否则就是企业的灾难。因此，企业管理者要给大家树立标杆，为大家创造一个美好的愿景，让每一个人都有自己奋斗的目标。

有仪式感才会产生责任感

企业没有危机感，就不会进步；员工自身没有危机感，就无法推动企业发展。在工作上没有责任感、没有危机感、没有意志力的员工，时时刻刻都处于被动的工作状态，这样的员工对公司发展不仅起不到推动作用，反而会拖公司其他人的后腿。仪式感不仅能够提升个人生产能力，还能够提升我们的价值感知度。换句话说，如果员工将举办仪式作为自己工作的一部分，那么员工会发现自己的工作更有价值；如果消费者以某种特定的仪式使用你的产品，那么他们会更喜欢它，更愿意为它付费。对于企业管理来说，最有效的激励、最低成本的激励是鼓掌、赞美、鲜花、隆重仪式。例如，在谷歌的新员工入职仪式上，新员工都要戴上色彩鲜艳的带有"Noogler"（即New-Googler的缩写，意为谷歌新员工）字样的帽子，没有一个人会觉得不好意思或觉得可笑，他们都强烈地意识到从此自己就是这个群体的一员。在管理上，仪式不只是形式与口号，你可以通过仪式性的行为来建立秩序，强化意志力。在仪式中设立标杆，将人的潜力发挥到极致，组织系统就是管理人的系统,唯有树立标杆,大家才有参照物,才愿意努力,才能够把自身的潜力发挥到极致。企业要有两个标杆:一是成长的标杆,起的是激励作用;二是失败的标杆,起的是警惕作用。

【专家点评】 元朝开国皇帝成吉思汗说:"打仗时,我若是率众脱逃,你们可以砍断我的双腿!战胜时,我若把战利揣进私囊,你们可以斩断我的手指。"最好的薪酬机制一定会让观望的人动起来,让优秀的人富起来,让懒惰的人慌起来。如果不能做到这三点,就不能称之为好机制。一个人能成功是外力推动的结果,你之所以成功是因为别人希望你成功。而别人为何希望你成功,是因为他可以从你的成功中共享利益。你能让多少人从你的成功中获益,就有多少人帮助你成功。

第三节 打造企业的六根文化

六根是佛家用语,即眼、耳、鼻、舌、身、意。眼是视根,耳是听根,鼻是嗅根,舌是味根,身是触根,意是念虑之根。那佛家为何要修六根呢?因为与六根对应的是六识、六尘,什么是"根"呢?根者,能生之义,如草木有根,能生枝干,识依根而生,有六根则能生六识。佛家认为六识中不论是看的、听的、嗅的、吃的、穿的、玩的、用的,只要有了贪取不舍的情形,为六根不净。从佛家修行上来讲,修身的主要功夫是持戒,持戒的目的是守护根门,即守卫、保护六根的大门,不让坏事从六个根门之中溜进我们的心田,种下生死流转的祸苗。佛家认为慧的主要根源是戒与定,只有六根清净,没有任何欲念,方能达到远离烦恼的境界。所以,佛家通过修身、修心来梳理和限制过度的欲望,以达到远离烦恼、保持智慧境界的六根清净之态。

从人的生理、心理角度来看,生活中人们无时无刻地通过六根、六识感识世界,眼能见色、耳能闻声、鼻能嗅香、舌能尝味等。从生理与物理来看,六根具有神经官能。眼有视神经,耳有听神经,鼻有嗅神经,舌有味神经,身有感想神经,意有脑神经,具有物理及心理的媒介功能,此六根无时无刻不在撬动人们的知觉系统。眼睛是心灵的窗户,透过眼睛能感知外界事物状态,从而影响个人对事物的看法,所以人的感官系统时时刻刻都在影响人的心理,从而不断影响人的思想。人有五官,人的五官有共通点,比如:眼睛喜欢美丽,讨厌污秽;耳朵喜欢音乐,讨厌噪声;舌头喜欢美味的东西,讨厌馊味的东西;鼻子喜欢香气,讨厌臭气;皮肤喜欢柔和,讨厌生硬。

对于员工来说,他们需求的关键是做事为赚钱、做事为成长、做事为发展、做事为快乐、做事被认可。所有的需求归根到底是三个感觉:安全感、归属感、成就感。作为企业管理者,如果我们理解了人的六根,管理就应从人性出发,就应有效地运用六根给我们的团队营造好的感观环境,打造企业强有力的企业文化感知系统,从而帮助我们提升企业管理,培养企业价值观,打造强有力的组织系统。

第一识:"目识"管理

人的视域看某一个物体要从不同角度去看,科学研究表明,人的视觉系统在观察物体时,最初80秒内色彩感觉占80%,而其造型占20%,而两分钟后色彩占60%,造型占40%;5分钟后各占50%,随后色彩印象在人的视觉记忆中持续保持。眼睛是心灵的窗户,人通过目觉看到的五彩缤纷的世界,又通过目觉系统反馈的信息,不断调整改变人的心灵。将目觉系统应用到企业管理中,填补脑海空缺的方式,不是通过语言,而是通过图像。视觉图像在管理中起到的作用比语言更为重要。所以,公司首先要有图像系统。如团队中要有榜样。人是群体性动物,无时无刻都需要参照物,就好像人出行如果没有参照物,就很容易迷失方向,而工作同样需要榜样的作用。因此,我们月度优秀员工、年度销售冠军等要贴出来,要通过图像、图片显示出来,启动员工的目觉系统,工作中想要什么,想达到什么样的标准,就要让团队成员看到榜样的图像,以榜样作为激励参照的对象,会激发引导团队成员从看榜样到变榜样转变。又如,人才到你的组织中,你要让人家看到希望。也就是说,人家跟着你干,能得到什么。在组织团队建设中,企业要有两份组织图,一份是现在的,即现在团队成员的职位、待遇;另一份是未来的,即达成目标后的职位及待遇。给团队成员做好职业生涯规划,是团队领导重中之重的工作。想要让员工看到希望,就要设置好人才的发展通道,让人才能看到自己的未来。例如,销售人才通道,月度、年度冠军的榜样照片要贴出来,并且由低到高,最好能根据周、月、年调整从小尺寸到大尺寸不同的照片,让团队成员找到模仿的对象。又如,公司的对外销售或联络人员可以使用印有员工照片的名片,这样员工不但在推销公司的产品,同时也在推销自己,践行他们对客户的承诺。工作计划表与工作看板依照事件的轻、重、缓、急,用不同颜色进行标识,以提高工作的效率,这都是企业管理创新目识管理的方法。

第二识:"耳识"管理

耳朵的主要功能是捕捉信息,在公司团队管理中应更多地营造团队的祥和之声。例如,某公司早晨或工作间隙播放轻松优美的音乐。不同的音乐会给人不同的感受。"70后""80后""90后"喜欢的音乐也不一样,不妨统计一下公司年龄层,播放多数人喜欢的音乐。在当今碎片化的信息时代,企业要与时俱进地利用员工碎片化的时间与工具,如微信已成为普遍的交流工具,与其禁止工作时间上微信,不如部门建立一个微信群,用微信做每天工作报告及心得分享。

第三识:"嗅识"管理

据医学统计,在鼻孔内壁仅5平方厘米大小的地方,就分布着1000多万个嗅觉细胞,它们和人的大脑相联系。这样,鼻子就能够很灵敏地辨别几千种气味。公司嗅识系统又体现在哪里呢?如公司优美的环境、整洁有序的生产车间,会给人舒适和放松的感觉;公司之间成员关系融洽,一进入办公室就能让人感觉到好的工作氛围。那么企业又如何打造高效又不失温馨的"嗅识"氛围管理呢?好的管理就是管理团队成员的氛围。如各部门或办公室职员养盆栽等绿色植物,植物能给人传递生命的力量感;如植树节团队成员用自己名字植一棵树,自己用心浇灌,这树也会植入人的心田。花香草绿的工作氛围,能缓解人们紧张的工作压力;布置一个整洁有序的办公环境,让员工感受办公的温馨与和骄傲;打造一个开放合作的氛围环境,让员工自发喜欢这个环境。

第四识:"口识"管理

语言就像魔法师的魔法棒。话有正面的,也有负面的,作为公司管理者,对部下应多点赞美之声。赞美能让人心喜悦,表彰要公开表彰;批评要尽可能避免当众批评,批评不要针对人,一定要针对事。如此才能形成公司成员间相互尊重的良好礼仪文化。礼貌的礼仪代表成员之间人格上的尊重,无论生活还是工作场上,每天说有能量、爱的语言,会增强成员之间的凝聚力。

第五识:"身识"管理

对于管理,有些人理解为管理别人,其实作为管理者,首先要管好自己。领导者的素质中,至关重要的就是以身作则、说到做到、敢于承诺、敢于兑现。有时员工不一定会听领导说什么,但一定会看领导做什么,所以企业家在管理中学会"以身作则"非常重要。例如,柳传志因开会迟到,以身作则自己罚站。任正非不给自己设专车,与普通员工在食堂一同就餐。领导者如此,那么谁还会开会迟到,谁还会要求专车呢?领导的文化就是以身作则的文化,就是管好自己的文化,身教自己、言传他人、以身作则是对制度最大的尊重,也是增强执行力的有效方法。

第六识:"心识"管理

心识管理、意觉管理就是企业要有明确的价值观,也就是大家为什么而来,要干什么事,干这事的意义是什么?也就是让大家明白奋斗的使命。心识管理即在价值观上相一致,形成自上而下的文化认同,让老板的梦想变成老板与员工共同的梦想。如果没有在愿景上达成共识,或表面上认可公司的愿景但实际上并不认可,将会是内部各怀鬼胎、钩心斗角的开始。所以,老板与员工要有两份契约:另一份是书面(劳动合同)契约,一份是心理契约。要给员工钱,更要给员工爱,要明确塑造团队成员的企业价值观。只给钱,员工不一定会长久跟你;但如果一个老板又给钱又给爱,那么员工一定会跟你走。例如,物质奖励不仅要给基本生活工资、奖金,还要给分红、股权等看得见的物质奖励;设计成员成长的通道,通过建立团队成员成就自己的机制,树立团队共同的目标方向,帮助员工实现梦想,顺便实现自己的梦想。老板要向马云学习,不断给团队成员描绘企业未来的画面,让大家追随的并不是企业老板,而是自己的梦想,要用梦想不断激励团队成员,让团队成员每天都快乐地团结在一起。营造企业氛围可以从小事着手,例如,为改变办公室的氛围,员工积攒笑脸照片,谁能积攒 10 个笑脸就能获得公司的小惊喜奖品一份。企业氛围也是一种竞争力,氛围不好的企业成本更高。经营企业就是经营人心,经营人心就是经营人心的快乐,工作的最佳状态不是坚持,而是乐在其中。一种好的企业氛围,员工的潜力自然会得到释放,不需要额外的激励与管理。

另外,根据不同岗位的工作性质要进行不同的精神奖励。做好人的意觉管理,就要不断地把握人性的需求,要经营人,经营人性,满足人性。例如,优秀表彰,授予工作头衔,颁发荣誉证书等;又如华为设立首席健康官,解决员工的身体健康问题,还成立了几十个不同类别的俱乐部,员工可以根据不同的兴趣爱好去参加不同的俱乐部。通过员工喜闻乐见的交流形式,使其工作热情和敬业精神被进一步激发出来。企业魅力文化的成功打造,一定体现在建立了共同的语言及文化传递系统,使企业上下同心、目标一致，在增强企业凝聚力和向心力的同时，也大大提高了劳动生产力，从而形成以价值观为基础的团队向心力。

【专家点评】东方哲学强调修己达人，由内而外，透过修正自己，达到与外界的和谐相处，宏观意识很强；西方哲学强调修人达己，由外而内，透过了解外在，掌握规律来为己所用，微观意识很强。对于管理来说，统一人的思想很难，但我们可以统一利益。因为只有永远的利益，才会有永远的朋友，所以要想统一立场，首先要统一利益，员工的立场坚定了，他的能力才会发挥出来，他的能量才会燃烧起来。

第四节　给产品起一个好名字

姓名学源于我国古代诸多先贤的哲学思想。孔子说，"名不正则言不顺"。对于一个人来说，一个好的名字是展现自我的标志，是安身立命、建功立业的期望。名字隐含着愿景，对人也会起到牵引作用。例如，黄鹤楼的千年隐士文化，代表的是雅士文化，弘扬儒雅气质。好的名字除了容易传播和记忆外，也使品牌本身蕴含着强大的购买驱动力，即品牌名字本身就蕴含着某种独特的价值，不仅具有需求导向的市场驱动力，还有正面积极的心理驱动力。以下我们来看行业中的隐形冠军六个核桃的例子。

行业隐形冠军六个核桃

在电视广告上，我们经常会看到养元的六个核桃广告语"经常用脑，多喝六个核桃"。据说，"六个核桃"名字喻为六六大顺、大吉大利。在信息社会，商品不仅是个名字，更是一个商品标志，能给人一种心理上的暗示。好名字表达了企业想要建立的理想品牌地位，所以名字一定程度上具有牵引力的作用，其隐形的力量是不可估量的。2010年，以著名主持人陈鲁豫为形象代言与主打核桃养脑的品牌定位十分精确。9月，在央视《新闻联播》后这一黄金时间播出。这个时间点可谓踩得刚好，靠着央视广告走向全国市场的六个核桃从此和竞争对手拉开了明显的距离。六个核桃打造了成功的商业模式，业绩从3亿元做到100亿元，代言人形象不仅折射出品牌的气质，也是品牌内涵的化身。

好名字能激发消费者的潜在需求

中国自古就有"名不正则言不顺，言不顺则事不成"这一说法。名正则言顺,所以企业命名是企业营销竞争中顶层战略设计的重要环节,是企业规划市场的话语权。从传播学角度、姓名学角度来说,面对海量信息,受众会本能启动保护机制,自然地过滤掉复杂难记的信息,所以信息越简单越容易被受众接受。姓名是一门学问,是一种文化习惯,企业要知道名字是消费者接受品牌的第一信息点,所以品牌命名一定要符合简单有效的传播规律,一开始就有品牌的清晰定位,通过找准卖点,最大限度地去激发消费者的潜在需求,以满足顾客的物质需求及精神需求。一个好的产品名字不仅可以让营销更具张力、更有效,而且能使团队成员以此为荣,充满激情。

知名企业也会犯名字错误

从专注的单一品牌命名,再到多元子品牌命名,如果不清晰定位,也会犯低级错误。例如,宝洁公司在"飘柔"品牌延伸上也犯过一次重大错误,飘柔洗发水从2004年开始延伸到香皂、沐浴露等,当品牌延伸到沐浴露时就引发了心理冲突。众所周知,飘柔是"洗发水"的意识在消费者心中太强烈了,所以用飘柔沐浴露的时候,消费者总感觉是用洗发水在洗澡,从而产生严重的心理冲突,宝洁在产品定位上的混搭让人无所适从。又如,"霸王凉茶"从一推出就注定其失败了。"霸王"让人第一感觉就是洗发水品牌,居然开发的是凉茶,虽然请了知名武打影星甄子丹为广告代言,但宣传效果并不理想。大家知道霸王是做洗发水的,凉茶会让人联想到洗发水,加上之前媒体曝光的霸王洗发水中二噁烷含量超标致癌的消息,霸王凉茶在市场中与洗发水品牌重名,很难取得预期的效果。好名字背后需要好的产品(质量)作为支撑,此外,还要做好市场与用户心理分析,一个企业如果不了解市场和用户,是很难生存下去的。所以,深入细致的市场和用户分析是整个战略规划的基础,因为后面几步均以市场和用户分析的结论作为前提,这是重中之重。

好名字可以聚集能量

拉图尔定律说:"一个好名字可能无助于劣质产品的销售,但是一个坏名字则会使好产品滞销。"

好名字可以聚焦能量。如五谷道场、思念水饺等,市场越成熟,对企业所拥有资源专属性和匹配度的要求也越高。产品名字的寓意及核心内涵要给人一个思想定位,即希望让消费者得到一个什么感觉,然后从消费人群的文化、生活习惯层次等方面进行聚集与提炼。

例如,五谷道场的名字与其产品定位进行了很好的匹配。五谷道场的喻义是："五谷"养育了中华民族，也是人类膳食均衡与营养健康的象征。正如《黄帝内经》所记载："五谷为养，五果为助，五畜为益，五菜为充"。"道"在中华文明中，是客观规律，是顺应自然，是智慧精髓之所在，也是人类精神动力之本源；"场"意为场所，是五谷道场秉承天然五谷膳食精华的补给之道，为消费者构建营养健康的饮食平台。五谷道场，名如释意，运用中华饮食文化的智慧，坚持五谷膳食为根、自然健康为本的原则，尊重人类饮食规律，关注国民健康发展。五谷道场后来被中粮集团收购，成为中粮集团旗下非油炸方便面品牌，其原因在于当时五谷道场冒进扩张，引发产能过剩，并占用压员工工资、经销商资金，导致大量人员流失和渠道崩盘。虽然五谷道场以失败收场，但其在产品命名上是值得思考与学习的。

【专家点评】经营企业首要任务就是学会找自己的杠杆，这个杠杆就是借力，借别人的力，借工具的力，借平台的力，供系统的力。给自己的公司、产品起一个好名字，是企业的首要任务。

第五节　向德国学习匠人精神

实业支撑未来

有这样一个故事，青岛原德国租借区的下水道在高效地使用了百余年后，一些零件需要更换，但当年的公司早已不复存在，一家德国企业发来一封电子邮件，说根据德国企业的施工标准，在老化零件周边3米范围内，可以找到存放备件的小仓库。城建公司在下水道里找到了小仓库，里面全是备用件，依旧完备如新。

2008年金融危机后，德国在西方经济发展一枝独秀，这得益于德国长期专注实业产业的发展。在德国制造业中有西门子、拜尔、奔驰、宝马、保时捷、大众、奥迪等为代表的汽车品牌，德国制造业从电子、化工到汽车、工业机械制造等在世界上都享有很高的声誉。一直坚持制造实业成就了今日德国的经济地位。反观中国香港地区、美国、英国等，在金融危机发生时受到重创。由此可见，一个国家、一家企业产业多元化模式虽说是有必要的，但实业才是经济的支柱。实业产品是熬出来的，现在很多企业家都去扎堆投资房地产、理财产业，有可能一夜暴富，但这种暴富是不可持续的；还有的企业家把企业搞大的目的就是上市，上市就是为了套现，而不愿在产品品牌上多下功夫。

"德国制造"的起源

"德国制造"最早是英国人故意贬低德国商品的称谓。英国经过18世纪的工业革命，工业已经高度发展，成为世界工业的标杆。相比之下，当时德国还是一个发展中的农业国，其科学技术和英国几乎相差了半个世纪的发展距离。在英国人的眼里，德国产品是劣质品的代名词，因为当时德国公司大多靠模仿，尤其是模仿英国的商品去抢市场。例如，当时英国谢菲尔德公司生产的剪刀和刀具在市场上拥有最高的声誉，谢菲尔德的刀剪都是用铸钢打造的，经久耐用，所以价格不菲。德国索林根城的刀具、剪刀制造商假冒这个名牌，把自己的产品打上英国"谢菲尔德"的标示。丑闻曝光后，英国人发起了抵制德国产品的运动，要求德国生产的产品必须贴上"德国制造"的标签，并在1887年4月23日英国国会通过了《商业法》，把这个条款写了进去。再加上当时德国工人工资低，工作时间又被资本家无限延长，这使得商品成本非常低廉，其价格虽在世界上具有强势竞争力，但由于品质不能保证而给人"价廉货次"的印象。

用质量去竞争

英国人对德国产品的抵制，以及人们对德国产品所做的劣性评价，都引起了德国人的彻底反省。德国明白了"必须用质量去竞争"，实现了严格把关质量、敢于创新、专注打造精工产品的伟大转变。100多年来，即便美英不断上演"金融神话"，德国始终坚守质量之本，于是造就了百年后诸多掷地有声的品牌。从根本上说，德国制造的成功是德国人长期坚守、专注品质的结果。这使德国在100余年里数度崛起为世界强国，其关键的原因之一是德国人始终坚持"高质量的匠人工业精神"。

重视制造业人才培养

德国一直是制造业大国，德国80%的高中毕业生都到技术学校学技术，而且德国330多万家中小型制造企业是全球无可替代的，这些都是德国成为"制造业王国"的基础。据统计，在德国16～19岁的人中，70%选择接受企业主办的各种职业教育，包括机床操控、汽车维修、船舶驾驶、烹饪、首饰加工等。中国有所谓的公办职业教育学校，大部分也是有名无实，学生毕业后也基本没用在学校所学的技能，就连老师可能也没有真正在工厂操作过。

面对金融海啸，德国依然是继续大力发展制造业，从2000—2012年，德国工人的薪水增长率为负增长，-0.5%~-1%，但德国政府希望这些制造业工厂不裁员，情愿给工人更低的薪水维持他们的工作。因为对于国家来说，投入1元钱在制造业就可以在其他产业创造1.48倍的产值，这种贡献不可想象。

像中国这样把房地产当作支柱产业的国家，全世界绝无仅有。中国的实体经济在某种程度上说，是被银行、开发商等绑架了，但政府好像也没有什么更好的化解办法。地方政府只有把资源集中在土地上才能收取更多的税，于是卖地成了地方政府的主要收入来源，但问题是土地只能创造一次价值。真正支撑地方经济进入良性循环轨道的产业，还是要回归制造业。

未来工业4.0

工业4.0概念由德国人提出，在中德两国签署的《中德合作行动纲要》中明确双方将在工业4.0方面加强合作。与工业3.0的流水线只能大批量生产不同，工业4.0流水线可实现小批量、分批次生产，最小批量可达到一件。在不久的将来，买车也可能实现个性化定制，消费者用手机可以发送定制到智能汽车工厂的App，消费者从数百种配置中选择一款车型，然后在个性化订单中输入诸如订一辆宝马车；约一个月之后，一辆用工业4.0流水线为顾客度身设计、制造的宝马就会送到买家门口，这就是德国提出的未来工业4.0概念。

概括而言，工业1.0是机械制造时代，工业2.0是电气化与自动化时代，工业3.0是电子信息化时代，工业4.0就是直接将人、设备与产品实时联通，将生产原料、智能工厂、物流配送、消费者全部编织在一起，工厂接受消费者的订单，直接备料生产，省却了销售和流通环节，整体成本比过去下降近40%。未来的工业4.0将是一个数据大整合的时代，德国工业4.0是以智能制造为主的第四次工业革命，把德国机械制造技术与现代互联网技术相融合，产生智能化的机械设备制造，从而提升德国的全球竞争力。此势一旦形成，将颠覆电商。工业4.0的思维是工厂与客户直接对接，商业模式是随人们的生活方式不断发生变化的，不知变的企业将劫数难逃。商业财富的"洗牌"时代已经到来。

德国政府的角色

在德国，政府的角色是服务型政府。德国市长没有公车，政府的预算除了拨款之外没有别的收入，企业只要照章纳税，不允许法规以外的政府行为去管企业的事情。政府的任务是创造良好的市场环境，鼓励市场竞争，规范市场秩序。德国除了法律条款比较完备外，只要不违反法律，绝不干涉企业内外部经营。德国政府工作的重点是为企业提供良好的经商环境。一是通过立法、政策优惠、融资支持以及建立社会化服务体系等方式来提供全方位的支持。德国政府通过制定政策法规和成立管理机构来为中小企业创造良好的竞争环境，帮助中小企业在与大公司的竞争过程中发挥自己的优势。二是提供持续有利的融资担保，德国政府将每年用于扶持中小企业发展的资金列入年初的财政预算，联邦议会直接讨论审查通过后，由部门组织实施。在支持中小企业发展的全部资金中，政府的财政预算资金占 70%。政府通常不直接向中小企业提供财政补贴，而是通过各类金融机构向中小企业提供融资渠道和融资服务来扶持和促进中小企业的发展。三是制定技术扶持政策和加强技术人才培训工作。德国政府为了提高中小企业科研、技术开发和技术革新的能力，通过促进中小企业的技术创新和技术改造，并设立专项科技开发基金，来扩大对中小企业科技开发的资助支持。四是建立企业信息情报中心，为中小企业提供信息等服务。德国政府为中小企业建立专门的网站和热线电话，中小企业可就融资、促进措施等问题向联邦经济部的相关专家咨询。同时，政府还特别重视各种半官方和半民间的行业协会的作用，利用它们为中小企业建立信息情报中心，为企业提供信息和服务。五是协助各类商会、协会发挥作用，为中小企业提供全面的社会化服务。德国的中小企业社会化服务体系形成了以政府部门为龙头，半官方服务机构为骨架，各类商会、协会为桥梁，社会服务中介为依托的全方位构架，为中小企业在法律事务、评估、会计、审计、公证、招标、人才市场、人员培训、企业咨询等方面提供全面的服务。

学习德国的匠人精神

我们应该向德国学习什么？应该学习德国专注的匠人精神，学习德国品牌打造与产品品质管理的经验。德国很多中小企业都会把资源和精力集中到核心业务上，而不会分散经营，这是他们超越对手的独到之处，这就是专注的匠人精神。对于急功近利、忙于赚钱的人来说，这是一个很好的参照对比。德国工人有着一丝不苟的工作态度，他们能够在操作中保证每天、每个动作的规范。相比之下，中国人须克服"差不多主义"，学习德国人的专注和匠人精神。因为，对制造商而言，可能只有 1% 的出错率；但对买到这 1% 次品的消费者而言，却是 100% 的伤害。

中国企业应该如何做到系统化、持续化创新，从而构建可持续经营的企业？更进一步来说，中国企业如何才能在世界崛起？中国应该向德国学习引领尖端的技术，做高端制造业。像美国那样的创新型社会全世界都难以复制，德国之所以能保持后劲，在于众多中小企业实体经济的持续发展。而中国企业普遍存在"赚快钱"心理也是有原因的，主要体现在中国经济是行政权力而非市场规则，这就导致私企发展缓慢，知识产权创新匮乏。但新一届领导班子上台让我们看到了希望，政府大力推行如"简政放权，审批下放"等服务企业的政策。在不久的将来，"反腐的红利""改革的红利"将显现并惠及众多老百姓和企业产业。目前，对于我们制造业来说，能不能产生新的利润，就看企业能否完成向"制造＋服务业"的转型。

【专家点评】自信会由内而外地体现在言谈举止中。专注于某一领域，在这个领域深耕细作，你就会成变这个领域的专家。匠人精神的灵魂就是专注，达到一种"偏、痴、疯"的追求境界。人生不管选择什么职业，都应坚持自己的爱好走下去，做自己喜欢的事，根据自己的特长、兴趣、爱好，在某一个领域、某一个专业，通过自己的努力和打拼，实现人生的辉煌。

第六节 文化的力量

企业需要文化的力量

韩国中央银行曾在 2008 年 5 月发布一份研究报告，报告中将寿命有 200 年以上的企业定为长寿家族企业。目前世界上的长寿家族企业有 5586 家，其中亚洲有 3214 家，占 57.5%；欧洲有 2345 家，占 42%。其中日本有 3146 家，占 56.3%；德国有 837 家，占 15%；荷兰有 222 家，占 4%；法国有 196 家，占 3.5%，中国没有一家长寿企业上榜。百年企业文化告诉我们，企业创始人传承财富只是一时的，而传承精神、价值、制度、文化才是可以长久的。德鲁克说过："管理就是界定企业的使命，并激励和组织人力资源去实现这个使命。"界定使命是企业家的任务，而激励与组织人力资源属于领导力的范畴。

企业文化反映了企业的使命、价值观，即企业存在的意义。员工有了正确的价值观念，知道应该做什么，不该做什么，才有可能管理好自己。人有了正确的价值观，才能正确地辨别是非，懂得该不该做、怎样去做，使个人保持积极向上的生活态度与工作态度。有了正确的价值观念，才能相互尊重，遵纪守法，服从管理，组织之间的交流才能更加密切、互相配合，这也是使团队成员和睦相处的最佳选择。如果每一个员工都能树立正确的价值观，都能理解和配合他人，企业获得的利益将更大。反之，没有价值观的人将达不到自我管理的目的，也无法在组织中与他人合作，无法实现自身更大的人生价值，同时，没有价值观的企业也将无法长久持续地发展，无法承担更大的社会责任。

企业文化体现的是企业理念与价值观，本质上是企业全体或大多数员工一致赞同的关于企业意义的终极判断，这也是优秀企业在价值观上绝对不能让步的根本原因。将向善当成一种理念，更需要企业在经营等各个环节强化向善的理念，营造员工向善的工作氛围，这时企业领导者的领头作用就显得极为重要。丰田常说，"我们不是造车，我们是在造人"。企业文化的根本是向善，是内心强烈的成功信念和利他理念，这是企业经营者搭建成功的企业文化的核心要点，其向心力必须是一种善文化。

"贵"品牌背后是"贵文化"

据有关调查显示，94%的美国人说不出任何一个来自中国的品牌。中国在亚洲的品牌不如日本、韩国；与中国相比，在经济规模上微不足道的瑞典和芬兰也有飞利浦、诺基亚、宜家等世界知名品牌。中国企业总是执迷于成为世界500强，却忽视品牌的建设。中国成为世界上唯一没有国际知名品牌的经济大国，这真实地反映了中国市场经济所处的阶段。品牌究竟能带给消费者什么？穿一套高级西装就能显示你是一个商务人士，背一个LV包就能展现你是有生活品质的人，开一辆宝马就能证明你是成功人士……知名品牌的商品虽然花费不菲，但是少了很多沟通成本。对于企业来说，没有战略单品，没有持续满足消费者需求的尖刀产品，就缺失了对品牌未来价值链的掌控能力。一家企业的品牌竞争力包括企业在资源、能力、技术、管理、营销、人力资源等方面的综合优势。如果一家企业不能通过卓著的品牌战略命名核心竞争力及优秀的竞争力资源，那么最后就很难为消费者所感知。如果一个公司是宗教，那么这个公司的品牌就是它的《圣经》。这样的《圣经》，你读了才能得到安慰，别人看见这本《圣经》才会肃然起敬。教堂里如果没有《圣经》，就不能称其为教堂，所以公司经营者一定要有自己的《圣经》。为什么低价战胜不了高价？因为没有文化。人没有文化，制造没有文化，商品自然很难有文化，很难与别人竞争。

为什么低价战胜不了高价？

一旦企业掌握了市场和用户需求，同时也了解竞争状况，以及对用户来说最理想的产品是什么样，就很容易明确自己的市场定位。品牌（概念、卖点、定位、服务、整合、传播）。产品竞争力的核心是品质，品牌最好的传播是口碑的传播。品牌要让消费者有尊严，这是品牌所要激发的第一想象力；品牌意味着区别、价值和持续发展；品牌意味着安全、个性和面子；品牌对于经销商来说是销量和利润；品牌包含产品独特的卖点主张，代表品位、品质；品牌某种程度上给消费者一个梦想，激发消费者的想象力，留下深刻而有独特魅力的品牌印象，这是无形价值和无形资产。从人性的角度来说，企业的长远目标一定要高远，因为目标不是拿来实现的，而是拿来承载团队成员灵魂的。营销能否成功，首先看你手中有没有好产品，品牌忠诚是个伪命题，客户只会忠诚他认可的好产品、好服务，而不会忠诚哪个牌子。所以你要做的是，想尽一切办法，让消费者认可你的品牌产品，认为你的服务就是最好的产品服务。乔布斯、雷军、董明珠等都是专心做好产品的典范。

一个组织的没落一定是文化的没落

"人类创造世界凭借三种力量：经济力、政治力和文化力。经济力是基础的生产力，它在人类历史的全过程中发挥作用；政治力是派生的、附着的创造力，它由经济力而派生，附着在经济力之上，通过经济力而发生创造世界的作用。但在特殊的历史阶段，政治力也能单独发挥创造世界的作用。文化力是人类拥有的深层次的创造世界的能力，它贯穿于经济力和政治力中，影响或促进经济力的发挥。文化也能单独发挥创造世界作用，那就是社会进入文化时代之时。"[①] 中国企业在国际上发力，向国际品牌奋进的同时，必须有文化作为发力的基础。清晰的文化建设是企业持续发展最强的引领者和支持动力，5年企业靠老板，10年以上的企业靠企业文化。文化也是弥补机制不健全的最好方略，所以企业经营者们对企业文化追求的呼声也愈加强烈，但在对企业文化的定位中，很多企业出现偏差，有的只是做做表面文章，喊喊口号，没有弄清企业文化建设的基本出发点。

企业文化要考虑以下三个方面的因素。一是员工利益，即一切为员工着想。要为员工利益着想，就需要企业文化的建设要以向善为根。要做到以善为根，需要将向善当成一种理念，需要企业在经营等各个环节强化向善的理念，营造员工向善付出的氛围。二是要考虑消费者的利益，要创造好的产品与服务。三是考虑股东的利益。企业家要想创建一套成功的企业文化，除结合本企业的特性、实际情况，制定出搭建企业文化体系的措施外，还需要强

[①] 刘屹松编著：《易经智慧解析》，内蒙古文化出版社2010年版，第187页。

调企业的伦理责任，关注消费者的利益，同时还要在满足社会需求时把消费者的利益融入企业的利益中。所以说，小企业看老板，中企业看制度，大企业看文化。当企业发展到相当规模时，就需要有一种向心力，这种向心力一定是文化力量在牵引。拥有向心力的企业文化一定是拥有了强烈的信念和利他理念，拥有此种深厚文化底蕴的企业才能经久不衰。

在一个公司里进行文化建设，实际上就是宣传思想，宣传的本质是为了统一人的思想。对企业而言，做事情不是为了公平，而是为了效率。美国式管理的哲学基础是"个人主义"，因此其管理中强调专业，注重创新与专业知识；日本式管理的哲学基础是"集体主义"，注重团体一致性；而中国式管理的哲学基础是"相互主义"，注重事物的变动性，即跟随环境的变化而变化。中国人在处理关系的时候，常考虑内外与周边环境的变化，然后再调整自己的状态。

西方管理是以主动的"我要"来订立目标，拿出成果；日本式管理则是"同生共荣"；中国式管理是"修己安人"。孔子说："苟正其身者，于从政乎何有？"用孔子的话说就是，如果端正了自身的行为，那么政事还有什么难的呢？一个领导者如果不能端正自身的行为，又怎么能够端正别人的行为呢？由此可以看出修己以安人的意义。中国人的性格具有一定的"依附性"，即以德行服人。在中国当领导如果没有以身作则，不能反省自我行为，是不能服众的，也很难当好领导。领导力是一个发现自我、认识自我，进而管理自我、提升自我的过程，只有不断地通过反省来提升自己的人，才能更好地超越自己。人要管理好自己并不容易，因为人往往在错误发生后才知道，在损失之后才会反思。人对自身的认识具有局限性，唯有不断反省才能自我拯救和自我完善。

【专家点评】我们的产品为什么低价竞争不过高价？我们的中小企业为何多数做不大？其根源就是缺少团队凝聚力，其核心是缺少合作精神。团队为何缺少合作精神？其根源就是没有选人育人的文化与机制。品牌没有文化就不会值钱。世界一流品牌都是由文化支持的，世界一流团队也都有自己的使命和核心价值，这就是文化的力量。

第五章 管理与机制

第一节 向取经团队学激励

团队愿景与员工利益挂钩

中国四大名著之一《西游记》可谓文笔精湛，故事神奇，寓意深刻。如果从企业经营的角度来解读取经团队，师徒四人都是不可替代的好员工。师徒四人都有一堆缺点，但组成一个团队却爆发出强大的战斗力，西天取经路上的九九八十一难都不在话下。这样的愿景执行下来，又是谁设计的呢？如果按公司职务角色来说，公司总裁、CEO、董事长、营销经理、后勤主管又是谁呢？在《西游记》中，孙悟空、猪八戒和沙僧作为唐僧的员工，他们走过的路，是唐僧设计的；而唐僧走的路是观音菩萨设计的；而观音菩萨是如来佛祖的员工，观音菩萨走过的路，也是佛祖的设计的。他们都有一个共同的目标就是：向西走，去西天取经。但企业经营的路并不顺畅，孙悟空有几次都不想干了，猪八戒也有几次半路提出分行李，要回高老庄。在《西游记》收小白龙的一集里，孙悟空在观音菩萨面前发牢骚，说"保一个唐僧腾不了云，驾不起雾，几时才能到达西天"。观音菩萨说了句非常重要的话，孙悟空马上坚定了西天取经的信念，观音菩萨说"事成之后还你个金身正果"。

员工激励不起来，是因为老板的筹码不够多

没有个人利益的集体利益就没有凝聚力，团队执行力基于团队个人利益的实现，或者叫社会实现。真正的团队文化，并非来自少数服从多数，而是来自个人利益等于团队利益。从《西游记》唐僧取经团队管理来看，其团队恩威并施。唐僧作为取经的老板，对他们都有救命之恩、教化之恩，但还是不能保证没有团队成员反叛。后来，唐僧给孙悟空加了个紧箍咒，光有紧箍咒还不行，就又给了个定心丸，承诺取经事成之后会修成正果。这个正果承诺用企业的话来说，就如企业的老板给员工股份一样。企业家需要管理员工的欲望，激活员工的欲望，唐僧团队的共同目标是"前往西天取经"，这

个愿景是很明确的，但需要激活员工的欲望，管理员工的欲望，让所有利益相关者通过共同愿景的实现来达成目标。孙悟空厉害，但说他几句就不高兴，就想不去了；猪八戒没有毅力，一看不行就想散伙，回高老庄。唐僧为什么能当领导？因为他有崇高的信念，有信念才能给别人力量。唐僧从一开始就明确了到西天的目标就是要取到真经、修成正果，而且取经团队的每个成员也都明白这个奋斗目标。然而，作为董事长的唐僧手里筹码还是不够，因为营销经理孙悟空太厉害了，最后观音不得不加个紧箍咒，并承诺事成之后可修成正果。就如我们现在奖罚分明与股权分红，才能留住孙悟空这样能力强的员工。

在取经过程中，尽管唐僧对孙悟空多有误解，尽管孙悟空不喜欢唐僧的管束，然而他们的心却是紧紧连在一起的。为什么？因为他们有共同的目标：取经成佛，普度众生。经营企业也是一样，管理者首先要为自己的团队树立一个明确的奋斗目标，这个目标必须具有战略性、前瞻性、唯一性、可操作性、相对稳定性，并描绘出企业美好的未来，让每个员工为了这个目标去努力工作。企业目标一经确立，企业团队的所有行为必须围绕这个目标的实现进行有效运作，为实现这个目标服务，不得在企业目标执行过程中出现任何偏差。如果不向西走，而是向东走，方向错了，根本取不到真经，这个团队就没有存在的意义，企业将无法生存发展。

对于企业来说，成长型企业的出路就在于培养事业的合伙人，把核心骨干团队和老板捆绑起来，成为利益共同体，成为事业共同体，成为命运共同体。

敢于向员工营销你的梦想

人在价值观、使命感的驱使下，人生才能找到梦想的方向。作为一个企业经营者，不但要有梦想，更应该向员工营销你的梦想。一个企业家要想做好企业，就必须学会营销梦想。企业刚开始的时候，可能没有产品，没有钱，也没有团队，但是不能没有梦想。唐僧为什么去西天取经，因为他有"取经成佛，普度众生"的梦想，只有有了人生的梦想，人的精神动力才能不断迸发。真正成功的事业是因为有了使命感，而非赚钱本身。做生意，无论是做小生意还是大生意，生意的本义就是人生存活的意义。

人如果没有使命感去做生意，那就只是活命的意义；为社会创造财富，树立利他的榜样，这是生命的使命的意义。使命让人变得专注，当你把思想聚焦在想要的事情上，并且持续集中精力，用强大的使命感作为磁场动力，就能牵引自己去追逐梦想。

【专家点评】不会激励员工的上级，充其量只是一个做普通事务的管理者；要想做真正的领导者，必须掌握人性所需要的激励机制，从人性根本层面激发人的需求与感受。员工要的不是股份，而是分红。所以每一个老板都要学习设计机制，把企业的所有权、经营权和分红权分开，让员工享受最大的经营权和分红权。

第二节　用机制去化解"夫妻劫"

成为夫妻如同合伙开公司，公司需要赢利才能长久

一个男人与一个女人相爱，成为夫妻，打个比方来说就如同两人合伙注册了一家公司。既然是公司就要经营、要赢利，否则就会负债，经营不好就会破产。以下这个案例值得创业或经营企业的老板学习。

这个故事的主角名叫王微，原土豆网创始人及前CEO。2005年1月，从贝塔斯曼辞职的王微以100万元的启动资金在上海租了一套三居民房，四五个人在这里开始了创业，王微形容自己这个阶段是在"播种土豆"。几个人捣鼓的是当时中国还未有过的视频网站，即使日后极负盛名的YouTube此时在美国也才刚刚诞生两个月，没有任何知名度可言。王微想把网站做成视频分享网站，苦于找不到借鉴对象，只能学习美国图片共享网站Flickr。

在拿到第一轮融资后不久，2006年5月王微结识了上海电视台主持人杨蕾，那时他正在寻求结交一些传媒界人士，以便日后给企业宣传带来些帮助。两人似乎一见钟情，认识不久双方感情便迅速升温。

2007年8月，王微与杨蕾低调结婚，但是这场婚姻仅维持了一年即出现裂痕。2008年8月，王微向杨蕾提出离婚。说起离婚的原因，王微的理由是杨蕾对土豆网"关心过度"。据说，杨蕾甚至在土豆网办公区设立了一个蛋糕房，还经常对土豆网员工说"加油，上市"之类的话。这令王微感到非常压抑。

而杨蕾并不认同王微的说法，"我看到土豆网发展过程中有什么危险指出来，那有什么不对？我关心土豆网错了吗？"杨蕾认为导致他们婚姻破裂，完全是因为他们之间有了"第三者"。坊间传闻，王微与杨蕾离婚前一直与一位舞蹈演员交往甚密。杨蕾知悉以后，一直极力试图挽回婚姻，因而始终不同意离婚。双方一直耗到2010年3月才最终离婚。在双方婚姻存续期间的2008年4月，土豆网获得D轮5680万美元融资，Venrock及其他5家VC共同投资2680万美元，此前的IDG、纪源资本等也继续跟投。

2010年7月，土豆网完成了E轮5000万美元融资。该轮由新加坡淡马锡（子公司Sennett Investments）领投3500万美元，而凯欣亚洲、IDG、纪源资本等5家VC合计追投1500万美元。土豆网经过6轮融资，合计获得1.6亿美元（包括E轮之后2500万美元认股权证的发行），王微的持股比例也最终被稀释到仅剩12.7%。而优酷网上市前同样获得6轮融资，所得金额同样是1.6亿美元，但其创始人古永锵依然手握41.5%的股权。相比之下，王微的股权之所以被如此大幅度稀释，与土豆网在第一轮融资时以50万美元出让30%股权给IDG有着莫大的关系。

离婚"蝶变效应"

2010年11月9日，土豆网向美国证券交易委员会递交了上市申请，其最大竞争对手优酷网也紧随其后递交上市申请。杨蕾上演了一场针对土豆网的"上市狙击战"。《财经》杂志驻上海记者海鹏在微博上爆料称："周五（11月12日），因创始人CEO王微与前妻杨女士离婚财产纠纷，土豆网的相应股权已被上海徐汇区法院诉讼保全。王微与前妻去年由徐汇法院判决离婚，王以公司和他都是'负资产'名义，将妻子'净身出户'。土豆网IPO在即，此事关系重大。"

此说法随即得到了杨蕾律师的证实。2010年11月10日，上海市徐汇区人民法院冻结了王微所持土豆网的核心运营平台"上海全土豆网络科技有限公司"的股权。王微在该公司中占股95%，这部分股份中有76%涉及夫妻共有财产问题。王微前妻提起诉讼，对这部分股份的一半予以权利主张，冻结了该公司38%的股份进行保全。王微提出担保，解除了第一次保全，但杨蕾又申请了第二次保全，法庭随后根据第二次财产保全申请，冻结了该公司38%的股份禁止转让。

对于杨蕾在紧随土豆网提交上市申请之时突然发起的诉讼，土豆网方面认为有可能是竞争对手从中作梗。土豆网内部人士表示："杨蕾为什么不在土豆网上市之后提起财产分割诉讼呢，这样对她自己也更有利啊。我们认为这是一场阴谋。"而杨蕾的律师则称，起诉早就已经开始，只不过因为之前"向法院提交的材料不齐"，后来补齐材料，法院才在11月1日正式受理诉讼请求。无论杨蕾的诉讼目的是为了报复还是单纯的财产诉求，都在客观上导致土豆网纳斯达克上市搁浅。

据说王微料到杨蕾可能会有起诉这一招，因而在上市前咨询了律师的意见。律师给王微的意见是：第一，全土豆公司是王微在结婚前就设立的公司，属于婚前财产；第二，全土豆公司从设立至今，一直是亏损经营，因而也就谈不上财产增值,所以无须分任何财产给杨蕾。如果杨蕾一定要争取财产分割,王微可以反向要求杨蕾共同负担他的巨额负债(土豆网的注册资本以及后续的增资是海外的 VC 投资人供款给王微注入企业的)。正是基于以上分析,王微只给了杨蕾 10 万元补偿,也无须杨蕾承担任何债务,杨蕾就此"净身出户"。

但是,情况果真如王微的律师分析的那样吗?企业确实是婚前 2004 年年底设立的,但是企业因为亏损股份就没有增值吗?其实,在土豆网的历次融资中,私募发行价格从 0.083 美元/股一路上升到 2.71 美元/股,而且每一次的私募价格都较前一次高。这说明,即使土豆网在亏损经营,但是其股权也是在持续增值的。因而,杨蕾与王微婚姻存续期间财产增值部分,杨蕾理应获得其中一半。

土豆网纳斯达克上市的半路夭折,迫使王微重新坐到谈判桌前与前妻杨蕾进行协商。最终双方达成协议,由王微支付杨蕾等值 700 万美元的现金,换取杨蕾放弃对企业股权的索求。700 万美元补偿一事遭到杨蕾的否认。不过,土豆网于 2011 年 4 月重新提交的招股说明书却多了一项风险披露:"土豆网创始人兼 CEO 王微遭其前妻杨蕾起诉。王微持有上海全土豆网络科技有限公司 95% 的股份,杨蕾以婚姻期间夫妻共有财产为由要求分割王微持有全土豆股份中的 76%,法院目前已将王微持有股份中的 38% 进行了财产保全。对于股份保全期限,法庭暂未宣布,但根据中国法律程序,保全时间最长不超过两年。"

距离土豆网重新提交上市申请两个多月过去了,依然未见土豆网公开招股的任何消息,也未见其宣布暂停上市。截至 2011 年 6 月 30 日,土豆网账上仅剩 2070 万美元现金,这意味着土豆网要么流血上市,要么现金流断裂,要么被对手收购。2010 年 12 月优酷网 IPO 融资 2 亿美元,2011 年 5 月又通过增发融资 4 亿美元,手握重金的优酷网通过收购土豆网成为其第一大股东是完全有可能的。

2011 年下半年,土豆网成为唯一一家在美国实现上市的中国企业。然而,土豆网的上市并未让其摆脱厄运。土豆网挂牌当天即遭遇破发,较 29 美元的发行价下跌 11.86%,最终收盘在 25.56 美元。在此后的半年中,土豆网的股份在如此背景下一路下挫,到 2012 年 1 月已跌至 9.5 美元,还不到 IPO 价格的三分之一。股份急挫至此,土豆网的 VC 投资人坐不住了。按照此时土豆网 9.5 美元/ADS 的股价,相当于 2.375 美元/股(1 ADS = 4 股股票),这个股份早已经低于土豆网 D 轮私募融资(2.62 美元/股)及 E 轮私募融资(2.71 美元/股)的价格。这意味着土豆网的 D 轮、E 轮投资人

（如凯欣亚洲、Venrock、淡马锡）已经开始出现账面亏损了。显然，投资人无法接受这样的局面。此时土豆网的投资人要考虑的是如何确保自己的投资回报。

2012年3月12日，网络视频行业曝出一条爆炸性消息：优酷网以158%的溢价换股收购土豆网，土豆网成为优酷网的全资子公司，并从纳斯达克退市。交易完成之后，优酷原股东持有优酷网新公司71.5%的股份，土豆网原股东持有优酷网新公司约28.5%的股份。为何会有如此结局呢？土豆网上市以后，其前四大股东分别是淡马锡17.1%、凯欣亚洲12.5%、纪源资本9.7%、IDG9.2%，而王微仅持有8.6%股权，从董事会结构来看，前四大股东占据4个席位，王微与CFO余滨占有2个席位。因而，无论是股权比例还是董事会席位，资本方都较创始人拥有绝对优势，这主要是因为王微在IPO之前的历次融资私募中估值太低，过度稀释了自身的股权，上市后最终仅持有8.6%的股权，无法对企业实施有效控制，以至于投资人决定把企业卖掉时，身为创始人的王微无能为力。

用好机制避风险

土豆网创始人的事业在惨淡波折中画上句号，给创业者留下很多创业警示。婚姻好比一个有限公司，经营不好，没有利润就会亏本，就会倒闭。两口子共同创业，如若日后婚姻破裂，如何避免因股东的婚姻问题对企业产生重大冲击？王微与前妻杨蕾之间的一场婚姻财产诉讼，险些将自己一手创立的土豆网的IPO葬送了。它不仅使土豆网的上市进程延后了超过半年时间，而且最终导致了土豆网被优酷网收购。这场由婚变引发的企业财产纠葛，究竟能给我们带来多少反思？

从创业角度来说，夫妻一起创业是很好的，因为可以同甘苦，过日子不分你我，夫妻关系好的时候，谁也不相信将来会出问题，谁也不好意思捅破这层纸去未雨绸缪。如果是婚后创业，即便是一个人创业，另一个人不参与，不参与的另一半也对这家公司拥有一半的所有权和分红权。当《公司法》遇到《婚姻法》的共同财产均分原则，投资人为避免婚姻纠纷，可依据《婚姻法》自治原则，约定财产制是指夫妻双方通过协商对婚前、婚后取得的财产归属、处分以及在婚姻关系解除后的财产分割达成协议，并优先于法定夫妻财产制适用的夫妻财产制度，是意思自治原则在婚姻法中的贯彻和体现。其基本内容是：夫妻得自由约定婚前及婚内所得归各自分别所有、共同所有、部分分别所有或部分共同所有，夫或妻一方对外所负的个人债务，第三人知道上述约定的，可以对抗该第三人，但主张第三人知道的当事人（即夫或妻一方）应对此负证明责任，否则不得对抗第三人，为逃避债务的虚假约定或协议离婚分割财产的行为，应被认定为无效行为。①

投资者可采取以下机制，投资人和创始人可以要求配偶签署一份承诺书，内容包括：①配偶确认其对公司的股权不享有任何权益，且承诺不就公司股权提出任何主张；②配偶确认已完整审阅理解，并无条件、无保留、不可撤销地同意交易文件的约定；③配偶承诺签署一切必要的文件，采取一切必要的行动，以确保交易文件得到适当履行，并遵守作为公司股东的应尽义务。前述股权约定属于婚前财产，如果创始人还没有结婚，可以做一份婚前财产公证，以便对创始人以及公司的持续经营更具有积极的保护作用。

其实夫妻股东面临两方面的经营风险：一是公司经营层面的，二是婚姻经营层面的。规避财产被分割的风险，传统的做法有3种：一种是婚前约定，一种是继承权约定，还有一种是股权赠予约定。目前中国法律对于直系亲属股权赠予是不征收个人所得税的。其关键要看企业设立时有没有设置有效的退出机制。合作开公司只有先小人，后君子，才能确保合作愉快。

【专家点评】股权不仅仅是用来激励员工，更大的作用是扩张市场，做产业整合，兼并收购，在激励机制中股权激励是最后一招，不到万不得已，不要随便用股权激励。股权是企业的命脉，请一定在专家的指导下谨慎操作。在股权的问题上，股权只能预防，不能等问题发生再解决；一般发现问题的时候已属于"病情晚期"。

第三节 企业要用机制去留人

年底到了，众多企业老板面临年终分配、年关员工跳槽等问题。过年如过关，作为一名优秀的企业老板，要想打造成功的企业，首先要给别人一个跟随你的理由，要给别人梦想的机会与平台。现在是抱团打天下的社会，以往靠个人魄力，一个渠道创业成功的时代已过去。

在三国中魏曹操团队为什么能笑到最后，而蜀国最后只剩老将赵云一人带兵冲锋，虽后有关云、张苞等名将之后，但其能力远不如其父。再看他们各团队建设管理，曹操激励机制建设团队，魏团队参谋大将如云，文有郭嘉、贾诩、司马懿，武有张辽、徐晃、夏侯惇等十大将，其他将官数百名；而刘备团队靠桃园结义组成的五虎上将团队，后续几乎没什么优秀人才；孙

---

① 李建伟：《民法》，中国政法大学出版社2014年版，第437页。

权团队更是亲戚家族式团队。在用人上，曹操用人的方式是小人与君子都能用，有本事者皆为我所用，该给利的给利，该给名的给名。刘备只依靠诸葛亮一人，最后军师也因"二十罚以上皆亲览"的工作方式给活活累死。

没有优秀的人才就如打仗没有将领、没有士兵，失败是必然的。优秀的企业家都是最注重人才的，他们总是把赌注下在优秀的团队上，而不仅仅在优秀的产品上，所以选择合作伙伴要像找配偶一样，要想长久，其中最重要的标准价值观要一致，要用终身大事的思维去选择团队的伙伴。要看人品，即看其利己多，还是利他多；还要看是否有互补性，团队成员能力互补性匹配好，这个团队才能形成力量。建设团队最核心的还是要先看其核心价值观是否一致，核心价值观决定团队的素质。

同时，要建立一个有幸福力、懂感恩、有爱的力量的团队。如果你感动了员工，他能为你赴汤蹈火，这是中国人的性格，感动的力量是非常强大的。老板感动团队的一名员工，一名员工可能感动5名、10名顾客，团队的员工满意度增加，公司的客户满意度也会增加。现在已不是拼爹的时代，而是拼团队的时代。建设团队一定要先小人，后君子。先小人，就是把制度约法定好再合作，否则后面很容易闹矛盾。中国人的国民性大多是先君子后小人，所以"人事纷争"较多，内耗成本很高。一个事无巨细的CEO，往往对机制建设问题投入的精力少，而对具体问题投入的精力多，这样的CEO虽然忠实于他的事业，非常努力，但是他的机制建立存在问题。

经营企业就是经营人才

经营企业就是经营人，小老板经营事，大老板经营人，让有才的人去拿方案，让有才能的人去做事。有很多很难请的人才，企业老板都有方法把他请进来，但就是常出现人才请进来留不住等问题。企业经营者改变用人思维，要改掉这个"用"字，人又不是器物，人是万物之灵，面对万物之灵，为上者要改变思维方式，去影响人、帮助人、引导人、成就人。每一个人都不是单纯为钱来工作的，人是要有灵魂归宿的。中国人的灵魂归宿在于家，要把人才融为一家人，把人才当作家人来爱，他也会把企业的事当成自家的事来做。

企业经营产品不如经营人才。如果老板只知道提高产品质量，而不知道提高人才质量，那么企业产品质量再好，也会由于人才质量的落后让企业失去竞争力。看看德胜洋楼，专注经营绅士型匠人人才，造就了企业匠人文化；海底捞把重点放在经营人上，专注服务，打造"感动"服务文化，才成就今日企业美誉。人才是企业利润最高的商品，一个企业家如果能经营好人才，一定会是最终赢家。

现代企业的竞争归根结底是人才的竞争。从这个角度来说，人才是企业之本。企业要想留住人才要靠事业、感情和待遇，但面对各种层次需求的人，企业必须有所侧重，基层的人要给好的待遇，中层的人要靠情感，高层的人要靠事业。企业要让有成就欲望者成为英雄，让有社会责任者成为领袖。基层不能没有英雄，没有英雄就没有动力；高层不能没有领袖，没有领袖就失去了方向。

企业要用机制激励员工

年终奖最好公平、公正、公开，一切凭业绩说话，藏着、掖着别以为大家不知道，其实大家私下打听都知道。人不患寡但患不均，相互猜忌只会导致心态失衡，不能稳定员工，更达不到激励先进的目的。基层员工除了发奖金，还得发适量年货，过年回家红红火火也热闹，同时也可以和家人分享。物质激励不要只放在口袋里，而是注入员工的内心。年底公司会给优秀员工发放一些物质或金钱上的奖励。以往这些奖励直接发到工资卡里了，往后要改变这种观念，对于得到奖励的这些优秀员工的优秀点和发光点，在年底总结会上要大张旗鼓地宣布和表扬，以此激励所有员工。比如，放假前要找员工谈话，帮助其总结一年来的工作，指出其优点和不足。这项工作按往年经验要在放假前一周开展。谈话根据员工不同的性格进行，不同的性格采用不同的谈话策略。公司全年取得的成绩和每个员工都有关系，不要吝惜自己的赞美。不管在哪种场合——在例会上还是在与员工谈话时，首先要做的是承认和肯定对方一年来为工作所做的努力和取得的成绩。对于员工某些方面的肯定，会激励他继续努力，取得更好的成绩。对于公司未来的发展和前景，要向每个员工再次强调，要让员工知道跟着公司走有前途。企业领导者被赋予的一个重要职责就是面对未来，树立崇高的目标，描绘远大的梦想，明示工作的意义，点亮员工的心灵，同时要有广阔的胸襟接纳每个员工给公司提的建议、挑的毛病。年会及年后春游活动尽量邀请员工家属一起参加，邀请函年前提前发出，让家属成为公司员工稳定的有力保障。如果机会合适，请骨干员工到家里聚餐。在家里的餐桌上，可以放下所有日常工作的压力和束缚，大胆地吐露自己的心声。而我们在这时需要深入了解每个人的实际需求，看看接下来能为他们做些什么。这也是一种很好的激励方法。在每位员工心里树立一个榜样，榜样的力量是无穷的，对于后进者，找一个先进者作为他的榜样，以此来激发后进者的前进动力，这也是作为一名部门负责人应该做的激励措施。另外，在部门层面上树立一个榜样，这需要与其他部门负责人共同协商和配合才能完成。核心员工在员工允许的情况下，年前年后要做好家访，及时了解员工和家属的思想动态，并送去温馨的祝福和慰问。非物质奖励与认可通常比金钱激励更为有效，这并不是说金钱奖励可有可无，只是金钱接近于一种匮乏性需求，员工一旦满足则很难再起较大的作用，而精神激励则是无限的。

员工敬业度与自身价值是否实现密切相关，员工总是希望自身的价值得到上级、同事以及同行的认可。企业要为员工建立对公司未来及自身职业发展的信心，公司要对员工的贡献给予足够的奖励、尊重与认可。由于雇佣关系的社会契约已经被重新定义，终身契约制度已被抛弃，员工逐渐意识到有责任进行自我管理和发展自己的职业生涯，而且他们如果不提升自己的能力，无论是在目前公司还是跳槽到别处，都会承受就业能力下降的风险。员工为什么离职？离职单上一般写回家或家里有事等，其实真正的理由只有两点：一是钱没有给到位，二是心里觉得委屈。在中国的企业文化中，通常将员工的离职看作对企业的一种"背叛"，不欢迎他再回来；员工也是同样的心理，"好马不吃回头草"，一旦离开一家公司，一般也不会再回去。其实这种"非友即敌"是十分不健康的。有时，员工的离开并不一定错在员工，企业自身也有许多需要反省的地方，如简单粗暴的管理方式，还有员工福利、待遇及职业生涯规划通道不顺畅等。如果企业经营者不注重员工离职管理，就有可能对企业产生负面作用。企业管理者要学会挽留员工，实在挽留不了，也要给员工一个选择，如半年后回来，公司还会欢迎他或给员工放3个月的长假让他再考虑一下。企业经营者应反问一下自己：员工留在你的公司能得到什么？员工加入你的公司能学到什么？员工加入你的公司未来有什么希望？其实想一下就明白了，员工离职无非是待遇不够好，在你的公司得不到成长，跟着你没有未来。

好团队得益于共赢机制

建设一个好的团队，公司员工都应该热爱和了解公司产品。只有每个员工的收入都是与公司的效益挂钩，才能形成团队力量。一个团队的人、组织、系统都可以变，唯独价值核心、创新精神、企业文化不可以变，因为这是团队的灵魂，也是团队生命力之所在。真正的企业家都是靠别人而成功的，靠自己的人会累死；而成功企业家都愿意肯定别人的能力。小企业没有大企业的平台，在吸引人上一是靠股份，二是靠个人魅力，三是靠理想。即用价值观和理想把人才团结起来。中国人最可爱的地方是特别重感情。经营者常抱怨员工不忠诚，但更应做的是反问自己：有没有关心过员工？有没拜访过员工的父母？留个口子给他人。这是一种管理的智慧，是一种更高层次格局的大智慧。这是一种无为而有为的最高境界。舍得分钱给别人就是胸怀，不管是用人还是留人，都离不开两个前提条件，一是信任，二是利益大家分享。信任是做事的前提，利益分享是分享做事的结果。解决人才短缺最快、最有效的方法是重新设计组织架构和运营方式，使现有人员充分发挥其技能、才能减少对高端人才的依赖。

人性有一种与生俱来的自利心，作为经营者最重要的思考是，如何让员工把企业的事当成自己的事。能让多少人为经营者操心，事业就有可能做多大。

创造适合员工发挥才能的机制，让各个层面的管理者都能换位思考，替老板做决定。权力真正下放到位，员工的积极性和责任感才能真正上来，在市场上真正征战沙场的主力军是员工，真正一线冲杀的不是老板，而是靠员工。礼治君子，法治小人，无为而治治圣人，对于授权而言，老板的个人权力看似缩小，但权力总和是无限放大的。老板授权后一定要让部下感到有权有责，这就要注意检查和督促。

做企业就是创建平台，在帮助别人实现梦想的同时，顺便达成企业的目标。没有一个人能将人生财富带到另一个世界，格局决定结局，机制决定统制，分配决定人心，老板经营企业其实就是经营人的欲望，经营人性需求，创建一个平台，帮助员工实现自己的梦想，顺便实现企业家的梦想。欲望与需求是激发人实现梦想的发动机，共赢机制则是团队的助推器。

【专家点评】企业管理者经营人才要围绕以下五大核心：一是学会识人，与其慢慢培养，不如在选拔方面多下功夫，能慧眼识英，企业经营者要参与重要的招聘活动；二是用人，知人善任，用人所长；三是爱人，关心员工的梦想，而不把员工当成完成工作的工具；四是激励人，培养人才、凝聚人心，激励时超出期望值；五是学会裁人，对于不符合企业文化和落后的员工不要手软。

第四节 中国企业需要"聚焦的力量"

开发智慧的力量

从冷兵器时代到现在各式先进的武器层出的年代，枪支炮弹等攻击性武器都有一个共同特点，那就是它们都有爆发力。科学家及力学家对爆发力的解释是"在极限状态下发出的巨大能量",而平时这些能量处于"休眠"状态。

人类有两种力量,一种是身体的力量,一种是智慧的力量。据说,在美国曾发生过这样一件事,有一位母亲为救被一辆卡车压住的孩子,竟然将上吨重的卡车推翻,可见母爱能够在瞬间爆发出巨大的能量。但人类除身体力量外,还有一种其他万物不具有的力量,那就是智慧的力量。美国是世界上最早研发出原子弹的国家,原子弹的威力是不可想象的。作为第一个成功研究出原子弹的美国籍犹太物理学家罗伯特·奥本海默来说,他是将智慧的力量发挥到最大的人。拥有智慧的力量是好事还是坏事呢?在好人手中可能会是好事,而落到极端复仇主义者手中就可能会是坏事。

无论是子弹的速度还是爆炸的威力,其力量都有一个特点,就是通过聚集使力量凝聚到一个极点,如此就可能爆发出不可想象的力量。据有关研究表明,人类使用自己大脑的智慧不足5%,假如人们发挥出类似于"原子弹式"的爆发力,可能会创造超乎想象的奇迹。

保持好能量场

人是有能量场的,怎样保持高强能量场呢?就如你的衣柜里有很多衣服,有些是很久不穿的,有些是旧的,但舍不得扔掉。而当东西变得很多的时候,它会占用你心里的空间,影响你现在的心情,消耗你的能量。又如,作为一个老板,经营一个企业项目都想赚钱,产品很多但没有一个让客户尖叫的产品,项目很多但没有一个值钱的,就很难成功。唯有专注聚焦,不让能量流失,能量才会最大限度地得以发挥。

专注与多元,没有好与不好,关键在于有没有能力。没有能力的时候当然要选择专注,不能各个地方都用力。对于一个人或一个企业来说,最大的敌人是时间。多元化是企业发展到一定时期必须考虑的问题,企业盲目多元化,只会伤到自己主业的"元气"。如传统文化博大精深,就拿武术来说吧,门派功夫很多,但却不能像日本的柔道或韩国的跆拳道一样建立规则化标准,走入奥运会。

对于一个人或一个企业来说,把精力倾注在一个领域,钻深钻精,把自己逼上绝路,"破釜沉舟",就会绝处逢生,爆发出异乎寻常的、惊人的能量,甚至把"不可能"变为"可能",不断地创造出人间的奇迹。如果真的可以专注一业,精通一业,就能够明真理,了解大千世界、森罗万象。如一个优秀的工匠,经过多年潜心研究,掌握了卓越的技术,这样的工匠就是谈论人生也会有精辟的见解。如任何精通绘画、著书者,都会有同样的涵养,达到相同的境界。就如国学巨匠南怀瑾先生解禅时所说的,"自心一处","指心专一","能够心性专一,到达离生喜乐,已经差不多超越欲界,虽然还没完全脱开,但欲念这一层已经升华多了。而定生喜乐,在教理上来讲,已经是在光明境界里头了"。[1] 在指导年轻人读书的方法时南怀瑾先生又说:"年轻人不要以为无书可读,世上的书实在是没有读完的时候,只要抓住一个问题,就够你去钻研半辈子了。"[2] 作为经营企业来说,专注即集中力量攻打一个点,将其做到极致,给用户留下深刻的印象。认准了一个方向,便全力以赴。唯有专注的企业才能持续成功,多元化的企业可以存活,但是很难有长久的成功。

先专注后谨慎多元

市场永远处于周期性演变之中,企业在这个时期要做好的就是加减乘除。凡是不懂加减乘除的企业,就不能准确地把握住专注与多元的关系处理。每一个周期都有一个产生、成长、繁荣和衰退的过程。有没有精力、时间、能力去做好这件事件,这种"有没有能力"是指在不同时间与空间中,在各个点上,在各个部门上都用力,在企业资源不足的情况下应将能量集中到一个部门或一个产品上。例如,宝洁在2011年大裁员之后,在2014年回归品类聚焦,计划通过出售、停止、自然淘汰等形式,剥离或退出90~100个旗下规模较小的品牌,把品牌数量缩减一半以上。裁剪的品牌均属于年销售额在1亿美元以下的非主力品牌,削减的重点是婴儿、女性和家庭护理部门。宝洁之所以做出如此决定,是希望通过简化公司业务来加速销售业绩的增长,以应对日化市场激烈竞争带来的利润下降的局面。宝洁做品牌加减法并不是历史上的第一次,雷富礼在2000—2009年担任宝洁公司CEO期间,就曾先后成功运用品牌加减法,令宝洁的销售额增长了数倍,使宝洁顺利度过贾格尔时期一系列激进计划导致的困难期,这是一次成功的聚焦化回归。但对于中国市场,由于整个宝洁品牌创新力度不足,正面临着品牌老化的危机,导致目前公司面临困境,特别是对"80后""90后"来说,宝洁缺乏吸引他们的魅力产品。

再看中国的品牌现状,以茶市场为例,茶分为绿、红、青、白、黄、黑六大茶类,这六大茶类下面又有很多细分品种。在中国,茶一直难以量化,就如中国的功夫,门派太多了,个个经典但没有一个能标准化。因为缺少统

---

[1] 南怀瑾:《南怀瑾先生答问集》,上海人民出版社2009年版,第47页。
[2] 练性乾:《南怀瑾谈历史与人生》,复旦大学出版社1995年版,第275页。

一标准，在中国众多茶厂合起来也抵不过一个英国的立顿茶。没有专注就没有爆发点，所以中国的茶很难像立顿那样，靠一袋碎茶叶就能走遍全球。如太极拳可健身可防身，但因为没有标准化规则，其影响力就远比不上日本的柔道、韩国的跆拳道。对于一个企业来说，一个成功的定位应该是专注的、坚持不懈的；从企业资源配置来说，应该是聚焦的、全力以赴的，好的定位就是做到专一、唯一、第一。成功的企业之所以成功，是因为将有限的精力专注到一个领域，每天做好一件事，日积月累成就伟业。而把所有事挤在一起，缺乏核心竞争力的行为，最终一事无成。

差异化的"魂魄"在于聚焦

五谷道场走的是与众多方便面与众不同的路，其差异化重点放在"非油炸"，对原油炸式方便面进行颠覆式的差异化创新。而宝马 Mini 走的是"小精美"的路线，获得了市场的成功，但谁能够想象得到，在 2002 年的前几个年头中，小型车的销量一直都在缩水。海底捞的成功在很大程度上依赖创始人张勇的"海底捞式"聚焦服务。可以看出，以上差异化的成功实质上是找到一个让顾客购买付钱的理由。差异化的核心力量在于，努力将企业优势进行聚集，在一件事上做到极致，这才是颠覆式的差异化的"魂魄"所在。

商业利润法则"力出一孔"

如企业在整体运营的过程中不要平均使用力量，企业首先要做好最容易突破的某一个环节的工作，从最能发挥自己优势的地方做起，把 80% 的财力和 80% 的精力用在能够使你的长板更长、更卓越上，形成尖刀优势。专注即集中力量攻打一个点，将其做到极致，给用户留下深刻的印象。认准了一个方向，就应全力以赴。只有专注的企业才能成功，多元化的企业可以存活，但是很难成功。一个人或一个企业的能量及资源都是有限的，如果把自己的能量散漫地释放，其能量也就是一盏不灭的红烛；而如果把能量聚集起来，就可能是一盏高强度的探照灯，再聚集一下就是一束能够用来切割钻石的激光。所以，要珍惜现有的能量，做人要"术业有专攻"，企业也要时刻让自己保持能量聚焦。

【专家点评】当我们没有办法统一员工思想的时候，我们可以统一员工的目标，用目标去统一思想。当一个企业有很多产品却没有一个主打产品时，就需要把人力、物力、财力全都聚焦到一个点上，做好一个主打产品。

当我们没有办法做成很多事的时候，可以专注地做好一件事情。当人专注在一件事情上，集中力量在一点上去突破，杂念就会随之消失，这就是专注的力量。

第五节　于东来的"良心文化"为什么不值钱

胖东来商贸集团是河南许昌一家主要从事百货商店经营的商贸公司，创始人于东来是当地的一位传奇人物。于东来只上过7年学，先后卖过冰棍、水果、电影票，当过工人，下过岗。1995年于东来向兄长借了1万元，从一家不到40平方米的糖烟酒小店起步，开始艰难创业。到1995年年底，他靠这个小店把债还清了，还赚了50多万元。当别人问他当年凭什么挣钱那么快时，他的回答很实在："很简单，你对老百姓多一点儿好，啥都有了。"于东来后来经营起拥有8000多名员工的零售企业，年销售额20亿元，称得上是中国零售业的奇迹。

于东来在业界的出名来自胖东来的高福利。胖东来以高工资、高福利待遇被誉为中国百货企业的榜样，其公司的员工工资是河南省零售业里最高的。在胖东来，员工最不担心的就是自己的工资，当时普通员工每月近3000元。按年薪算，科长助理是4万元，科长是6万元，店长助理35万元，店长50万元，区域经理100万元。放眼全国的零售业，这么高的工资恐怕不多见。

但随着2013年的"关店门"风波，胖东来的神话倒塌。胖东来之所以备受关注，只因胖东来百货连锁店曾是百货企业的标杆，是中国百货店学习的榜样。从胖东来的案例中，我们可以吸取经验和教训，领悟一个企业发展的规律。

关店风波的隐情何在？

2013年被誉"中国最好的百货商店"的胖东来老板于东来关闭的十多家门店，无一亏损，全部处于赢利状态。胖东来以反传统商业逻辑著称，以高薪水、高福利、自由、快乐闻名，曾被誉为中国"百货店行业的海底捞"。

令人不解的是，赢利的店为什么还要关店呢？不能说的隐情是什么？从2013年9月15日，于东来在微博宣布，未来3年只留时代广场店，其余门店全部关掉或转让，9月22日真就关停了许昌市劳动店。然而，10月15日，于东来又发表微博称：接受新乡市市长、副市长挽留，新乡胖东来店不关了。接着10月17日，于东来发表微博留言，宣布从此离开许昌胖东来，并将微博名改为"走开了回到从前",删除以往所有微博。从胖东来微博来看,几乎每条微博都以感叹号作结,带有更多的感情因素。9月15日宣布关店之后,面对外界的种种猜测,于东来在微博中回应称:"很多人误认为胖东来遇到什么坎坷,公司的正常调整是为了让企业更健康,更快乐!用利益的眼光看,胖东来现在经营得的确很好,但我们不只是为了满足员工的生存需求,让企业成为员工临时的避风港,我们要让员工内心真正幸福,才能有顾客永恒的满意和幸福!""再大的事业,不快乐又有何意义!合理调整是很正常的,健康快乐的发展才是根本!"更让人看不懂的是,于东来9月22日上午发布微博称:"今天劳动店关停,原因细节管理不达标!经营状态,建筑面积1000平方米,员工95人,平均日销售20万元,综合毛利率23%。"这样的关停理由真让人看不懂。在整个事件中,创始人于东来似乎始终在以一种无奈和"受害者"的形象示人。他不断发出类似这样的言论,"工资、福利都越来越好,你们怎么还不知足?""没有信仰,不认真理解公司理念,只是让自己当成工作的人,只会无止境的贪婪""这叫心凉了",等等。可以看出于东来有种有苦说不出的感觉,让笔者想起"渔夫与金鱼的故事"。作为企业经营者,如果下属的人生观、价值观与企业的价值观或企业领导人的价值观不同或走不到一起,维持企业长远的发展是很难的。

从胖东来风波的来龙去脉可以看出,这只是创始人于东来本人的一次情绪失控事件。经营企业都有自己的苦衷,经营企业的过程中都会遇到波折,但胖东来作为四线城市百货店的标杆,有诸多管理创新还是值得学习的。胖东来极为重视岗位手册的制作工作,在十大部门共98个岗位中,有44个岗位已制作工作手册,岗位员工人手一册,其中有13个岗位还拍摄成视频资料。这些手册做得相当细致,甚至细化到蔬果课的员工在切西瓜的时候要偏离中心1厘米,分成两半。其对待工作的专业精神是当之无愧的企业标杆。胖东来坚信员工满意度能够带来顾客满意度,发自内心地对员工好,这个方向是没有错的,错的是与之相匹配的机制还不够完善。

企业愿景需要机制的支持

企业的使命是一个企业最初的原动力,而且是永不枯竭的原动力。使命感是一个企业能够持续增长的最大动力。使命要具有清晰性、持久性、独特性及利众性,有时企业最吸引人才的不是待遇,而是一个愿景,要让跟着你的人能看到未来。如果你为别人着想,将会有越来越多的人为你着想,人与人之间的亲密关系不仅在家里,同样也存在于工作中。真正的管理是以自己的人格魅力影响人,以自己的工作热情带动别人,这比使用权力更有效,常把权力放在手上当作尚方宝剑使用，就像不可一世的统治者一样，不会有好效果，可能还会反受其累。聪明的做法是以待遇吸引人，以感情凝聚人，并以无形的感召力，赢得下属对你的信任和支持。做领袖的力量的源泉来自人性的魅力和号召力，使别人自觉自发地甘心为你卖力。

从胖东来商贸集团网站上可以看到于东来的企业发展的愿景："相信未来每一位胖东来人都有清晰的人生目标和信仰，都能靠自己的品德和能力安排好人生各阶段的事业和生活，都能让人生的每个阶段过得真实、轻松、快乐，真正做到热爱生活、创造生活、分享生活，切切实实明事理、活自己，充分体现心灵高贵、思想自由、活在当下的人生自我价值和社会价值！我们坚信信念，追求和分享乐观、自信和幸福的理念永远不变！"从胖东来的企业愿景来看，包含太多的元素，包含于东来较多的期望。这并不是不好，而是对于广大员工来说，企业愿景要简单明了，只需要告诉员工企业为什么存在，企业想到哪里去。

胖东来真正的问题是大多数员工的主动性、积极性还没有彻底激发出来。企业家自身的抱负、愿景、追求和境界，或者说企业家的高度就是企业的天花板，需要自我突破、超越，员工与企业在共同使命感的引导下，才有可能创造出卓越的企业。

企业追求不要过于理想化

从胖东来创始人"情绪失控事件"来看，真正的企业家能始终保持高度开放，一个企业不仅要活命，更需要使命去带动企业成长发展。一个企业只有确定了自己的使命，才有可能突破自身的局限。企业有了使命意识，有了使命宣言，每个员工都知道除了自己做事之外，还应有更加具有崇高价值追求的东西，这才是一个团队最高的幸福追求，因为这种幸福不仅是为了生存和现金流，还会让员工觉得自己所做的一切都是神圣的，这样才会使企业使命成为企业真正的灵魂原动力。

胖东来的理想并没有错，错就错在太理想化。老板有高追求是好的，但机制匹配如果跟不上则很难实现，如本次胖东来创始人"情绪失控事件"暴露出一个问题，即从企业治理的角度来看，胖东来早已不是于东来一个人的企业，于东来股权只有不到10%。从于东来"情绪失控"可以看出董事会没有形成权力制衡机制，企业管理仍然是一个人说了算，在冲动的情绪下给企业造成灾难不是不可能的。这告诉企业负责人，无论承受多大压力，不管企业遇到逆境还是顺境，企业老板都需要学会控制自己的情绪，并要努力建立起有效的企业治理结构，才有可能让企业良性运转，同时还要明确公司是许多人的公司,并不是创始人一个人的公司,企业运营要有一个独立的董事会,董事会是个托管者,董事会要有透明有效的制衡机制,由董事会任免CEO,要使董事会和经理人之间形成正确的制衡关系。

用机制去引导人性

研究人员做过一个有趣的实验,每天固定给猴群中的每只猴子3根香蕉。偶尔每天给每只猴子5根香蕉时,猴子都会变得兴高采烈。有一次,实验人员给了每只猴子10根香蕉,随后再从猴子手中收回2根香蕉。虽然猴子们实际获得的香蕉数量超过以往任何一次,但是它们对实验人员拿走手里的2根香蕉表示非常愤怒,激动的情绪几个小时都不能平复下来。

这样的现象同样常常出现在人类社会。比如,每个月给员工固定500元的奖金,员工很高兴。突然有一个月发给员工1000元奖金,之后又告知员工计算错误,要追回200元奖金,尽管员工还是多得到300元奖金,但是他们对公司的抱怨会远高于每月领500元奖金时的喜悦。这就是人性中一个有趣的特点,人人都喜欢占点便宜。高工资吸引优秀人才,工资低了,你不炒员工,员工也会炒了你的企业。金钱和财富是两个不同的概念,如果不能用手中的钱提升经验和境界,并让他人更加幸福,那你拥有的只是一大堆没有用的符号和五彩纸片。胖东来仅仅是提高员工的工资,而没有使企业通过金钱让员工得到更多的幸福,其单方面的爱是无效的,还要企业在有前提、有底线的条件之下赋予员工更多的爱。

人们从事一项事业,不仅仅是为了谋生。要认识到员工是一个独立的人,要去激发员工的事业心,尊重员的贡献,授权员工去改革,还要肯定员工的努力结果。公平而又充满竞争的报酬是实现愿望的第一步,但这还远远不够,你还要留意倾听你的员工,了解他们的关注点,明白他们的情感和抱负,作为企业管理者还必须给予他们尊重。

最伟大的老板是让员工把公司的事当自家的事来干的老板,最好的制度是让员工感觉到为公司干就是为自己干的制度。一支充满激情并富有韧劲的团队,激励机制的成功就体现在员工对工作的热爱与自豪上,其每一个团队的成员不仅仅把工作当作一种养家糊口的收入来源,更多的是把这份工作当作一份事业来看待。人最有能量的事情,不是找到了赚钱的好项目,而是找到了神圣的使命。

【专家点评】企业激励机制要根据企业不同的发展时期进行规划,大致可以分为以下四个阶段:一是创业初期,企业往往还没有利润无法分红,这时员工更看重远期收益，采取实际股权激励更好。二是企业的成长期，要根据企业的不同特点灵活选择不同方式，比如对于核心高管给实际股权，对于中层则可以考虑虚拟股权及期权。三是企业的成熟期，一般处于上市阶段，公司近期收益可观，可以考虑实际股权激励。四是企业的衰退期，此时股权激励已经没有吸引力了，应该选择以现金激励为主。

第六节　向古代帝王学激励机制

　　战国时期，商鞅去见秦国秦孝公，讲了三天王道，秦孝公不感兴趣，都是打瞌睡；后来又讲霸道，秦孝公听了，欣然而起，跃跃欲试。为什么商鞅前后的话会引起秦孝公的如此不同的反应呢？就如现在老板常跟员工讲要吃苦耐劳，要奉献一样，员工听而不入。从某种意义上说，也就是这件事跟他没有多少关系，因为虚的东西太多。而商鞅一跟秦孝公讲霸道，对于秦孝公来说，商鞅带来的是干货啊，有用。于是决心图强改革，便下令招贤。随后商鞅提出了废井田，重农桑，奖军功，实行统一度量、建立县制等一整套变法求新的发展策略。在公元前356年和公元前350年，先后两次实行以"废井田、开阡陌，实行郡县制，奖励耕织和战斗，实行连坐之法"为主要内容的变法。

　　纵观历史上开创强大帝国的开国皇帝，他们都有一个共同的特点，就是激发人性。秦始皇能统一六国靠的是采用了耕占机制，秦国的士兵为什么能为秦始皇如此卖命？其原因在于变法中推行的耕占之法，并有"二十等爵"。比如说，三级爵每顿有精米一斗、菜羹一盘、酱半升，而二级爵只能吃粗米，而最低一级爵能吃饱就不错了。秦法把军爵分为20级，每一级都严格规定了晋级条件，每一级都有相应的不同待遇。秦法规定，晋爵的唯一途径就是敌人的首级，斩获多少敌首，就相应得到规定的爵位。而爵位不同，社会地位和生存状态就不同，就连军人的伙食标准都因为爵位的不同而不同。这种严格的等级待遇差别强烈地刺激着每个秦人的神经，让他们在战争中为了赢得更好的生存状态而奋勇前进。用今天的话说，全体秦国人只有种地和战斗才会有出路，其中战斗尤为重要。从秦的"二十等爵"规定来看，是否被授予爵位完全取决于一次战斗下来，你能够取回几颗敌人的脑袋，这就叫作"首功"。因此，在战场上秦军看到敌人就像看到发家致富的财宝一样。秦始皇能扫六合而得天下，兵威之猛，世所罕见，得益于他的激励机制。

　　再看中国的朝代还有一位更厉害的，他把疆域版图扩展至西到多瑙河、小亚细亚和两河流域，东面到朝鲜半岛，南面到西藏地区和南中国海，北面包括西伯利亚，占全球陆地面积四分之一，他就是开创元朝的成吉思汗铁木真。在铁木真之前，蒙古大草原还是奴隶制管理，部族之间战争不断，一旦胜利各抢各的，谁抢到就是谁的，并且大的战利品还得上交，大部分战利品会落入贵族手中，只有一小部分会分平民，奴隶们什么都没有。铁木真改制后，可汗只分配10%，其他部分分给有战功的人，奴隶子女也继承财产，这种机制极大地释放了潜在生产力。再看大汉朝开创者汉高祖刘邦的机制与统治，也有很多值得学习的机制与统治的道与术。刘邦与项羽在争霸中能够取胜，得益于个人的领导艺术，刘邦是擅用团队打天下的领导者，用人能做到知人善任，不拘一格。

得人才者得天下

从刘邦的赢对比项羽的败，从思维上已决出胜负。对待秦王子婴，刘邦放了他并给他出路，从而收买了人心，而项羽却把他给杀了；对阿房宫，刘邦是保留着，让百姓感受到他的仁心，而项羽却一把火把它给烧掉了，让百姓感受到他的残暴；对待俘虏，刘邦把他们变成自己人，不断壮大自己的实力，而项羽把俘虏全部坑埋，不断将大批力量推到刘邦那一边。

对待人才，刘邦有高超的领导艺术，能够把一批杰出人才团结在自己周围。会带兵的韩信，他敢放手给兵；善于谋略的张良，他能给权，让他运筹帷幄；会管账的萧何，他能放手给钱。刘邦最大限度地放开手脚，利用人的长处。刘邦可以不计前嫌，招降纳叛，比如韩信原来是项羽的手下，因为不能发挥作用，就来投奔刘邦。刘邦能拜将封王，敢放手给兵权；又比如陈平原来是魏王手下的人，因为不能发挥作用就投奔项羽，还是不能发挥作用就再投奔刘邦。当陈平从项羽的军中逃出来前往汉营时，刘邦非常高兴。他问陈平，陈先生在项羽那里担任的是什么职务啊？陈平说，担任都尉。刘邦说，好，你在我这儿还当都尉，马上任命陈平做都尉。

刘邦之所以能够成就伟业，就在于懂得用人的艺术，能够信任人，充分调动他们的积极性，把当时天下的杰出人才都集结在自己的周围，形成一个战无不胜的团队，从而战胜项羽，走向胜利。

对于现代企业经营者来说，真正的企业家都是靠别人而成功的，靠一个人只会活活累死。作为老板，自己拿的钱越多，员工拿的钱就越少，最后老板得到的就越来越少，因为员工的动力下降了。老板要学会分钱的艺术，通过分钱收拢人心。工资是绩效考核用的报酬，解决员工的安全需求（员工）；而奖金是超额完成给予的奖励，解决员工被尊重的需求（中层）；分红股是未来动力的期待，是解决员工自我实现的需求（高层）。例如，笔者有一个朋友的公司是经营餐饮服务的，主要承包企业工厂、政府、学校食堂，其营销团队的业务能力也很强，承包了100多家工厂及学校的食堂，但总遇到一个问题，就是做不久，一般是干一年，好的也就干两年就被解除承包合同了。最后了解到，他们公司高管层是分红，其他的基层包括每个承包点的主管经理都是拿工资的。对于他的困惑，笔者问他愿不愿意让公司发展得更大，舍不舍得分钱，他说舍得。笔者告诉他一句话，"谁的孩子谁操心"，建议他改变一下思路：每个承包点的承包经理按经营年限的长度及经营的净利润进行股权激励，如第一年按3/7分红，第二年4/6分红，第三年5/5分红，第四6/4分红，第五年按7/3分红，第五年后视情况进行调整，原则上基本维持7/3。这样分钱虽然看似老板挣钱少了，实际上挣的是长期的大钱。后来他说执行效果不错，有的承包点已经干到两年、三年了。因此，你把企业当自己的孩子来操心，别人就不会替你操心，因为每个人都只会看好自己的孩子。舍得分钱，舍得授权，你分得的就是未来的钱。

作为企业经营者，其重大责任之一就是学会分好未来的钱，让员工拥有梦想，并让员工看到希望。也就是说，要掌握未来分钱的能力，这样赚钱就会变得更容易。伟大的企业与成功的企业的差别在于，伟大的企业还会经营员工的成功。作为企业领导者，应给予员工希望与未来。

【专家点评】秦朝因"商鞅变法"而强国强民，企业因改革创新而做大做强。人可怕的不是抓不住机会，而是不愿去学习，不愿提高自己的视野，不愿打破固有的思维框架。无论一个人还是一个企业的经营者，可怕的是思想陈旧，不愿接受新事物、新知识。一个人或一个团队如果思想陈旧落后，那么不是被淘汰，就是面临被吞并的结果。

第六章　经营与机制

第一节　向稻盛和夫学经营管理

稻盛和夫 27 岁时创办京都陶瓷（现名京瓷，Kyocera）；52 岁时创办第二电电（原名 DDI，现名 KDDI），是目前在日本仅次于 NTT 的第二大通信公司。稻盛和夫自创业以来，从未解雇过一名员工，其赤手空拳创办的京瓷、KDDI 不仅从未有过亏损，而且利润基本都在 10% 以上，这两家企业都进入了世界 500 强行列。2010 年 2 月 1 日，稻盛和夫接受日本政府的邀请，以 78 岁的高龄出任破产重建的日航董事长，仅仅一年，不仅让日航大幅度扭亏为盈，而且创造了日航 60 年历史上最高的 1884 亿日元利润，这个利润还是当年全世界航空公司的最高利润，占全世界航空公司总利润的 30%。2011 年，在日本东北 311 九级大地震带引发海啸，加之福岛严重的核辐射，国内外客流量大幅下降的情况下，日航的利润和利润率继续上升，其利润达 2049 亿日元，利润率高达 17%，是当年世界航空平均利润率的 17 倍，创造了惊人的纪录。同时日航的准点率连续两年世界第一。稻盛和夫经营哲学对我们企业有什么样的启示？稻盛和夫经营哲学在中国如何落地呢？以上问题值得中国企业经营管理者们一起探讨与学习。

阿米巴经营方法激活内部组织活力，根治"大企业病"

"大企业病"是指在企业管理中存在程序复杂、流程冗长、官僚体制、员工宁可无功不可有过、市场反应迟缓、组织机构制度僵化、等级层次多、反应迟钝等问题，不但扼杀了企业创新活力，而且还具有腐蚀力。当企业内部出现经营、管理问题时，不同部门相互指责，相互推卸责任，以至于迟迟无法达成共识，有的甚至拉帮结派，结成小团体利益同盟，结果内部组织越大，效率反而越低，也越难察觉到是否已经造成了资源浪费。

早在 1964 年，稻盛和夫在创办京瓷公司 5 年后，独创阿米巴经营方法，将组织分为一个个独立经营的小团体，独立核算，培养具有管理意识的领导，让全体员工参与经营管理，从而实现成本最小化、利润最大化。为发挥员工的积极性，京瓷公司把每个很小的班组变成一个小公司，其也有事业本部等部、课、系、班的阶层制,但京瓷内部还划分了数千个被称为"阿米巴小组"的单位作为最基层的工作组织,多则数十人,少则三五人。阿米巴小组之间能够随意分拆与组合,每个阿米巴小组是一个独立的利润中心,就像一个中小企业那样活动。它集生产、会计、经营于一体,自行制订计划,独立核算,持续自主成长,让每一位员工成为主角,"全员参与经营"。这样在横向上按市场驱动的方式,以求得最快的市场反应速度。

阿米巴的好处是将决策交给各个阿米巴单位,由阿米巴单位依现实环境,加快反应速度。例如,当某个产品的市场价格下降或订单减少时,阿米巴单位可以做出即刻反应;在选择调降价格或降低产能时,不需要等待会计部门做出决定;分解组织成最小单位(阿米巴),以杜绝资源浪费,让个人能力得到最大限度的发挥;每个拆解出来的阿米巴公司充分授权,可随着环境改变独立计算,以每个阿米巴一小时内能创造多少附加价值为基础,将各阿米巴的营业额减去成本,再除以一个月的劳动总时数,所得到的数字就是阿米巴的经营指示。以京瓷为例,陶瓷产品有混合、成型、烧结、精加工4道工序,将这4道工序分成4个阿米巴,每个阿米巴都像一个小企业(即将企业由大变小),而且各自都有经营者、销售额、成本和利润等。阿米巴变形虫式的经营原理,最终目的就是把"小企业做大,大企业做小",以激活整个企业。稻盛和夫的阿米巴经营方法在京瓷、KDDI都大获成功。

阿米巴经营方法可以有效地克服企业规模变大后所引发的机构僵化、效率低效等种种大企业病,同时可以有效地激发员工的主动性,让各体系组织机构目标更加明确。对于中小企业来说,在瞬息万变的市场经济中,小企业的优势是更加灵活,而稻盛和夫的阿米巴经营特点就是把大企业拆分成小企业,让大企业如同小企业一样,灵活参与市场变化。在"敬天爱人"的经营理念指引下,"稻盛和夫的企业成功地克服了20世纪70年代的石油危机,80年的金融危机,90年代的泡沫经济危机,新世纪初IT泡沫危机,以及2008年金融危机,稻盛和夫的企业获得了持续快速的发展。2012年,京瓷集团总营业收入为145亿美元,全球员工超过7万人,税后净利为10亿美元,连续53年获利。"[①]

从拯救日航看稻盛和夫管理哲学的应用

2010年2月1日,稻盛和夫接受日本政府的邀请,以78岁的高龄出任破产重建的日航的董事长。稻盛和夫先是走访基层一线,了解现存的问题,

---

[①] 曹岫云:《稻盛和夫的成功方程式》,东方出版社2013年版,第5页。

发现日航组织机构僵化、效率低下。经过3个月的数据整理，稻盛和夫首先抓公司风气和员工的意识。稻盛和夫认为，"如果企业员工没以自己的公司而自豪，怎能发自内心地为公司服务呢？这样的公司一定会破产，经营者再努力也好不起来"。稻盛和夫还认为日本航空之所以破产，是因为盲目的扩张和严重的官僚主义。为此，稻盛和夫出任日航董事长后，集中50人的经营班子学习经营哲学。稻盛和夫经营哲学的核心究竟是什么？归根结底是"作为人，何为正确"，并将它作为判断一切事物的基准。稻盛和夫不仅这套思想灌输给管理层，还普及到一般员工，如客人接待窗口、乘务员、机工、助理驾驶员、维修保养人员、处理客人行李的员工等，稻盛和夫不仅亲自讲解，还去日航员工的各种工作场所给大家讲解思维方式和工作态度。将阿米巴经营模式运用于航空企业，第二天就可以知道每个航班收支盈亏情况。作为成本中心的非核算部门，要明确掌握各种费用的实际使用情况，也要为彻底消减成本而付出努力。这些措施不但构筑了精致的管理会计体系，还使员工的核算意识得以提高，并从根本上改革了组织风气，从而把大家的思想统一到一致的想法上来。针对公司存在的经营数据不全、统计时间漫长（往往需要3个月之后才能搞全数据）、经营者无法迅速掌握公司的运营情况等问题，稻盛和夫要求各部门的各项统计数据要做到即有即报，且在一个月内完成，对于各航线则实行单独核算制度，并确定了各航线的经营责任人。将阿米巴分解，责任落实到位，员工除了知道自己所属阿米巴单位的目标，也会知道其他阿米巴的目标。每个月初集体会议上宣布各组织体的阿米巴单位当月的目标，限月底前冲刺完成，以此激发个体创造力，以适应新的挑战。稻盛和夫仅用两年就创造出前文所述的世界经营史上独一无二的"拯救日航"的经营奇迹。从稻盛和夫拯救日航这一案例中我们能从稻盛和夫的哲学中学到什么呢？稻盛和夫是知行合一的人，其出任日航董事长，以零工资这种奉献精神给全体员工树立了很好的榜样。稻盛和夫将"敬天爱人、六项精进"的稻盛和夫哲学注入每名员工的思想，同时以阿米巴经营方法，把组织目标进行分解，使日航重建获得了卓越的成就。

阿米巴经营方法在中国的学习和应用

在中国，海尔集团是最早参考运用阿米巴经营方法的中国企业。张瑞敏对海尔组织进行变革，运用阿米巴经营方法将企业传统的"正三角"组织颠覆为"倒三角"组织，一线经理在"倒三角"的最上面直接面对顾客，管理者从"正三角"的顶端变成"倒三角"的底部，从发号施令者变为资源提供者。将"自主经营体"的部门和组织划定市场，"按照留足企业利润、挣足市场费用、超利分成"的原则进行经营,这种倒逼机制促使销售人员、开发人员共同了解市场用户的需求。张瑞敏将组织管理的金字塔转变为倒三角模式为基础,"自主经营体"贴近市场的是2000多个自主经营体,员工与企业入股,形成共同利益体,海尔改为"人单合一",以此来提高员工的成本意识,同时通过"倒三角"组织变革,让员工意识向经营者意识转变,加深了员工的经营者心态。

任何管理都有其适应的背景和范围,尤其是文化背景、人员构成、发展阶段等,稻盛和夫哲学中包含了许多中国古代文化的精华,例如孔子、孟子等人的著作,《易经》《了凡四训》《菜根谭》《呻吟语》等中国古代典籍智慧。稻盛和夫哲学从佛道到人道再到商道,其精髓在于明白最大的利己就是利他,最大的利他就是利己。每个人都希望自己一辈子有所作为,有所成就,一个企业家内在旺盛的生命力取决于他的利他思维,利他是新商业文明永不枯竭的源动力。如果管理者没有以成就他人的心态来做管理,那么所有手下的人可能就是为了工作而工作,而不会在工作中找到人生的乐趣,同时也会缺乏归属感,缺乏主动精神和激情。稻盛和夫的经营思想可以归纳为企业家的"利他"人格修炼,这是企业经营领导者所需修炼的境界。

稻盛和夫思想精髓是什么?

稻盛和夫认为,"一个人或一个企业是否能够持续得更好,取决于能力、热情和思维方式这三个因子的乘积(人生事业=思维方式×热情×能力)"。而稻盛和夫哲学思维的起点是"动机至善,为什么办企业?"企业领导人经营企业首先要有一颗利他之心,具有正确的经营思想,这是经营领导者踏进新领域成功的关键。企业经营者要建立起为社会贡献的人生观,要破除私心,行善为乐,通过磨炼灵魂、为他人服务,以无私的心态来经营企业,才不会感到辛苦,才能真正找到工作的意义。稻盛和夫常问自己有没有私心,在创办KDDI时,他问自己是不是在为"这个社会和世人做贡献",因为某种程度来说动机决定了成功的结果。稻盛和夫哲学展示了最基本的道理,做事不要把自己的利益放在第一位,否则就做不好。要做一个严于律己的人,以诚信的品格和敢于吃亏、乐于吃亏、善于吃亏的心态,让自己的私心降到最低。一个人的权力越大,他的人格品德修养也应该相应地提升。对不同层级的管理者,其道德水准与品格要求也是不一样的。人是有私心的,但要在满足个人的私心前,先满足员工的私心、顾客的私心、社会大众的私心,这样自己的私心才能长久。如果领导者没有这样的思想,就很难取得员工的信任。阿米巴经营模式,是以人心为基础,彼此尊重、协助,相信意愿大于一切，相信因果，相信潜意识的力量，相信吸引力法则，相信反省的力量，相信答案就在现场。相比之下，中国企业更加注重 KPI（绩效指标）考核，而忽略对员工价值观的考核。KPI 解决的是"正确地做事"的问题，而价值观解决的是"做正确的事"的问题。稻盛和夫哲学在中国真正落地，还有很长一段路要走。

【专家点评】领导人所做的每一件事，不是在激发团队的信心，就是在摧毁团队的决心；优秀的领导者要把团队中某个人的好消息变成团队所有人的好消息，把自己取得的成就变成所有人的共同成就，把自己的梦想变成所有人的梦想。帮助更多的人成功，一定会有很多人助你成功。

第二节 不得不修炼的利他智慧

从前有个乞丐去乞讨，乞讨时老是被狗咬，他向狗说："我的命为什么这么苦啊！连讨口饭吃也要受伤。"狗回话："你命里就是穷苦命，去哪乞讨都会受欺辱。"乞丐问它为什么，狗说："我也不知道，你去问问西天如来佛祖吧！"于是，乞丐下定决心去西天向如来佛祖问个明白。第二天乞丐就出发了，一路上乞讨，走了好多路。有一天他路过一个有钱人家，打听西天如来佛祖的处所怎么走。人家问他为什么要去如来佛祖那里，他说有件事想问一下如来佛祖，富翁一听，赶紧把他请到家里，富翁说他家就一个女儿，可是长到16岁还不会说话，什么神医都请过了就是治不好，此行拜托他去西天问问如来佛祖是什么原因，员外还发誓说谁能让他女儿说话，就把女儿嫁给谁。乞丐觉得反正都是去西天，就顺便帮他问一下也好。第二天乞丐又出发了，这个富翁给他带了很多银子，又配了一匹白马。

乞丐又走了很多路，走到一座山上，看见一个老和尚，乞丐口渴了就前去讨口水喝。老和尚给了他水喝，顺便问他到哪里去，乞丐就向老和尚说明了自己的去向缘由。老和尚一听，说："我有件事要拜托你，我都修行 500 年了，按说早该飞天了，为什么我还是飞不起来呢？"于是也要乞丐帮他向如来佛祖问一下原因。

乞丐答应了，继续往西走，来到了通天河，河面上没有一只船，河水很急没办法过河，乞丐哭了起来，说道："难道我的命就该这么苦吗？"突然，河里有一个大老龟问他："你为什么在这里哭啊？"乞丐就向老龟说明了自己去西天的缘由。老龟说："我修行了快 1000 年，按道理我早该成龙了，可以为什么还是一个老龟，如果你去西天如来处能够帮我问问，我就把你驮到对面去。"乞丐高兴地答应了。

乞丐过河后又走了好多路，翻了好多山，终于到了如来佛祖处。如来佛祖问他："你这么大老远过来，一定是有什么很重要的事要问吧？"乞丐说："是的，有几个问题想问问。"如来佛祖说，只能问3个问题。乞丐心想，问哪一个呢？想想老龟修了快1000年不容易，它的问题也该问问，老和尚修行了500年也不容易，富翁的女儿也很可怜，不会说话怎么嫁得出去呢？

于是，他毫不犹豫地问了第一个问题，员外家女儿为什么不会说话，佛祖回答说："哑巴如果能见到她心上人，就会开口了。"于是他又问第二个问题："老和尚为什么修了500年还不能飞呢？"佛祖回答说："老和尚老舍不得手中的锡杖，如果老和尚舍得扔掉手中的锡杖就能飞了。"于是乞丐又问了第三个问题："老龟修行了快1000年，为什么不能成龙呢？"佛祖回答说："因为老龟舍不得他身上的龟壳才变不成龙。"三个问题回答完，佛祖就不见了，乞丐想自己的问题也没有什么大不了的，于是就回去了。

乞丐又路过通天河，老龟在此等候多时了。乞丐告诉老龟它为什么成不了龙，老龟一听十分感谢，于是把龟壳脱掉变成龙，并把自己的龟壳送给乞丐，说："这里面有24颗夜明珠，对我已经没有什么用处了，就送给你吧！"

告别了老龟，乞丐又往回走，老和尚也在此等候多时了。乞丐告诉老和尚说他为什么飞不起来，老和尚一听，马上扔下银杖，腾云了，并把银杖送给了乞丐。

乞丐又往回走，走到了富翁家，富翁一家也等候多时了。还没有等乞丐说话，富翁女儿就喊道："那个去问佛祖话的人回来了。"富翁很吃惊，不知女儿怎么开口说话了。乞丐就说了佛祖的话。富翁很高兴，就把他女儿嫁给他了。

自利则生，利他则久。没有愿景的人很难牵引他人跟着你走，福不是凭空而来的，祸也不是无因而至的。无论职场还是人生，人生福报来自利他，心里想着他人，别人才会想着你。

记得有一次笔者在华南师范大学给即将毕业想创业的学生讲课。在课堂上笔者问两个学生："如果你们合伙开一家公司，投的钱一样多，并且你们公司发展顺利一年能挣500万元，你们俩怎么分？"他俩回答："一人一半。"笔者说这样公司团队没有生命力，可能会走不远的，因为你们五五分，你们谁也不欠谁的，这里缺乏了利他精神。

五五是团伙分钱、四六是舍得分钱、三七是利他钱、二八是境界分钱、一九是无为分钱。五五分在团队中缺乏互利机制，为什么要这么说呢？多数企业内部出现纷争内耗、创始人被炒鱿鱼、职业经理人另立门户等问题，大多与分钱有关，从如智联招聘赵鹏、新浪王志东、雷士照明创始人吴长江等企业创始人出局或被迫辞职等来看，企业从股东之间的内斗、职业经理人内耗再到最后创始人被董事会"请出局"等现象，有的是公司运作不规范的问题，有的是引入风险投资股权布局及内部结构治理的问题等，但核心问题是创始人对分钱的态度问题，其表现为对游戏规则的不尊重，或根本不懂游戏规则，也总感觉企业这"孩子"是自己带大的，不愿让这"孩子"独立。马云也同样遇到公司股权治理的危险，之所以能化险为夷，是因为马云有之前多次创业失败的经验教训，但最重要的原因是，马云在治理机制中十分懂得分钱，能凝聚团队价值观，懂得与团队成员利益共享。李嘉诚连续16年稳坐华人富豪榜，除了学习和勤奋之外，就是李嘉诚高超的分钱艺术。他说："如果挣七分钱，六分考虑给别人，只考虑留一分给自己。"李嘉诚不仅是位商业巨人，更是位人性大师。经营企业就是经营人性，无论做人还是做生意，最愚蠢的就是不懂共赢。

【专家点评】 人生需要五种信念：一是"天道酬勤"，用自己的行动与勤奋赢得成果；二是"地道酬德"，上善若水，心怀感恩、包容、敬畏，善待别人对你帮助，同时放下邪恶的执念，善待自己最重要；三是"人道酬善"，正心、正念、利他、唯有谦善天下，方可化成天下；四是"商道酬信"，信者，信用、信任、信念，任何商业必须奉献真正的、有竞争力的价值给客户；五是"业道酬精"，全力以赴把事情做到最好，追求人生的极致，是能够过好一生的根基。

第三节 修炼好人生的态势

认识人生的态势

我国古代教育家孔子云："吾十有五而志于学，三十而立，四十而不惑，五十而知天命，六十而耳顺，七十而从心所欲不逾矩。"翻译过来就是："我十五岁的时候立志研究学问；三十岁的时候确立自己的理想；四十岁的时候不为我所做的事情而迷惑；五十岁的时候我懂得自然的规律和法则；六十岁时无论听到什么，不用多加思考，都能领会其中的意思，并明辨是非；七十岁时我的道德修到了一定的程度便可以随心所欲地做事，而不逾越法度规矩。"这是孔子的自我总结，他用简单的几句话，总结了自己一生的经历。这既是对人生阶段的划分,也是对不同阶段的人生任务的表述。这是孔子读了《易》之后给自己的人生画的一卦:画出了一生在6个阶段中不同的经历,总结了他人生6个阶段中完全不同的人生。这其中,"不逾矩"很重要。"从心所欲"是人自由的最高境界,但如何做到"不逾矩"?自由也是有限度的,自由而不能超过"度"这个范围,就是"不逾矩"。

由此可见,古人对人生的总结"学、立、惑、命、顺",再到最后"从心所欲"的境界,这其中有一个很重要的环节就是"立"。①古语云:"人之有志,如树之有根,须念念谦虚,尘尘方便,自然感动天地,而造福由我。有志于功名者,必得功名,有志于富贵者,必得富贵。"志向就是一粒生命的种子,种子一发芽就是根,没有志向等于生命没有种子。"立命之学"是生命的第一学问,所谓心想事成是指人只要有心想事成的能力,现在一无所有不可怕。人生就是对立志过程的一种修炼,修到最后即达到从心所欲但又不逾矩的一种心境。用现在的话说就是,一心一意做好一项事业。

如果按照孔子、老子的意思,当代人在15~30岁时要努力学习,成为优秀的人;30岁要对自己做什么有明确定位,要追随自己志向,从基层开始跟着领导学习;40多岁的时候要学会跟优秀的人合作,对于当代快速发展的社会要学会整合资源;50多岁的时候要找优秀的人为你工作,即要具备领导力;60多岁的时候要把别人变成最优秀的人,即要有利他力;70岁时要有传道授人的奉献力,多给年轻人平台,帮助年轻人成功;最后当放下功名利禄的时候,才是人生真正的逍遥。想想人生具有此境界,真是太美妙了。

中华文字,以形析义,世界上没有一种文字能如汉字一样成为艺术。"态"字的"太"下面是"心",人的能量都是由心而起的,并由内心来支撑。有些人不明白人生的态与态势,不去控制好心态,就会直接影响人生的"势",有好的"态",才有可能形成好的"势"。年轻学习的时候,其实就是立人生势的时候,人生就是立势,势不好会让你错过很多机会。如人的心态不好,与人翻脸比翻书还快,就会错过很多平台、人脉、资源,甚至错过人生的幸福。好的心态会让你变得阳光、热情而充满能量,使你更有感染力,这就是一个人的内在气质与魅力。拥有好的势,你的人生就如插上了拥有无穷力量的翅膀。因为每个人都是一座小宇宙,一个阳光的心态会让你的人生蜕变、质变。中国中医理论中有膻中穴一说,主喜气,是任脉之会所。看过《西游记》的都知道,有一集讲的是孙悟空被红孩儿三昧真火烧晕而

---

① 亲仁书屋编注:《了凡生意经》,团结出版社2015年版,第356页。

掉水里了，猪八戒在孙悟空身上左右上下一推就好了。膻中穴在两乳中间，儒家、道家有恭手礼，每恭手一次就是按摩一次，放下开智；佛家双手合十，让内心充满欢喜心。所以，在心闷、心慌的时候做一下这个动作，就会感觉好很多。

修炼积极的心态

从前有一个雕刻匠人，雕刻水平很好，可生意一直不好，也没有女朋友，与他打交道的人都说他脾气不好，与他交往过的人都说他很怪、很冷漠，他也很苦恼，想改变，于是来到禅师面前，说想变成一个快乐的、有魅力的人。禅师说："在我帮你之前，你先帮我雕刻一座弥勒佛的塑像，一边雕刻一边做生意就好啦！"几个月后工匠把弥勒佛送过来了，佛陀问他："现在生意怎么样"？雕刻匠说："生意很好，都忙不过来了，还请了几个工人"。佛陀又问他："有女朋友了吗？"他说："不但有了女朋友，而且已经向女朋友求婚成功，准备结婚了。"佛陀接着问："那你朋友都怎么评价你啊？"雕刻匠人回答："男性朋友都说我友善、随和，都想和我成为好朋友，女性朋友都说我很有魅力。"佛陀说："因为以前你雕刻的全是鬼怪，所以心里只有鬼怪，总想着鬼怪的假恶丑，所以心与面上也印了鬼怪的恶与凶、无情，内心也会把所有的人当成鬼；我让你雕刻佛，你的心中想的就是佛，佛心善、大肚、包容，所以你的言行就有了佛的善心、善行和友善。"以佛之心，造佛之像，人应远离抱怨，消极的心态会传染，心态不好的人会让人更沮丧、愤怒、仇恨，最终形成自己的厄运。而拥有好心态的人内心阳光、包容、友善，好的心态带来的是好运。对于财富来说，财是有腿、有性格、懂气味的。比如，我们看一个慈眉善目的人，就会说这个人是福相。一个时常笑容满面的人，在笑的时候嘴角是向上弯的，让人感觉这个上扬的弯可以装下很多财富与智慧。

穷人思维多体现在对社会、对他人的计较和抱怨上，其思维处于负能量状态，消极的心态思维体现在工作上就是你给多少钱就干多少活，是真正地为钱工作，太过计较、不愿付出、不愿吃亏。比如，有两个大学毕业生，同时入职一家公司当普通员工，一个能吃苦耐劳，热情付出；另外一个老抱怨老板给的工资太少，加班费太低。此后，他们慢慢拉开距离，前一个员工老板给他换了好几个部门，他从不抱怨，从员工做到班长，从班长做到部门主管、经理，后来老板要开分公司，就把他派去当总经理。世间哪有不经艰难就可以随随便便成功的呢？不经一番寒彻骨，哪得梅花扑鼻香！工作的意义在于修炼自我，一个人有两份工资，一份是老板给的，一份是在工作中不断地修炼自我，当自己修炼好了，能力有了，成果有了，这个老板不给你机会或更高工资，别的老板也会给你的。人不要老抱怨不公，要做一个对他人有价值的人。《论语·阳货》曰："饱食终日，无所用心，难矣哉。"如果一个人一无所用（思想上无业），就是圣人也救不了他，人不怕没有职业，不怕没有事做，怕的是思想上无业。

我们现在大力发展动漫产业，不仅国内热，也出口到国外去，结果我们的动画片《喜羊羊和灰太狼》却在法国遭禁播。法国人认为，你们的羊有问题，原因是你们的狼总是抓不到羊，破坏了生态平衡；你们的羊可以直立行走，违背了生物常识；你们的羊总是捉弄村长，这种行为不尊敬长辈；红太狼经常对灰太狼施以家庭暴力；沸羊羊喜欢美羊羊，涉及早恋；美羊羊十分喜欢打扮，会诱导一些女孩子过分注重打扮；懒羊羊的懒惰和贪吃会导致一些儿童效仿；红太狼常用肉麻的音调称呼灰太狼老公，是十分露骨和恶劣的色情描写；灰太狼在抓羊时和羊们报复灰太狼时使用的都是暴力手段；一些少年儿童因为看《喜羊羊与灰太狼》而浪费了大量的学习与睡眠时间；等等。

记得之前有过一个新闻报道说，江苏东海县几个小朋友玩灰太狼烤羊，其中一个7岁半的小孩40%烧伤，最严重的是4岁半的小朋友80%烧伤；还有新闻报道说，4岁小孩模仿红太狼拿着小锅铲见人就拍……我们的动画片中有太多恶搞及成人元素，最擅长的就是以整人为乐，不是我打你屁股，就是他扇你耳光。我们制作的作品是为了收视率，用无厘头式的恶搞来取悦观众，传播的是负能量，甚至有可能给孩子们传播错误的价值观。在国外，动画片都有强制的分级制，普通级大家都能看，限制级未满12岁的孩子需要家长陪同或保护着看，禁止级是指未满18岁绝对禁止看。希望有志于从事动漫产业的人，挖掘更多能够宣扬人性光辉的作品，多制作一些当人们遇到挫折后经过努力而成功的作品。不论是我们的电影还是电视剧，特别是儿童动画片，要更贴近人性和生命的历程，比如原本胆小的少年经历苦难后变得强大，不仅可以打倒敌人，还用真诚的爱心感化了与自己意见不同的小伙伴。能够体现人性光辉的作品，就如同一条河流，可以告诉小朋友一个道理：人生就是不断面对困难的历程。如果你的作品可以展现人性的光辉，从故事中提取人性善的力量、爱的力量，从而使读者获得在现实困境中生存下去的智慧和力量，那么你做的不仅是一份产业，更是一种积德。

运用传统文化分析心态的心，心主火，火主礼。中华文化博大精深，礼的真正含义是敬意。人是自己的一面镜子，你越喜欢自己，也就越喜欢对方，对方也容易跟你建立起良好的友谊基础。礼，小到向别人打个招呼，一个自由自在的好心态可以每时每刻体现你的态势。如果你是公司的销售人员，没有好的心态，怎能与顾客建立良好的关系，又怎能赢得顾客的信任呢？如果对方信任你，喜欢你的为人，自然而然就愿意购买你的产品。

如果你的心境就像火柴盒，里面装满银子、金子、钻石，那么你的一生也只能装下这么多了；如果你能站在地球上看事物，大江就是小河、大海就是小湖；如果能站在宇宙视域去看地球，地球可能就是你视域中的一个乒乓球。从历史的视域来看，历史的大人物、大领导，心境都比较高，表现为对人都特别谦和，谦和的态度往往使人难以拒绝，你的要求往往就会达到。因为心境高的人拥有更多的能量，也有更高的远见。

聚集态势，点燃人生小宇宙

有个人想当明星，可是他既没上过艺校，甚至连学历也没有，人长得不帅，也没有任何家庭背景，14岁开始带着明星梦闯荡北京。他每天大部分时间是在北京电影制片厂门口度过的。为争取一个群众演员的角色，他半夜开始在北影厂门口排队等待被挑选；为了当好替身，他不惜一次又一次被弄得鼻青脸肿。吃苦受罪他都不怕，可是辛苦当替身、当临时演员挣来的钱连在北京的食宿问题都解决不了。为了生计，他大热天到附近工地搬砖头、打零工，当挣到可以解决温饱的饭钱后，一有空就守在北影厂门口。就是这样一个人，一年年坚持着明星梦，一直到6年后，终于出演了电影《天下无贼》才被大家所熟知，但还不是很出名，直到2007年出演了电视剧《士兵突击》才一举成名，这个人就是王宝强，人们心中的傻根。也许有人认为王宝强的成功只是个案，也有人会说他运气好而已，但笔者认为，有激情、有梦想不一定能成功，但人生如果没有激情、没有梦想，永远不可能成功。

如今我们生活在信息化社会，时间被碎片化了，无论是在地铁、公交车上，还是在办公室里，甚至是开会时，大家都不时地拿起手机，一会儿看QQ，一会儿看微信，一会儿看微博等。这不禁让我思考：科技的发展、进步，却使我们变成了"屏奴"，有的人甚至得了一种新病，叫"刷屏综合征"。得了刷屏综合征的人，一会儿不刷心里就难受或感觉少了些什么。时间分散了，精神也分散了，没有专注的个性了，能量没法集中，人也变得狂躁起来。如果我们没有了专注，人生也可能会被碎片化；如果没有了坚持，人生的梦想也可能会被碎片化。

人有两种力量，一种是身体力量。有的人虽是30岁的身体，但心理上已经80岁了，没有了激情，就会老化得很快，激情与快乐是延缓衰老的良方。还有一种是心理力量。有的人虽是80岁的身体，但心理上还保持20多岁时的状态，这样的人会很快乐，因为他能吸收天地万物的能量。决定这种力量的就是激情，没有激情的人，人生能量会被耗掉，很快就会自动消失。人最怕的就是"混"，混时间，时间反过来就会"混"你。人生如果像一块荒地，没有规则，就会杂草丛生；人的时间也一样，你不规划时间，时间就会白白地消逝。人生就像一盏灯，有灯芯有油，灯芯代表梦想，油代表能量，但有的灯为什么不发光呢？因为没有被点亮。为什么没有被点亮呢？因为没有激情。每一个人都是一个小宇宙，能量无限，要点燃人生小宇宙这盏灯，就要靠激情和梦想。

【专家点评】人生最怕的就是思维固化，企业最怕的就是系统僵化，人只要陷入舒适空间就会走下坡路。世界上没有一劳永逸的事情，只有持续不断地优化自己，才能立于不败之地。绝大多数人花了一辈子时间在折腾，却没有花时间建立自己的人生系统。

第四节　优秀领导者要做好三件事

用理想来号召人

目标永远是动力的源泉，愿景规划就是领导者塑造一个将来某个时间段可以达到的具有现实可能性的目标，并向员工描述这个蓝图，使大家觉得通过共同努力可以实现这个目标，并获得自己期望的东西，以此来激发员工的工作积极性和主动性，使其不计较现在的得失。只有让员工相信他们的努力很神圣，很重要，他们才会奋力去拼搏。在《西游记》中，孙悟空因大闹天宫，被如来压在五指山下500年，后经观音指点，唐僧又收其为收徒。按道理来说，唐僧对孙悟空有救命之恩，孙悟空应涌泉相报才对，可是在路上师徒发生矛盾，有一次唐僧真把孙悟空惹火了，孙悟空还要打唐僧。特别是在"三打白骨精"的故事中，唐僧肉眼凡胎，不能认出妖精的变化，因此认为悟空野性难驯，滥杀无辜，还有个原因是猪八戒在旁边添油加醋。经营企业不也一样吗？唐僧好比团队的领导，如何带好能力强的职业经理人，对唐僧是一个考验，但是这个问题唐僧并没有很好地解决。在途中，孙悟空就不想干这份工作了，跟观音说"保一个唐僧，腾不了云，驾不了雾，几时才能到西天"。这时观音对孙悟空说了句很管用的话："猴头你已脱离劫难，好好保唐僧西去取经，完成任务后还你个金身正果。"

此后，在取经路上，尽管唐僧对孙悟空多有误解，尽管孙悟空不喜欢受唐僧管束，尽管猪八戒贪吃又贪睡，尽管沙僧莫名地挑担，但他们的心都是紧紧地连在一起的。这是因为他们有一个共同的目标和利益，即取经成佛、普度众生。从某一个角度来说，观音才是最合格的 CEO，因为她能把团队的愿景目标与个人利益挂钩，让团队执行力量基于个人利益在团队中实现，个人利益就等于团队利益。经营企业就是经营团队成员的希望，企业领导要用愿景去感召人，用信念去引导人。

用利益来团结人

说起利益，有的老板会认为钱最重要，其实钱只是一部分。现在是知识经济时代，员工要的不仅是钱，还希望在公司能够学到东西，使自己能力得到提升，希望得到尊重与认同，除此之外，员工还会看在这里有没有长远的发展。建议企业在员工试用期过后要求每个员工都要写个人梦想、阶段计划，然后老板从功、名、利、禄、心多种角度进行激励，帮助员工实现梦想。

功，即目标达到时要及时奖励，要起到激励作用，要让员工有自豪感。公司可以设置公司的功勋册或优秀员工功勋看板，要让大家看得到榜样的力量。通过树立榜样，以先进来激励后进。名，即要给员工名分，如职称、荣誉类别。优秀的员工可以考虑吸收其为公司股东，给予职位或级别等名分。利，即要给足员工钱，如工资、奖金、分红、股权，但给钱是有学问的，给不好会把人给跑的。如一个员工入职 1～3 年，通过努力收入已满足生活需求，给奖金可以鼓励员工先买车后买房，为什么要先买车呢？因为现在房价高得太离谱了，员工购房压力太大。实施"车房计划"具体操作方法如下。一是工龄满 5 年或 8 年以上的员工置房，公司可付首付，按揭部分先由员工自理，待员工公司服务到一定年限后退还；对工作 3 年以上的可根据相应的职务给予购车油费补贴，或公司出一部分钱帮员工买车，然后员工按照约定年限还款等。二是在公司工龄满 3 以上、5 年以下的员工，公司统一给买车。禄，即要给员工提供好的福利，包括员工退休后的待遇，如果条件许可，企业还可以为员工提供便利设施和服务，如工厂型企业可以办一些福利性的机构和设施，洗衣房、幼儿园、便利店、班车、饮水间、休息室、心理咨询等，有利于提高员工的工作满意度和对企业的归属感。因为设施需要一定的投入，并且需要运营和维护费用，建议企业可以与外部机构合作，尽量不要分散自己在主营业务上的资源和精力。

用文化来感染人

企业文化又称组织文化，是一个组织由其价值观、信念、仪式、符号、处事方式等组成的特有的文化形象。企业文化具有导向性、约束性、辐射性、凝聚性、激励性、品牌依赖等重要性。建设企业文化首先企业领导者必须成为推动企业文化建设的中坚力量，企业文化应与日常企业管理相互整合，让员工认同企业文化。企业文化是对企业组织的共同价值观念、共同思维方式、共同行事习惯的概括，在企业组织中提倡什么、反对什么、鼓励什么、限制什么、推崇什么、贬低什么，都会直接影响企业及组织成员个人的努力方向。

现在有些企业管理者认为仪式的东西太虚，不如直接奖钱，如果认为奖钱最重要，员工也会变得只认钱。对于企业来说，企业文化塑造的是一种心理契约，劳动契约只是法律层面的，但真正长远的有效契约是人心的契约，即企业的愿景、价值观。一个企业的效益好坏，寿命长短与其企业文化性质直接相关，用理想来感召人，用利益来团结人，用文化来感染人，才是一个企业真正的生命力之源。

【专家点评】一座大厦，人们看到的只是高耸的楼层，很少看到地下的基石，但楼层的高低却是由地下基石承载的。一家企业就如同一座大厦，一个老板若想把企业打造成摩天大厦，就必须对企业机制进行顶层设计，进行巧妙的布局，才能让楼层的高度与地基的承载成正比。

第五节　学习创新，决胜未来

日本管理大师大前研一在其所著的《低智商社会》中说："在中国旅行时发现，城市里遍街都是按摩店，而书店却寥寥无几，中国人均阅读量只有日本的几十分之一，中国是典型的低智商国家，未来毫无希望成为发达国家！"大前研一的话或许会让中国人很气愤，但冷静想一想，凡是发达国家的国民都有一个特点——特别注重教育学习；凡是贫困的国家也都有一个特点——不太注重学习，不尊重知识，没有智慧。"优秀的国家、企业、个人都善于向别人学习，学习自己所需要的，如果学习所有的那就是完全照搬，把自己变得和别人一样没有任何意义。"[①] 一个人的贫穷，主要是脑袋贫穷，

[①] 大前研一著：《低智商社会》，中信出版社2010年版，千太阳译，第311页。

想过富有的生活，要先使自己的思想富有。脑袋富有，口袋才能富有；拥有富有的思想，才可能远离贫穷。一个国家的贫穷是因为不重视教育，不尊重知识，不尊重人才。

学习影响命运

从前一个年轻人，老是抱怨自己运气不好。有一天他遇到一个算命先生，算命先生告诉他30岁时会大福大贵。这个小伙子等到30岁的时候也没有得到他想象中的大富大贵，于是他找到算命先生问：“5年都过去了，我的命运怎么还没有改变呢？"算命先生又给小伙子补充了一句："知识改变命运。"笔者在坐飞机时发现一个有趣的现象，坐头等舱的人看书较多，坐经济舱的看报纸、杂志较多。细细想来，在学习的会场，开宝马、奔驰的较多；在网吧门口，摩托车、电动车、自行车较多。这让人思考为什么有的人越来越富，而有的人越来越穷？虽然很多有成就的人没有受过很多教育，但并不等于不需要用功读书。李嘉诚先生也说自己每晚睡觉前都会看半小时书。你学到的知识就是你找到财富的武器。

未来国家与国家之间的较量在于企业的较量，企业与企业的较量在于企业家的较量，最后是人的较量，人的素质的较量。作为发展中国家，我们没有理由不学习。发达国家凭借人才优势，掌握全世界90%以上的发明专利，牢牢把持着国际产业分工的主动权。唯一最有效的突破路径就是让我们每个人专注起来，让我们的劳动者职业素质升级，并不断地提高职业化水平。企业要更加专注于自己的核心领域，要在不断地创新升级的同时，更加注重思想的升级，要让我们的人口红利变成我们的脑力红利。如果我们个人的能力能成倍地成长，我们的国家也会因为我们的成长而成长，因为我们的改变而改变。懂得学习的人才能不断挖掘自己的潜力。然而，我们现在富人很多，却富而不贵，富而不贵的根源是我们已染上可怕的习惯，我们已经习惯了低劳动力成本带来的丰厚利润。为什么低价战胜不了高价，我们的东西为什么越便宜越不值钱，就是因为没有文化。习惯了垄断行业带来的巨大利益，却忽视了公平与长远未来；习惯了廉价的资源，却忽视了环境保护成本；习惯了小富即安，却忘记了自己富而不贵。由此引发的社会问题越来越多，急功近利，却不肯忍痛复查，提升自己。

学习打开"三界"

学习打开眼界。人生就像一座连绵不断的山脉，我们的视线往往被眼前的山头挡住，这个时候人最重要的是梦想，而学习就是梦想的天梯。在企业经营管理中，最能影响人的是思想，最能毁掉人的是金钱。我们给马路边乞讨的乞丐再多的钱，过一段时间他还是会花完，会照样乞讨。因为真正的贫穷是思想贫穷，你不能影响人的思想，给再多的钱也没用。穷人的思维特点是处处计较，认为别人都不行，从不愿吃亏，也不愿学习，吃顿饭几百块钱都舍得，但买本书看看价钱后还要犹豫一下。现在社会浮躁，大家都想走捷径，都想一夜发大财，就如疯狂的房地产，人人都往里投钱，主体实业也不要了，造成了产业空洞，我们要把日本20世纪90年代的泡沫破裂作为警钟，就如现在美国正在想方设法让自己的企业回国发展一样，我们也应当注重实业的发展，因为没有实业的经济是不可持续的。

学习打开胸界。一个人幸福与否不是由社会地位、权力、金钱决定的，而是由心态及人生观、价值观决定的。态度决定高度，好的态度是人生通向幸福的牵引力。每日谦虚学习，追求渊博的知识，培养良好的修养、文明的举止，养成优雅的谈吐以及一颗充满爱的心，一定可以活得更加漂亮。因为你活的是一种精神、一种品位，因为你把微笑的种子撒满心田，把微笑的幸福洒遍每一个角落，有了这种心态、境界的人生，即使没什么大成，也必定会有所收获。

学习打开脑界。有一个猴子在猴王争霸中失败了，很伤心，于是来到神的面前，对神说："教我打败竞争对手吧。"神说："可怜的猴子，你在猴王争霸中被打败了，我将你点化为人。"猴子非常感激，神问："成人后你第一件想干的事是什么？"猴子回答说："拿枪打死现在猴王，夺回王位，我要取两个猴子当老婆。"思维定式决定人性的悲哀，个人价值感大小也决定个人尊严感的高低。教育不仅是推动中国未来的动力，而且可以使受过良好教育和培训的人更有可能在未来获得成功。教育就是打开自由与公平大门的金钥匙，中国的产业工人专业化、职业化水平与发达国家还有距离，要想挑战国际巨头的游戏规则，为自己争取最大的利益，则需要更高的智慧。想要做正确的决定，就要懂得更多，这也是逼自己不断学习的理由。必须逼自己站得更高一点，看得更远一点。企业与企业之间的竞争即老板与老板之间的竞争，员工与员工之间的竞争。这最后一定是人的竞争，人的学习能力的竞争。

学习开悟智慧

有这样一个故事，有一个乞讨者去乞讨，被一户人家的狗咬了一口。他想，下次我带上一块石头就可以把它打跑了。第二次又出来两只狗，他又被狗咬了，他想，一块不够用，下次带两块就好了。结果第三次又出来3只狗，他情急之下顺手从旁边捡起一根棍子，立马打跑了狗群。由此可见，人最不容易改变的是思维方式。

俗话说，一命二运三风水四积德五读书，什么意思呢？命是天定的，就像我们不能决定我们的父母，有的人生下来就是富家子弟，这是天数，我们永远不要怪自己的父母。二运是说运分为无常之运与有常之运。无常之运指人生运势无常，走路时一个石子就可能让你趴下，一个花盆就可能让你倒下，一张彩票就可能让你一夜暴富，这是无常之数。但福不是凭空而来，祸也不是无因而至，走路生怕踩死一个蚂蚁，怎么可能会轻易摔倒？做利人利物的善事，必种下福因；若常行害人恶事，必种下祸根。《阴符经》说："福在积善，祸在积恶。"《道德经》说："善不积不足以成名，恶不积不足以灭身。"《易经》说："积善之家必有余庆，积不善之家必有余殃。"李嘉诚谈教育时说，他儿子小的时候，他99%都在教儿子做人的道理。财富要有德行来承载，否则来得快，去得也快。怀敬畏之心前行，可避人生咎害，有正念就会有好运，要相信善因善果。三风水是说如果你身边的人都是好人，都是有智慧、有德行之人，那么在无形之中会影响你。孟母为什么要三迁，最后选择住在一个学校旁边呢？因为环境会塑造人，影响人。四积德是指当你没有好命、好运、好风水，就好好积德吧。德养运、善养福、静生慧，积德养善、广结善缘需要潜心修行，因为积德行善最重要的是修心。没好命也没好运也没好风水，之前也没有好好积德，那就剩最后一条路了，好好学习吧！学习可以启智，学习可以开悟。"读书可以培养智商和情商，增长知识拓展视野；读书可以让人更有智慧，读书可以令智慧在瞬间顿悟。"[①]天才也好，大企业家也罢，人生有了财富更需要智慧去驾驭财富，要有德行去承载财富，而这些无不都以学习为第一要务。只有学习才能以智取胜，要牢记活着就要进步，活着就要学习，要树立终身学习的思想，一个人每天坚持学一点点，他的生活将慢慢发生质变。

【专家点评】 俗话说："人无远虑，必有近忧。"也就是说，如果你不想将来受罪，就必须提前做好准备。你不能等到车子没油的时候才去加油，不能等到企业出现法律问题了才去找律师，不能等到员工都走了才开始招聘。人生最怕的就是对知识的"知足常乐"，不断持续的学习才是人生精进的最好方式。

---

① 唐晓康：《瞬间的资本智慧》，四川人民出版社2015年版，第222页。

第六节　领导力的核心要素

用愿景感召下属

企业的使命是一个企业的原动力，而且是永不枯竭的原动力。使命感是一个企业能够持续增长的最大动力。使命要具有清晰性、持久性、独特性及利众性，有时企业最吸引人才的不是待遇，而是一个愿景，要让跟着你的人能看到未来。如果你为别人着想，将会有越来越多的人为你着想，人与人之间的亲密关系不仅局限于家里，同样也存在于工作中。真正的管理是以自己的人格魅力影响人，以自己的工作热情带动人，这比使用权力更有效。常把权力拿在手上当作尚方宝剑使用，就像不可一世的统治者一样，没有什么好结果，可能还会反受其累；聪明的做法是以待遇吸引人，以感情凝聚人，通过无形的感召力，赢得下属对你的信任和支持。

树立榜样的力量

激发员工的智慧，要在组织系统中设立标杆。有了标杆大家才愿意努力，才能够把自身的潜力发挥到极致。自古以来，榜样的力量是无穷的。对于一个企业来说，是有必要树立标杆的，有了标杆才会有努力的方向，才能够带动企业的员工完成企业的大目标。企业团队成员更需要通过示范的作用，知道应该往什么方向合力。作为企业管理者要设两个标杆，一是员工成长的标杆，以激励后进者；二是失败的标杆，以警示错误重演。

奖罚及时

华为的绩效管理是很残酷的。A级、B级、C级中间看起来只差一个档次，资金却可能差距甚大。绩效档次拉得很开，目的就是为了识别出最优秀的人。通过给他们最多的资源、发展机会、薪酬、股票等，来牵引员工不停地奋斗。如华为的软件工程师可以从1级开始做到9级，9级相当于副总裁的级别，团队内部一定要有PK机制、竞争氛围，通过简单的排名，再结合奖优惩劣的方式，把团队内部的气氛激活。不竞争、不PK、不把工资拉开差距，优秀的员工就会感觉没有未来、没有动力。对待不同的人需要用不同的激励方式，比如研发人员与销售人员的激励方式就不能一样，要使用PK机制树立榜样。

建立认同文化

管理中国企业很难,中国人很勤奋但不够敬业。为什么中国人"勤而不敬"呢?如果一个员工很缺钱,用金钱来刺激会管用。但如果他不缺钱,金钱的作用绝对是有限的。如果他仅把工作当成饭碗,是很难让他敬业的。而如果他把工作当成是实现梦想的平台,与企业共命运、同呼吸,不是抱着"打工"的心态,把工作当成事业来做,他既能享受工作带给他的快乐和乐趣,又能积累许多宝贵的经验和财富,那么面对工作时他才能又敬业又勤奋。

提升雇员敬业度需要做薪酬福利,需要想方设法将工作变成有意义的事情,让工作与生活相平衡。比如,建设良好的企业文化,在公司中营造一种积极向上、团结和谐的氛围,让员工感觉到公司的向心力、凝聚力。认同感能大大降低企业的监督成本,员工不是看上级的眼色去做事,而是听从自己内心的声音和指引,然后这些指引会被同样的价值观统一起来。

企业文化是企业宝贵的精神财富,其对员工的激励作用是无形而持久的,新入职员工的价值观要符合企业价值观。例如,华为招聘新员工入职的第一关就是"文化洗脑"。先进行企业文化培训,培训周期是为5天,而且全部要到深圳总部培训,包括白天上课、晚上开辩论会、写论文等很多内容。与此同时,向新进员工讲清楚为什么公司会出台相应的政策和制度,又反映出企业怎样的文化和价值观,还让新员工学习任正非的《致新员工书》,这是任正非在华为创业之初写的文章,把华为的文化和对新员工的要求全部融入其中,让员工明白,这是一个值得他们去尊敬的职业,而不是一份简简单单的薪水工作。建立大家公认的企业文化要从三方面入手:一是挖掘人的爱和信仰;二是引导人的欲望;三是培养人的信仰,信仰是一种超越性的力量。

建立高效率的团队组织

在军队有"传、帮、带"的光荣传统,以老带新模式也是华为的传统,这样能让新员工迅速掌握业务要领,快速进入工作状态。"传、帮、带"的好处是可以培养人才。一个主管没有从自己的部门中培养出能接替自己工作的后备人才,就不会有机会晋升。这既能解决主管因为私心不愿意提拔优秀员工的问题;又能帮助企业解决后备人才计划和存储的问题,一举两得;同时还可以使所录用的员工快速进入角色、融入企业,从"外人"转变成为团队成员,使其感受到被尊重、被关注,在职业发展的过程中充满信心。

如果给 1 个人发 1.5 个人的工资，让他做 2 个人的事，效果比给 2 个人各发 1 个人的工资好得多。也就是说，拿出 6000 元，发给两个人干活，不如只留下其中一个能干的，给他发 4500 元的工资。也可以让 4 个人干 5 个人的活，拿 3 个人的工资，比如让一个月薪 10000 元的优秀员工带 4 个月薪 2000 元的员工干，效果要比 5 个月薪 5000 元的熟手好得多，而且前一种方式每月支出的工资总额比后一种方式还要节约 7000 元。

保持与一线沟通

沟通中有一个漏斗原则，如果一个领导向部下经理表达了 100%，但经理听懂的最多是 80%，经理向主管传达，主管领会的最多是 60%，而主管向员工传达时员工就只能领会 40%，员工再行动时做到可能就只有 20%。员工最基本的需求就是能在这个企业升职发财，其次是职业发展和梦想。如果老板讲的话全体员工都能听懂并 100% 执行，这个企业不想成功都难了。

【专家点评】 企业老板要具备两个核心能力。一个具备优秀的领导气质，能以身作则。很多公司做得不好或者在做的过程中渐渐衰败，不完全是战略因素不好，最根本的一个因素是执行力不到位。一个是要具备传教士般的"布道"能力，能做好一群人的思想工作。一个凝聚力强的团队首先具有一个基因，就是愿景和价值观是统一的。一个具有统一思想的团队，将是战无不胜的。

第七章 模式与机制

第一节 尚品宅配开创中国式4.0商业模式

世界管理学大财师彼得·德鲁克说过:"21世纪企业的竞争已经不是产品与价格之间的竞争,而是商业模式之间的竞争。"中国企业的低成本时代已经结束,中国企业"转型升级"迫在眉睫。除了技术进步所带来的成本下降以外,中国已经进入劳动力、汇率、土地、环境保护、知识产权等成本全面上升的新时代。中国经济转型已成为大趋势。对于企业生存发展来说,方向比努力更重要,企业发展首先应解决商业模式构造,而后再像建房子一样去构建尖刀式产品、独创型技术、魅力型品牌等支撑体系,其中企业的商业模式是企业的重中之重、核心中的核心。如果没有好的商业模式,即便有再好的技术,产生的利润也可能会是最低的。好的商业模式可以让企业少走弯路。

以大家都熟悉的打印机为例,买一台惠普打印机需要一两千元,属于固定资产,有的公司购买1000元以上的固定资产需要总经理或董事长签字,惠普公司卖这台打印机其实没有太多利润,加上物流、市场营销、人工等费用,基本不赢利,但你会发现惠普公司销售的硒鼓、墨盒,一个就要几百元,在公司管理中这些属于办公消耗品,在有的公司行政文员就可以直接购买了。使用惠普的打印机就必须要使用惠普的硒鼓、墨盒,其实惠普真正赚钱的不是打印机,而是卖硒鼓、墨盒等耗材的赢利。再如,苹果公司一直专注于产品的创新与用户体验,在苹果产品的背后创造了一个全球最大的在线音乐提供平台。以2010年为例,其在线音乐下载销售了100亿首。再看麦当劳的商业模式表面上是卖汉堡,其实它是一个房地产连锁公司,其最大的利润来自收租金。其实商业模式的创新关键在于如何创建一个可持续稳定赢利模式,并且是自己可以复制而别人很难复制的商业模式。设置不可复制的商业模式,要求企业有自己独特的赢利方式,创造与众不同的客户价值,通过掌控核心资源建立自己的防护网,不断提升话语权。

以上列举的都是国外优秀企业的商业模式,下面我们来看看一家国内企业开创的优秀商业模式,这家企业就是尚品宅配。说起尚品宅配,大家首先会想起包括在中央电视台的各大电视台代言的周迅,她像个魔术师般将家居数码模型变来变去,营造梦幻般的家居环境。周迅准确地演绎了尚品宅配家居数码定制的特点。尚品宅配的家居品牌定位,是要成为全球房型家居定制专家,将家具产品库存的数据与客户的真实诉求统合在一起,这才是尚品宅配商业模式的力量所在。与传统家具企业相比,传统家具企业要想实现销售一亿元,首先要准备一个亿元的库存,而尚品宅配是按需生产,客户认可设计师的效果图后,才下单生产,不存在库存的压力问题。定制一直是尊贵的代名词,它的弊端是效率低、成本高并且质量不可控制。尚品宅配结合设计优势,运用对家具的制造流程进行信息化改造,为此尚品宅配建立起强大的数据库。在新居网上,消费者可以快速搜索到与自家房型匹配的房型,可以看到多个风格类型的装修。这样,就可以让消费者看到设计效果后再定制家具。"无设计不定制"已是尚品在家居行业中经营的独门武器。

中国工业4.0商业模式实践者

工业4.0概念最早是由德国人提出的,在中德两国签署的《中德合作行动纲要》中明确提出双方将在工业4.0方面加强合作。与工业3.0的流水线(只能大批量生产)不同,工业4.0流水线可实现小批量、小批次的生产,最小批量可达到一件。在不久的将来,买辆车都可能实现个性化定制,在手机里打开智能汽车工厂的App,从数百种配置中选择一款车型,然后在个性化订单中输入诸如"把轿车内饰设计成老爷车型"等要求。约一个月后,一辆用工业4.0流水线为你度身设计、制造的"个人版老爷车"就会送到你的家门口。

最初的尚品宅配只做设计,即仅提供设计方案,并且只做橱柜定制,然后把接的订单分包给下游的家具造商。尚品宅配的李连柱只专注客户需求的挖掘,把生产这些非关键环节进行外包,走的是外协厂模式,这种轻资产模式的优点在于没有库存压力,但缺点是交纳周期长且成本非常高,无法跟上尚品宅配的思维与发展步伐,于是李连柱决定创办自己的家具制造厂并对制造流程进行信息化改造。2004年,尚品宅配引入数码技术,依托IT技术创新和对营销模式、家居整体解决方案的定位,迅速将尚品宅配从传统家具制造企业转型升级为现代家居服务企业,实现"家具大规模定制"商业模式。

正如德国提出工业4.0,李连柱打造出了中国"宅配定制4.0",尚品宅配运用条形码应用系统,工人只需要根据电脑提示搬运、放置板材,无论打孔还是开料设计系统,均实现家居生产无缝对接。尚品宅配在全国各地的业务员接单后,将订单统一集中到总部,由电脑系统绘制每件家具,并拆分成各种规格的零部件,并有与其对应的独一无二的条形码跟踪,用尚品宅配的信息技术系统直接到连接南海工厂的生产系统,包括设计图纸的计算机指令化、库存部件的编码化以及与社会化物流的自动衔接等整个生产管理链条。这种高效的运营生产系统得益于尚品宅配2006年就摸索出的排产软件。这种排产软件可以将数十件家居变成打散为几百个零部件的指令,对相同部件进行归类,为此尚品宅配不需要花上万元请打板的技术师傅,一个稍作培训的普通工人就可以搞定生产,且在这种自动化装备下,一个工人能胜任传统流水线4个工人的工作量,从而可使生产效率提高几十倍,让生产过程也变得简单。这种设计与定制模式对消费者来说是一种定制体验,是一种生活方式,是一种家居文化,更是尚品宅配打入市场的有力武器。

宅配家居企业中的"苹果公司"

尚品宅配的服务包括前期的免费设计、中期的定制生产再到后期的上门免费组装等,最后它还可以让消费者不但可以在门店进行选择,更可以在网上进行全程购物体验。尚品宅配可谓国内家具行业中信息化程度最高的企业,从为顾客免费提供三维彩色虚拟设计,到生产工人根据电脑的指令实现无纸化快速生产,以及在售前、售中和售后阶段,尚品宅配都使用信息化跟进系统。通过免费上门量尺以及针对性的设计家居方案这两项免费服务。在短短10年时间内,宅配家居成了家居界的一匹黑马,目前在全国开了700多家门店,生意都很火爆,比如在广州的一个门店一年的营业额竟然可达到2亿元。

尚品宅配是比宜家更专注的家居企业。宜家是一种模块化的流水线生产,而尚品宅配却是设计师与客户在特定时间点上的互动、尚品宅配根据客户对产品的诉求,然后整合各种资源,提供给客户一个整体的解决方案。尚品宅配为顾客提供免费上门量尺寸、免费虚拟设计、全屋家具个性化定制服务,国内很少有商家能做到这一点。尚品商业模式与一般公司营业机制不同,一般公司都会配有营业人员接单,然后转给设计师或制造加工的部门,而尚品的设计师兼营业员角色,上门量尺寸是免费的,并且还不用缴纳定金,化身家装私人定制专家,尚品宅配一改其他家装公司上门量尺寸也会要求业主缴纳一定数量的定金的习惯。其修改方案也是免费的,哪里不行就帮你调整。尚品宅配的定制销售终端设计系统有效地解决了个性化定制与规模化生产的矛盾,让顾客参与其中,最大限度地满足了顾客个性化的需求。

专注的匠人精神

"不积跬步，无以至千里；不积小流，无以成江海。"杰克·韦尔奇说过："一旦你产生一个简单的坚定的想法，只要你不停地重复，终会使之成为现实，提炼、坚持、重复，这是你的成功法宝，持之以恒，最终会达到临界值。"技术出身的李连柱，不仅具有学者风格，更具有匠人精神，其做事的风格是不做则已，做就要做精、做细、做到极致。李连柱为建立宅配定制的数据库，带领团队收集了全国数千种楼盘的数万种房型数据，并对其中的特征进行分析、归类，建立中国最大的房型数据库，然后根据不同的房型，按照不同的价位、不同风格、不同年龄和性别，分别建立若干解决方案。

例如，在直销商城新居网上，消费者只要拿着自家的房型图，根据房型图标明的房间形状、长度、宽度、门位、穴位等空间要素，就能在新居网上搜索到上万种款由专业设计师设计的不同款式、结构、材质的多系列产品，消费者能够参观上万个效果迥异的样板图，选择适合自己风格的家具类型，直到满意再购买。李连柱专注的匠人精神，把人们认为简单普通的事，做精做细，做到极致。借用李连柱的话说，"做事要实在，要做经得起考验的宅配产品"。尚品宅配靠着自己专注的匠人精神，建立起国内首家全程信息化、大规模定制生产的系统，同时建立起强大的技术壁垒，打造出中国自主创新的商业模式，也为转型中的中国企业提供了一个学习的样板。但难学的不仅是尚品宅配信息化定制系统技术，更难学的是李连柱的奋斗、磨砺、追求极致、十年磨一剑的匠人精神。李连柱已经将个人的匠人理念上升到企业组织运作之中，使企业运营体系成功实现华丽的转变。

用游戏的力量团结设计师

在销售管理上，尚品宅配围绕公司目标进行层层分解，大店分成几个组，每组都是"4+1"模式，即4个设计师加一个队长。例如，尚品宅配的"3124活动"，31是指每个月最后一天，24是指当天晚上最后时刻24点。在这一时刻，尚品宅配每个店、每个组的销售业绩都会评比出来，这一时刻已形成尚品宅配独特的执行力文化，分公司与分公司、加盟商与加盟商、事业部与事业部、部门与部门、销售与销售、量尺与量尺、生产部门工序与工序之间的PK无处不在。例如，销售部门根据公司的规定，将每个组的月销售额分为3档业绩奖评线，即分为30万、50万、80万等不同的线，不同线的提成和奖金也不同。组与组之间、个人与个人之间都会相互挑战。例如，为了增加刺激性，组与组或个人与个人之间打业绩奖对赌游戏，如个

人性与机制
——如何有效分配财富，实现团队共赢

人各掏 100 元进行业绩 PK。这种挑战的 PK 机制目的并不是一定要赢，而是调动团队的积极性、自觉性、增强团队的凝聚力。

在尚品宅配有近万名设计师，李连柱如何管理这些优秀的人才？李连柱认为，"教育要从小抓起"，企业的人才培养也同样需要提前着手，而不是等缺人的时候再去人才场市场招聘。设计的力量是企业的命脉，所以尚品宅配每年都从各大院校招聘设计系的毕业生，并对设计师进行长达半年的培训，打造设计技术过硬的铁军团队。从产品知识到效果图设计再到进行规范化、系统化的人才培养，然后将这些尚品宅配的精英"空投"到全国各地的门店去。设计师到了尚品宅配全国各地的门店后，只是第一次蜕变，在工作中除发挥自己已具有的设计技术力量外，还要接受第二次设计师成长的"蜕变"，挑战他们的将是"尚品式九段"实战训练，将技术转化为生产力才是价值的体现。尚品宅配设计师不仅做设计，而且还兼营业员、家居顾问等众多角色，在培养设计师能力上，李连柱实行"尚品九段"评价机制，并根据设计师技术、业绩等将设计师分为九级，俗称"尚品九段"。这种职业设计给设计师规划明确的职业发展通道，使工作不再枯燥无味，而是变成带趣味性的挑战，如晋级升段的设计师会得到公司的积分，可以用积分去换手机、购物券等激励。

"体验为王"的模式

在新居网上，消费者可以像买衣服那样给自己的家居"试穿"成套的家具，款式、风格、大小、质地、颜色等都可以试到满意为止，体验 DIY 家居的感受，身临其境地看到设计出来的家具效果之后，再考虑是否选择购买。假如消费者仍在犹豫的话，还可以到线下的体验店通过圆方 DIY 家居体验机根据客户的需求，设计出不同效果的整体家装虚拟效果。为了促进新居网的线下引流并成交，消费者也可以通过简单的网上申请或者拨打尚品宅配服务热线的方式，免费向设计师电话咨询、预约上门时间、享受免费上门量房服务。设计师还可以根据消费者的要求和家居类型免费设计方案，应用专业家具设计软件绘制出 3D 效果图，让消费者提前体验家装的效果。尚品宅配这种注重消费者体验参与的方式，能够促进消费者与品牌之间的双向传播，让顾客在消费过程中的体验从知觉感观体验到人的视觉、听觉、触觉等体验。这种感官体验能有效地引发消费者购买动机、增加产品的附加价值。

效率就是竞争力

尚品宅配是做定制家具的，对传统企业来说定制一直是高级奢华用品的

象征，且定制难度高、成本高、效率低，俗称"二高一低"，但尚品宅配一改过去家具企业定制难的问题，在尚品同一个柜子的尺寸、颜色、面板以及局部造型，都是可以自由组合的。尚品宅配有一款叫圆方的软件，里面有各种造型所需的零配件，设计师只要采集用户房子的相关数据，比如尺寸、预算、风格等基础数据，再加上一定的视觉调整，就可以很轻松地把方案设计出来，从上门量尺寸到出设计图，1~3日即可完成。效率来自企业标准化，也就是说标准化高的企业其生产效率才有可能提高，企业一旦有了标准化不但效率会提高，成本也会随着标准化而降到最低。

尚品宅配将从新居网、实体门店两个销售终端收集到的全国家具订单汇总到广州总部，然后就开始了快速的"拆单"与"并单"。数据中心将不同订单中的家具按照材质分类，每件家具大概被拆分为几百个零部件，其中相同或相近地进行合并归类。根据分类数据，工厂里的机器以材料利用率最高为原则，将采购回来的板材切成各种规格的零部件，并一一贴上条形码。生产工人通过扫描条形码可以自动调整机位进行打孔等操作。从汇集订单到识别板材加工图，再到封边、钻孔等一系列操作过程，大约在48小时内就能完成。到了发货的时候，生产工人根据家具的组合，从货架上挑选出各种相应的零部件，就可以轻松地配搭成订单中的产品。一件完整的家具就可以像"抓中药"一样，从"虚拟设计"快速转化为"真实产品"。这种依靠先进信息技术与柔性生产体系的做法，让尚品宅配的出错率从传统厂商的30%下降到3%，还令尚品宅配的生产效率提高到传统厂商的10~20倍。尚品宅配由点到面的全方位的商业模式，不仅能够获得在行业内的极大影响力，还可以获得充足的资金流。尚品宅配以免费量尺寸、免费设计服务来吸引潜在客户的关注，很多用户都是首次置业，刚拿到房子或房子还在开发商手里，就已经开始在尚品体验完全的流程。在尚品宅配的设计中有关于未来智能家居的设计，也有快乐儿童家居、老人家居等，在李连柱看来，尚品宅配要成为未来整体家居解决方案的提供者，产品和服务的组合将会延伸到智能家居和可持续家装服务。目前尚品宅配的专卖店已达700多家，遍布全国各地和海外，在崇尚品质、时尚品位、整体定制家居的方针指引下，尚品宅配注重品质，不断推出时尚产品，生产有品位的、适合东方人居住生活的新产品。

【专家点评】尚品模式依靠科技化和信息化开创了中国式4.0新商业模式。什么是"互联网+"呢？"市场百货+互联网"就是现在的淘宝，"滴滴快滴+互联网"就是现在的滴滴打车，"传统的媒婆+互联网"就是现在的世纪佳缘，"传统家具制造＋互联网"就有了尚品定制，这就是"互联网＋"创造的新商业模式。

第二节 向任正非学狼性机制

任正非给很多人的印象是高度理性、不苟言笑、铁面无私、一言九鼎，甚至是雷厉风行的军人。任正非写过很多经典的文章，如《华为的冬天》《华为的红旗到底能打多久》《我的父亲母亲》《北国之春》等，被众多企业家、专家学者和大学生们奉为经典。"多打粮食""冲锋在前""力出一孔"和"利出一孔""不让雷锋穿破袜子""为公司带来利润，华为不会为管理而管理，为技术而技术，为创新而创新，不唯上，唯客户，唯市场"等，从任正非朴实的言辞中可见，与其说任正非是一位企业家，不如说他更像一位商业思想家、企业经营哲学家。

华为的自我批评精神

自我批评精神已成为华为的传统。批评与自我批评是我们人民军队的传统。军人出身的任正非，把部队中的优秀管理方法运用到企业里。部队通过自我批判的管理方法，并通过学习党章、条令条例、行为准则等有效的方式可以去除浮躁的个人主义。自我批评可以有效促进官兵从自我行为认知到官兵互相认同，同时可以防止组织病变。组织病变有天然携带性，每个人进入这个组织时，都带去个性中好的一面，但同时也带来了病毒性的一面，比如人性的贪婪、懒惰、狭隘、自私等，这就需要靠不断进行自我批评来预防和矫正。

任正非之所以重视自我批评精神，源于其批评与自我批评的文化价值观。批判会好开话难说，一不小心就会成为"文革"式的"批斗会"。面对这一难题，华为开会也采取了与众不同的原则，如开庆功会要先说别人做得好，再说自己哪方面做得差，然后说别人哪里做得不好。任正非之所以与常规逻辑反着来，是基于批评与自我批评的目的，是为了促使个人和企业共同成长。任正非向基层释放更大的权力，让听得见炮火的人指挥炮火，让冲锋陷阵的人脱颖而出，为华为指引发展的方向，并让盲目乐观回归到对危机的应对。任正非一直通过自我批评的哲学工具锻炼队伍，选择优秀的人才。

经营企业首先要靠制度，其次靠文化跟进。从某种程度上说，华为是哲学先行，自我批评作为执行力思想紧跟其后。华为将自我批评作为执行制度的加温剂，以使管理制度被认同，如果管理层做不好或者年底没完成既定任务，就会被毫不客气地降职降薪。如果将这一降职降薪制度放到其他企业来用，不知会发生多少人事纠纷事件，但华为不存在这一问题，其原因就在于任正非已经把"自我批评"制度变成一种企业文化、一种游戏规则。

削足适履的学习精神

1998年，华为与IBM的合作项目"IT策略与规划"正式启动，内容是规划和设计华为未来3～5年需要开展的业务流程系统。华为为此专门成立管理工程部，进行长达5年的流程再造，仅顾问费一项每年就投入5000万美元。能够做到这一点的公司极少，而任正非提出"削足适履"的观点，即先僵化，再优化。任正非认为，用教条主义的方法来推进变革，也许不是最完善的办法，但"削足适履"是让员工养成遵守制度的惯性、培养员工的制度意识的必经阶段。

任正非之所以付出昂贵的代价引入IBM的管理系统，并且能做到像小学生一样恭恭敬敬地学习，源于当年任正非带领华为高管走访了美国休斯、IBM、贝尔实验室、惠普等公司，他感叹并写了一篇文章说，"只有认真向大公司学习，才会使我们少走弯路，少交学费"。因此，在任正非看来，"华为付出了数十亿代价是值得的"。华为的成功不仅是靠哲学，更是哲学与制度共同的力量结果。

狼性机制：全员持股，为自己干

华为为了培养狼性员工，首先改革薪酬体系，用物质激励满足团队对物质渴求的饥饿感，最大限度地激发千万追随者的欲望，培育他们的雄心斗志。任正非真正看透了人性，能够尊重和理解商业法则，并以身作则，结果也换来了员工的将心比心。企业只要解决价值评价和价值分配问题，也就解决了价值创造的动力问题，使价值创造成为可能，并得以持续。作为军人出身的任正非，用"铁军是打出来的，兵是爱出来的，古往今来，凡能打倒敌人的部队，无一例外都是长官爱惜士兵""兵爱干，干爱兵"等理念将员工凝聚在统一的旗帜下，形成统一的意志和共同的价值观。正是基于这种"将心比心"的兵干相互认同的思想，才解决好了思想问题，并有激励机制作为支持，华为的勇士们认识到只有一个明确的目标任务，那就是上"战场"（市场）"杀敌"了。

狼性文化并非一般的团队精神，任正非所强调的华为狼性文化指狼性文化背后的危机意识。2001年，任正非发表《华为的冬天》，把狼性文化定义为偏执的危机感、拼命精神、平等、直言不讳等。在社会变化迅速的今天，要跟上时代的变化,就需要敏锐地嗅到客户所关注的问题。狼性的特点就是同心协力、共同作战,并且战果由成员共享。从某种程度上说,华为的"战果共享"是其全面提升组织活力和核心竞争力的秘诀。任正非的另一撒手锏是股权与期权分享,让大家形成利益共同体。从2001年开始,华为实行名为"虚拟受限股"的期权改革。虚拟股票是指公司授予激励对象一种虚拟的股票,激励对象可以据此享受一定数量的分红权和股份升值权,但是没有所有权,没有表决权,不能转让和出售,在离开企业时自动失效。华为采取的激励机制是"1+1+1",即薪酬由工资、奖金和股票分红三部分构成。在华为,内部员工股份分红奖励高达工资的70%。在这种机制下,员工工作的目的就不仅仅是为了拿到基本工资,奖金使得员工有了主动提高自己绩效的动力,而分红使得员工会主动关注企业的整体业绩。

任正非走的是共赢之路,通过让利给别人,特别是自己的员工,让员工实现从为老板干到为自己干的转变。利益共享机制的建立,反映了任正非对员工利益的基本态度,体现了任正非对员工的真正尊重。因为任正非知道,人最基本的诉求首先是获取利益的诉求。

不拘一格的人才管理

华为把员工分为三类:一是普通劳动者,二是一般奋斗者,三是有成效的奋斗者。针对三类不同的群体,华为提出不同的管理要求,并给予不同的薪资待遇。其实,华为员工的流动性并不小,但很少是被挖走的,大多数是在华为被提升后主动出去创业的。他们得益于华为的"五级双通道",即技术通道和管理通道,两条职业通道纵向划分为五个等级,技术类对应技术专家,管理类对应行政干部。员工可以根据自己的特点,并结合业务发展情况,为自己设计切实可行的职业发展通道。这两条通道像滚雪球一样发展得越来越快,华为涌现了更多的技术、营销、制造、采购、财务及人力资源等方面的专业人才。如在研发部门,员工可以选择技术类通道,也可以选择管理类通道。技术通道包括助理工程师、工程师、高级工程师、技术专家、资深技术专家等,可以让员工根据自己的兴趣志向选择自己的职业通道。如果员工不想放弃某一通道,也可以两个通道共同发展。一旦失去管理职位,还可以有技术等级资格做保障;同样,若你的技术等级资格有偏差,也可以转向管理职位,这是一个此消彼长的态势。华为尊重和重视员工的个性,制定员工上升通道,让企业中的每一个员工都从心底真正认同企业的管理理念,让员工真正心悦诚服地融入企业的大家庭中。

从人性角度来看,一个人的财富积累到一定程度,有车、有房、有一定票子后，趋利的动力将会极大减弱，工作动力也会自然降低，从而转向更加关注个人健康、家庭稳定、生活休闲等需求。从这也可以理解人为什么到了一定的年龄，工作激情和热情会急速下降。由此可以看出，金钱的激励性作用是有限的，华为激励机制中有"三高"——高效率、高压力、高工资。那么，任正非这一激励机制是否可持续呢？其实任正非并不担心员工高工资、股权待遇等需求满足后可能发生组织惰化。华为根除惰性的妙招就是"搞运动"。在他看来，一个组织时间久了，老员工收益不错、地位稳固，就会渐渐地沉淀下去，成为一团不再运动的固体，也就可能会出现拿高工资不干活的现象，但这种现象在华为是不可能发生的。任正非认为将企业保持激活状态非常重要，所以员工要不断地接受洗礼。华为在提供高工资的同时，更主要的是高压力，从而促使企业能够在高待遇的前提下，始终保持着高压状态。

"危机感"永不停止

华为为什么不上市？任正非表示，"资本市场都是贪婪的，股东总是很贪婪，他们希望尽可能快地榨干一家公司的每一滴利润，而拥有这家公司的人则不会那么贪婪。我们之所以能超越同业竞争对手，原因之一就是没有上市"。这是任正非的回答，但看看中国众多争相上市的公司，实现上市后就等着套现，最后还可能导致创始人分裂，一些准上市公司如土豆网、赶集网、真功夫掌门人的纠纷甚至闹到法庭。纵然上市不是他们发生纠纷的根本原因，但上市确实是诱发纠纷升级的触点，上市带来许多公司创始人利益分配的问题，甚至将许多企业拖入深渊。华为不上市有一种考虑，上市会造就一批人变成百万富翁、千万富翁，但作为一家以靠科技人才推动企业进步的公司来说，对企业、对个人不见得是一件好事。从某种程度上来说，华为也不需要上市，如果需要融资，华为有十几万员工，融个几十上百亿元内部就可以消化完成。华为不上市的原因在于，上市后股票升值极有可能出现大量持股的员工套现，员工可能会失去持续努力奋斗的动力。华为以"奋斗者为本"的经营理念，在华为优秀的奋斗者获得更多的股票购买权，股票每年分红30%左右，以利益驱动培养出狼性文化。华为向其员工授予公司股权，是基于任正非的"长期视角"。华为内部的股权结构中，任正非只持有1.4%股份，其余都是由公司员工持股。这种内部持股的方式，会让华为的员工着眼长远。而事实上，华为也的确不适合上市，因为华为是"全员持股"，是股权高度分散的企业。上市公司的控股股东都在30%以上，甚至有些还是50%以上的绝对控股，这个时候想要通过恶意并购获得控制权几乎是不可能的事。当然，在相对控股的情况下，恶意并购可以作为控制权争夺的一种辅助手段。只有在股权高度分散的情况下，通过恶意并购获得公司控制权的做法才有可能使有敌意的接管者有获得的可能。华为奉行"以奋斗者为本，坚持长期艰苦奋斗"的企业文化，通过内部员工广泛持股的制度，把16万员工中的8万多人变成股东。在公司重大战略拓展时，华为不仅能够忍受短期亏损，暂时不分红，还能够使它的员工在保证工资、奖金的情况下持续奋斗下去，待公司战略取得成功后，再获取分红，这种企业经营机制在中国企业界也是独一无二的。

【专家点评】华为为什么强大？为什么能成为中国人骄傲的民族企业？因为创始人任正非是人性的大师、机制的专家。创始人任正非只留有公司1.4%的股权，其余98.6%股权全部分给员工。除了不能表决、出售、拥有股票之外，股东可以享受分红与股票增值的利润。虽然没有上市，但每年所赚取的净利，几乎是100%分配给全体股东。

第三节　商业模式取决于机制的设置

有一次去成都旅游，到河对岸需要乘船过去，河边有专送客人的小船，于是过去问价，船家说："一般每人5元船票，但如果到我家喝茶，可以免费坐我的船。大家想想这多好啊，免费坐船又可以体验一下'农家乐'。"有朋友说："天下没有免费的午餐，老汉家的茶一定又很贵吧！"老汉说："不贵3元1位。"大家一想：这多好啊，喝茶每人 $3 \times 10 = 30$（元），卖船票5元1人，$5 \times 10 = 50$（元），可以省下20元，于是过河了。几个朋友坐下，茶上来后，船家又问有花生米、小菜等要不要？于是先要了瓜子、花生、小菜，船家又问还有啤酒要不要来几支。于是原本为省20元，后来却多花了几十元。想一下，这个船家的商业模式还真不错。通过一个不赚钱的项目，让你进入其他赚钱的项目之中，吃小亏占大便宜。而且围绕喝茶而衍生的卖花生、擦皮鞋、算命等项目，组合得多么巧妙。通过不赚钱的服务，让你进入赚钱的项目中的"打包"产品的链式营销模式确实有效。笔者由此感悟，现代企业营销的终极目的不就是长期拥有忠实的消费者吗？产品应提供某种利益诉求，即所谓"卖点"。任何销售活动无非是要达到两个目的：一是增加加客户数量，二是增加消费频率。重复消费的关键是让消费者对品牌或对产品产生一种依赖感，变成品牌的忠实客户。

免费模式：羊毛出在猪身上

互联网时代使得免费提供服务成为可能，而且用的人越多，摊到每个用户的成本就会越低，近乎为零。也就是说，通过免费，羊毛出在猪身上，可能在新的领域，通过增值服务来赚钱。例如，传统的物业公司以收业主的物业管理费为主要收入来源，有一家物业公司通过物业增值服务，如送小孩上学、照顾不方便的老人、代买菜等增加收入，这都是增值服务。又如，种花生拿到市场上只能卖2元一斤是农业经济；有人把花生加工成食品，卖20元一包叫工业经济；把花生深加工成油，包装后放到超市卖98元一桶，这叫商业经济，也叫服务经济。

降低消费者的"跨入"门槛，也就是降低他们的心理戒备。在服务中，人们接受了第一次"免费"后，就会形成习惯，消费后面的有偿服务。如果你很忙却没钱赚，要么是利润过低，要么是成本很大，归根到底是商业模式设计不合理。商业模式的本质到底是什么？没有用户价值就没有商业价值，商业模式是你能提供一个什么样的产品，给什么样的用户创造什么样的价值；在创造用户价值的过程中，用什么样的方法获得商业价值。一个好的商业模式是一个组织建立客户价值的核心逻辑，任何一个商业模式都是一个由客户价值、企业资源和能力、赢利方式构成的三维立体模式。

体验为王：超出预期感受

商业模式的核心是在你所在的时间与空间中，找到企业经营的"魂"，除了提供服务功能以外，还要想办法让用户有超出预期的感受，这样用户才会对你产生交易之外的情感认同，用户才能变成你的粉丝，你才会有口碑。比如，互联网思维颠覆式工具——微信。其颠覆并不是做什么惊天动地的事，而是从用户出发，围绕用户去做很多细节的改变，去做持续的体验和商业模式的改进，最后让用户对产品越来越依赖。情感营销是最容易也是最难的，其要义在于用真心、真诚打动消费者。比如，海底捞的星级服务，让顾客真正体验到消费是一种享受。体验本身就是一个巨大的市场，人的生命是有限的，今后越来越多人会去拓展自己生命的宽度。

未来中国经济若要发展，就应开始强调"有感经济"。体验经济将主导21世纪，有感取代质量成消费者新的敏感性，体验所带来的价值，远远超越商品与服务，"有感"将成为现代企业的终极竞争力。

商业模式是一个找"魂"的活

定位是指产品在未来的潜在顾客的脑海确定一个合理的位置。例如,沃尔沃汽车的定位是"安全"。1997年,戴安娜王妃坐奔驰车出了车祸,沃尔沃的领导者说,如果戴安娜王妃坐的是沃尔沃汽车,人类最美丽的玫瑰就不会凋谢,还会继续开放。什么是魂?就是能驱动自己,带动人心无形的力量。寻找商业模式一定要结合本行业的特点,找到着力点,即利润点。铸造出一个样板,在时间与空间中释放能量,好的商业模式一定要创造价值,一定要为更多的参与者创造价值,使每个人都可以从中得到好处。商业模式的价值生态模式是指在一个特定产业领域,由共性互补建立的多个价值平台,组合成相互依存、彼此联动的系统,价值生态模式常常以价值平台模式为基础,将多个平台整合后,各个平台共同生长。企业家应设计能持续为用户创造价值的商业模式,商业模式本身要不断打破现有平衡,在不同阶段再建立一个新的循环平衡。现代商业社会中有诺基亚吃掉索尼、苹果吃掉诺基亚的例子。在设计商业模式时,不要被过去的成功阻碍了自己的发展。企业经营者在设计新商业模式时要不断发现、创造和聚合新价值网,对价值网进行分割和利益重组,并设计新的交易平台、管理标准,对新产品成分聚集、人群聚集、包装聚集,最终要回归到用使命对产品进行定位。

商业模式是一个找"魂"的活,也就是你的利润点在哪里?企业家要努力实现利润转型,为客户创造价值。顾客价值=顾客需要×产品品质×总成本。在顾客价值上,要让客户感到"值";在顾客需要上,要满足其多方面的需求;在产品品质上,做到差异化优势;在总成本上,要尽量低。无论什么样的商业模式,其核心都是产品,其本质是通过产品为用户创造价值。商业模式还包括定位、寻找需求最强烈的用户群,用聪明的推广方法接触到这些用户,在接触过程中不断把产品打磨好。等有了巨大的用户基础,是一定能赚到钱的。

商业模式不仅是赚钱的模式

一个杯子在小店卖3元,如果给它增加设计元素,比如加入流行的款式和花样,让这个杯子有文化价值,消费者是愿意多掏钱的,这就是产品的文化价值创新。而产品一旦有了品牌价值,就能卖更多钱。这是产品的品牌价值创新。此外,还可以卖产品的组合价值,将这个杯子与另外两个杯子进行组合,组合成一套精美家庭包装的"三口之家"式的组合。如果增加杯子的特殊功能,如磁疗等,甚至可以卖到上千元。但商业模式不仅是赚钱的模式，它由产品模式、用户模式、收入模式组成。商业模式的第一问题是它能提供什么样的产品，给什么样的用户创造什么样的价值，在创造用户价值的过程中，用什么样的方法获得商业价值。真正影响企业持续成功的重心不是公司的策略目标，不是技术，不是资金，也不是发展策略的流程，而是专注于为顾客创造价值的力量。

从表层看，商业模式中流淌的是业务流、信息流、现金流和物流；实际上，流动的是一个企业的核心理念。从表面上看，制度是硬性的规章规定；实际上，体现的是企业作为一个"活性整体"的思考和行为方式。因此，制度和流程的适时调整，都要在核心价值观的指导下进行。企业竞争的成败，很大程度上是由这个企业采取了什么样的商业模式决定的，而商业模式的成败是由客户价值主张来决定的。好的商业模式在于创造客户价值。互联网思维是如何提供有价值的服务，和用户永远保持连接，互联网思维核心是用户至上。

商业模式的最高境界——平台

商业模式的特征是提供独特价值，找到赢利点。没有最好的商业模式，只有最适合自己的模式。企业家应找出商业模式的主要价值、剩余价值、额外价值、文化特色、趣味性、知识性、娱乐性、公益性，做到唯一或第一。商业模式好比一个多层圆心，第一层核心是产品，包括产品的性能、功能、质量；第二层是售后服务、营销策略；第三层是知名度、美誉度、市场占有率；第四层代表产品的圈子，客户对你的情感。

好的商业模式首先要有好的产品。好产品会说话，在商业模式中产品是用来满足人们需求和欲望的无形载体，没有让顾客尖叫的产品，再好的商业过几年也会过时，因为产品商业模式都有生命周期。好的商业模式要不断跟上时代的步伐，洞察消费者需求的变化趋势，不断发现新的商机，找到新的经营着力点，要明白没有一劳永逸的商业模式。现在消费者越来越倾向于选择符合自身价值观和认同感的品牌，通过品牌完成自我价值的认同，所以商业模式中的产品老化、无持续新品出现时，就无法赢得新一代年轻消费者的需求，即商业模式也跟着老化。

商业模式的最高境界是成立一个平台，持续不断地影响顾客、员工，让服务终端客户变用户。如今全球化竞争环境激烈，人工费不断增长，信息技术进步，客户更容易获取信息。企业能否设计一套出色的利润控制体系和现金流的商业模式，是决定企业能否生存的关键。好的商业模式是可增长、可复印、可持续的。好的商业模式重点不在于成本思考，而是价值思考。事实证明，低价战胜不了高价的原因在于价值。未来商业市场要靠价值颠覆，靠价值去取胜，而不是靠成本价值去竞争。

赢利模式基础是产品为王

企业最本质、最核心、最关键的工作就是产品创新。如果企业无法根据目标客户的需求去提供产品，只是靠广告，靠策划去忽悠客户，这样的企业是不会长久的。商业竞争的本质一定是围绕产品为中心，今后营销的竞争力是"产品为王"。建立信任的第一步就是要让客户觉得，你是站在他们的角度上考虑问题，并富有前瞻性地提供解决方案。中国有众多茶商加起来不抵一个英国的立顿，而英国还不产茶叶；猕猴桃在新西兰就变成了奇异果，和本地产品相差10倍价格，这都值得我们深思其中的缘由。

创新体验，服务为王

在日本有家理发店，每次顾客来理发都建立数据库，凡到该店理过发的顾客20天以后均会收到个通知，内容是：您是何时来我店理发的，您的头发是什么类型，您喜欢什么发型，您用的洗发水是什么型号，您用的发乳和香水是什么品牌，我们都已经为您准备好了，您该来理发了。这个通知让每位顾客都感到很温馨，自然会再到这个店去理发。然后，到了第八次的时候，普遍客户会自动升级为银客户，免费送一次洗脸做面膜的服务。

又如，当国内经济型酒店的服务趋于同质化的时候，一家知名品牌的连锁酒店率先在房间里配备了不同种类的枕头，以适应不同客人的睡眠习惯，这个改变成本不大，但带来的效果却超出客人的预期，这就是好的用户体验互动。

诚品书店是台湾最著名的24小时书店，从卖书到卖环境、卖感觉、卖创新，再到组织丰富多彩的活动，如文化沙龙、展演活动、咖啡馆等，其吸引力在于参与感，不断为客户制造惊喜，给客户留下美好的回忆。未来的商业模式的竞争一定是产品、服务、体验、通路、价值的竞争，这里面最重要的是体验为王，例如，未来的微信将微力无边，未来的服装可能变成顾客DIY量身定制的产品。

商业模式标准化才能赢

以往中国人根本就不认同中餐标准化这个理念，认为中餐很难标准化，但是在今天看来中餐做得最大、最好的企业一定是标准化的企业。例如，味千拉面为什么能一年销售额达10亿元，为什么味千拉面能成功上市市值达到100亿元？其成功的秘诀在于对整个流程进行了标准化，面的份量、放多少味料、汤的比例等环节都进行了系统化控制，其流程只要稍做培训的员工都能操作。再看真功夫，在没有对其蒸菜系统进行标准化之前，只能算是小作坊中餐馆，但自从推出了电脑程控蒸汽设备后就变成了可以同麦当劳、肯德基一样高度标准化、高度自动化的连锁企业。真功夫曾迅速将店扩展到400多家，也获得了风险投资者今日资本的青睐，虽然后来真功夫股东发生严重纠纷，其门店经营还是井然有序，成为可以与麦当劳、肯德基这样世界级餐饮企业竞争的标杆，为中餐发展树立了榜样，这就是标准化的力量。

【专家点评】商业模式需要有顶层设计的思维，既要有最顶层的资本金融思维，也要有符合自己特点的商业模式，还要有自动化的营销系统。人们已经从小商铺的百里挑一走向商场的千里挑一，现在更是步入互联网时代的万里挑一了。

在未来，一个好的商业模式好比建一个鱼塘，不仅有足够吸引人的拳头产品将客户引进来，还要有自动化产品服务流程将客户留下来。唯有拳头产品足够吸引客户，才会产生巨大的穿透力、吸引力。唯有服务逻辑思维足够符合人性，才会令企业的商业模式实现价值，才能挣大钱。

第四节　腾讯何以"微扫天下"

最大的敌人是自己

作为中国最成功的互联网公司之一，腾讯QQ已经积累8.5亿活跃用户，微信在2014年拥有超过7亿用户。从1999年马化腾在深圳创业，半年的时间里研发出QQ，与此同时，市场上已经相继诞生了一批同类型的通信软件，如PICQ、TICQ、GICQ、新浪寻呼等，但是马化腾的QQ迅速引起了市场的关注。马化腾一直坚信"只要方向正确，专注创新，奇迹总会发生"。QQ凭借一系列创新技术，迅速在同类型软件中杀出重围。比如，QQ的用户资料存储于云服务器，在任何终端都可以登录聊天，同时QQ首创了离线消息发送功能，还可以设置个性化头像。随后，QQ不断发布新版本，新增QQ群、好友手机绑定、摄像头绑定等功能，让QQ转型成为真实的社交网络平台。

腾讯在2011年1月推出微信，短短的1年时间，微信更新11个版本，平均每个月迭代一个版本。1.0版本仅有聊天功能，1.1版本增加对手机通讯录的读取，1.2版本打通腾讯微博，1.3版本加入多人会话，2.0版本加入语音对讲功能。直到这个时候，腾讯才完成了对竞争对手的模仿和追赶，开始创新之路。之后2.5版本推出引入查看附近的人；3.0版本增加了漂流瓶和摇一摇；3.5版本增加了英文界面，全面进军海外市场；4.0版本增加了多人实时聊天及语音提醒，还可以根据对方发来的位置使用导航功能。此后，微信的社交平台功能日趋完善，5.0版本增加了表情商店和游戏中心，扫一扫功能全新升级，可以扫条形码、扫二维码、扫封面，加之微信支付体系打通，一个移动的商业帝国已搭建完毕。

先聚人气，后聚财气

2013年4月，腾讯海外用户突破4000万，8月突破1亿，以月平均1500万用户的速度快速增长，商业奇迹不断刷新。2013年9月17日，腾讯市值突破1000亿美元。腾讯成功的秘诀在于先聚人气后聚财气，有了人气就不怕没有财气。QQ是免费使用的，微信也是免费使用的。马化腾的高明之处在于打造了一个免费平台，用免费平台聚社群。人类文化本身就是圈子文化，中国人的文化基因中圈子文化基因更是根深蒂固，微信正好把握并满足了人性需求。在当今社会，谁掌握了大数据谁就掌握了财富钥匙，免费是吸引客户先聚人气、后聚财气最好的方式之一。

专注搭建免费平台，蓄水养鱼

在微信平台搭建发展过程中，马化腾始终把有限的产品精力，集中在突破创新上。再看2014年10月31日正式关闭的MSN，却死在了贪多不精、不够专注上，在没有搭建好平台的基础上就盲目多元化。MSN从1995年诞生，长时间以来一直是互联网产品创新的先驱，除了即时通信，邮箱业务在2000年左右就做到了全球最大、最多的时候拥有超过两亿用户，但MSN无限延伸到新领域，视频、购物、搜索、网络存储等无所不包，在此过程中每个领域都推出收费服务，表面上看人气很旺，但没有多少忠实粉丝。如此多元化发展，到了最后，自己都不知道到底要干什么，最终挂掉了。微信5.0把之前所有自媒体公众平台进行了"折叠"，即设立了两个文件夹，"订阅号"和"企业号"，如今大部分用户订阅的公众平台都被收录在"订阅号"里，如果用户需要阅读必须要先进入"订阅号"平台中查阅。腾讯始终专注即时通信为主体，积累了庞大的绑定资源后才进行合理的延展。

马化腾对多元拓展业务给出了三个思考：一是新的领域是不是我们所擅长的？二是如果我们不做，用户会蒙受什么样的损失？三是如果做了，我们在这个新的领域中具有怎样的竞争优势？微信并不急于商业化，而是继续搭建微信平台，确保用户在微信拥有卓越的通信及社交体验。这点马化腾吸取了新浪微博商业化失败的教训。新浪微博凭借品牌的影响力和媒体属性迅速积累了庞大的用户群。但选择商业化是以丧失用户体验为代价的。从新浪微博的教训来看，腾讯在商业化之前，减弱媒体功能是比较合理的。今后微信将会形成一个更大的平台，微信形成的商业模式也将是大商业模式。但是，笔者认为微信一旦过度商业化，比如，微信朋友圈过多的广告投放，就可能导致微信走到尽头。游戏、增值服务只是微信商业化的前哨战，马化腾时刻关注着广告、电子商务，联系到腾讯移动生活电商部与微信频繁对接，微信如何做到与众不同，还有待继续关注。

企鹅智慧："抄底"专家

2000 年，QQ 打败了 ICQ，成为国内即时通信软件的王者，同时国内的其他即时通信工具，不但完全失去了国内市场，也失去了国外市场。腾讯能够在学习、模仿对手的同时，进行有差异化、为我所用的创新。在即时通信软件市场上，ICQ 被"抄死"只是其中之一，比 ICQ 更有实力的 MSN 也不例外。当时 MSN 打的是所谓的白领牌，让白领一族以使用 MSN 聊天为荣，尽管当时腾讯还没有找到赢利点，但还是势不可当，碾压 MSN。腾讯还抄了盛大的后路，通过自主开发或者引入的韩国网游获得成功，通过引进研发再加微创新的复制，到 2010 年腾讯在盛大不知不觉中已登顶网游市场第一的宝座。

此后，腾讯还抄淘宝网、百度等，淘宝网一推出，腾讯就出了拍拍网；泡泡堂一出现，腾讯就出了 QQ 堂；当百度已稳居中文搜索老大地位时，腾讯又推出 SOSO。特别是腾讯"抄"阿里，更可谓一绝。支付宝一出，腾讯就出了财付通；马云推出快的打车，马化腾就推出嘀嘀打车；余额宝与微信理财通剑拔弩张，"红包大战"更是硝烟弥漫！紧接着，支付宝元宵理财与微信定存宝也随时准备着开战等。马化腾结合道与术，不但抄近道，而且直接抄后路，用持续不断的微创新，打出势不可当的腾讯王国。

微扫天下，后来者居上

2004 年 6 月，腾讯控股以 3.70 港元的价格，在香港联交所主板挂牌上市，10 年来市值不断攀升，在香港市场创下了股价 10 年翻 175 倍的股市神话，腾讯的股票市值一度接近 2000 亿港元大关，有超苹果、谷歌、微软之势。从腾讯的发展来看，它既有扎实的业务，又锁定一系列移动互联网增值板块，是一家全球罕见的即时通信、门户、游戏、电子商务、搜索等无所不包的互联网业务公司。因为它的出现，联通、移动资讯费用收入大减；因为它的出现，国务院相关部门不得不在短时间内发布《即时通信工具公众信息服务发展管理暂行规定》，可见微信的影响力之大。

时间与空间的对接者

其实最早发明、创造微信的并非马化腾。在中国知识产权局专利库里，现在仍然能查询到一个叫赵建文的人，他在2006年就申请了一种即时通信专利（一种基于或囊括手机电话本的即时通信方法和系统），那么他为什么没有成功呢？因为成功不是努力就可以的，成功有时也要看天时、地利、人和。在2006年此工具还不具备成熟的条件，那时的触屏手机还比较少，微信在很多功能上还不能吸引人们的眼球，后来者居上的马化腾就抓住了发展时机。马化腾的智慧在于积极创造微信成长的空间，待时机成熟时再一鸣惊人。

2011年马化腾已有强大的QQ平台，可以推出强势产品，当时微信最大的缺陷就是不能大面积推广，也没有测试完善的机会。微信之所以如此成功，这得益于马化腾不放弃"微创之道"。他不断完善微信的缺点，增加语音、画面等微信功能，最终找到产业的"风口"。

微信的成功要归功于腾讯庞大的用户基础，批量导入让腾讯在各种产品上几乎战无不胜。这得益于马化腾的与时俱进，并且不断进行微创新。他能够把简单的事做到极致，微信在推出后1年内迭代开发44次。由此可见，聚焦互联网未来的格局，随着智能手机的广泛普及，移动互联网的商业价值将得以大幅提升。

2010年之前的腾讯为什么会被众多互联网同行所诟病？因为它"赢"而不"合"。比如，之前发生的QQ与360之战就引人争议。腾讯做微博、推团购，还有QQ安全、QQ播放器等，互联网几乎没有它不染指的领域。就在QQ与360之战后，腾讯还投资50亿元成立腾讯产业共赢基金，使得各种各样的创意生根发芽。在仅仅不到4年的时间里，从QQ到微信，腾讯的市值从500亿美元一路飙升到1400亿美元。如今，腾讯成为中国市值最高的互联网公司之一。

【专家点评】腾讯为何如此强大？360为何如此成功？微信能颠覆电信运营商的短信业务，是因为免费模式，用免费来黏住几亿用户，360同样是用免费杀出来的成功。未来商业封闭没有出路，只有更开放才能成功。开放就是引流进入你的平台,当你的引流量足够大,当有了足够大的数据,数据就是力量。当你能占有多少人的时间,你的财富就有多少,这就是时空的力量。

第五节 未来企业的出路在哪里?

"人口红利"转向"人脑红利"

随着土地、原材料、劳动力、能源成本上升,中国制造向来引以为傲的低成本变得荡然无存。近年来各地企业出现用工荒,现在雇一个人社保要占工资的四分之一,政府把社会责任转移到企业头上的结果是,劳动力成本越来越高。笔者在《专注与多元》一书中论述过真正的用工荒并非真的无人可用,而是需求不对口,企业招不到合适的人,很多人又不愿做枯燥反复的工作。企业要吸引优秀人才,必须要提高工资待遇,与此同时"人口红利"已进入收缩的态势,廉价劳动力的时代已经过去,企业招人的出路就是大幅度提高工资。用"技术红利"代替"人口红利"成了未来发展的趋势,企业只有努力抓住"技术红利"才能适应激烈的市场竞争。由于中国人口密度较大,所以在机器人的人均拥有量上,中国仅有日本的五分之一,美国、德国的三分之一。中国平均每万人保有的机器人数量仅为21台,远低于全球平均水平的55台/万人,在亚洲更落后于日、韩等机器人市场成熟的国家。"机器换人"将成为多数企业争取"技术红利"、有效降低人工成本的时代选择。闭门造车时代已过,中国"人口红利"已基本用完,跨界整合,应用互联网思维已是发展的趋势,原有用工思维势必受到影响。据国际机器人联合会(IFR)预计,到2025年有2%~15%的制造业工人将被工业机器人取代,所以无论是中国还是全球,智能化是未来工业的发展趋势,低端劳动密集型产业已经开始从中国向外转,"人口红利"转向"人脑红利"已是必然。

市场差异化

精准创业的核心思想是,先在市场中投入一个极简单的原型产品,然后通过不断的学习和有价值的用户反馈,对产品进行快速迭代优化,以期适应市场。这点日本人做得很好,在新品的基础上不断打磨,慢慢形成产品技术的核心竞争力。精益思想的出色之处,就在于它以客户为中心做供应链的整合,消灭库存,减少浪费。对以制造业为核心的中国企业来说,这几乎是唯一的道路。企业受人力、物力及财力的限制，不可能生产各种不同的产品来满足顾客不同的需求，也不可能生产各种产品来满足消费者的所有需求，所以要进行细分市场，根据消费者的需求，选一个潜力大的差异化细分市场。除了企业经营者的能力之外，更重要的是要选对"战场"，有的行业市场容量只有几千万元，你是无论如何也做不到一亿元的规模的，做好生意的秘密就在于选择一个好的行业，你进入哪个行业，决定了你能长多大个；你处在行业生态链的第几级，决定你能差异化多久。小米的雷军用小米式七字决"专注、极致、口碑、快"在手机红海市场中成功开拓了小米的蓝海市场。

平台共赢化

当中国联通和中国移动依仗政府的支持，还在沉头大睡时，微信几乎清扫了这两个巨头电话和短信的收费模式，真可谓"微扫天下"。再看淘宝交易平台年成交量高达1万亿元，余额宝又有颠覆银行之势。再看国美不小心犯个错误，结果给苏宁一个机会，抢走了国美市场份额。柯达在不知不觉中被诺基亚颠覆了，诺基亚在不知不觉中被苹果颠覆了，而苹果又被三星超越了。它们的失败并不是源于原有体系的失败，而是新的体系遭遇这些对手的颠覆性破坏，它们都带有跨界整合的特点，先多元再聚焦，集中精力开发一款产品，并做到极致。如苹果到现在为止仍然只有iMac、iPhone、iPad、iPod等少数几款产品，但是每一款产品都不可替代。这些颠覆者都有一个共同的特点，就是少即是多，做精、做透、做到极致，成功的概率比漫天撒网要好得多。在未来，颠覆自己的方式将取决于跨界整合的能力。如何掌控跨界做颠覆性整合，苹果是最好的学习案例。苹果公司从芯片、硬件、系统、App到销售终端，几乎控制了整个产业链，而且苹果几乎是一个独立王国，独立的ISO系统和标准，独立的设计、开发、制造和销售体系，唯有加工的体力活交给了代工工厂富士康。

其实苹果、施乐式创新，很少在技术上进行原创，它们主要在市场的用户体验和商业模式上进行创新，瞬间聚合了市场资源，并得到最优的配置。例如，三星、苹果击溃诺基亚，并不是靠能打电话、发短信、摔不坏的手机，而是靠能上网、看电影、听音乐、拍照片、玩游戏的智能手机。它们颠覆了手机概念。苹果的取胜之道是给用户带来好的使用体验，并贯穿于每一个细节；而小米手机为用户制造了参与感。未来将是聚合的时代，只有做得好与不好、专业与不专业之分，今天的互联网营销不再是一种信息的传递，而是价值的延伸、品牌的渗透。在未来应更关注消费者的内心世界，通过创新提高与消费者的互动体验度。如今是外行颠覆内行的时代，在互联网时代如果内行不敢跨界，外行就敢跨过来打败你。外行与内行各有优势，外行打败内行的逻辑是全力争取消费者，而不是和对手去竞争；而内行虽然比外行更懂产品、技术，但是在互联网时代外行更懂市场与用户，它们如果能跨界整合，一切都有可能被推倒重来，因为它们从战略趋势上就把内行搞得节节败退了。

这个时代竞争最大的特点是"竞合"。微信已从"微扫天下"转入"扫码天下"的赢利模式。企业及个人都有自己的推广码，可让客户、朋友快速关注、快速注册会员、快速赢得赠品等方式成为利益共同体，成为事业合伙人。最终的成功者往往不是表面的强大者，而是那些善于合作者，而最佳的合作对象其实就是自己最大的竞争对手，跨界经营的最高境界是强强联合、资源整合。

组织小型化、产品尖刀化

在未来，更趋向产品多元化、消费碎片化，但交易成本决定经济发展的质量。中国有5700万小微企业，这是一个庞大的企业集群，是我国经济的重要组成部分，在国民经济中具有不可替代的重要地位和作用。企业必须适应时代，小微企业有容易适应市场变化、组织灵活等特点。

例如，海尔启动"组织瘦身运动"，将海尔8万多名员工转变成2000多个小公司。其主要目的就在于"外去中间商，内去隔热层"，把企业与用户之间引发效率低、信息失真的障碍彻底去掉，让企业直面用户。海尔的"人单合一"就是将原来的企业串联流程去掉，原来是企业研发完去制造，制造完去营销，一环一环下来，中间有许多信息失真；现在的组织"倒三角"，就是让企业和用户并联在一起，各个节点将每位员工的薪酬和其"单"（即用户数量、销量等业绩表现）挂钩。对单个组织体激励标准取决于创造价值的大小，让员工分享增值和剩余收益，高增值对应高薪酬，实现"人单酬合一"。

在竞争激励的行业困局中，未来两种类型的企业最有可能脱颖而出：一是"大而全"的企业，其拥有强大的技术、资金、渠道优势；二是"小而美"的企业，其在某个细分领域、某款产品有专长，可以把产品做到极致。但随着激烈的竞争，鲸鱼毕竟是少数，小虾米才是多数。中小企业的经营者已进入战略制胜的时代，战略取向是中小企业生存发展的关键。专业化的"小而精""小而专"已是经济结构发展趋势，企业只有根据自身优势、资源优势等特点，制定好战略、生产好产品，才可能支撑公司的突破性增长，苹果公司正是如此，腾讯的微信也是如此。如果公司缺乏尖刀产品，就只会业绩平平，使公司遇到成长颈瓶。

产品的竞争是文化的竞争

未来企业之间的竞争是品牌与品牌的竞争、信息与信息的竞争、人才与人才的竞争。要找出企业战略的独创性，不仅要关注眼前的利益，更要关注将来的趋势；不仅要关注环境提供的机遇，更要注重自身与环境之间始终保持良好的协调；还要能从战略的高度来看企业。一个企业如此，一个国家也同样如此。例如，韩国的"文化立国"战略踏准时代文化的节拍，韩国政府于1998提出了"文化立国"战略，将文化产业确立为21世纪发展国家经济的战略性支柱产业，随后颁布了《文化产业发展五年规划》《文化产业发展推进计划》《电影产业振兴综合计划》等一系列将战略落地实施的规划。此后韩流不仅席卷亚洲，还席卷世界。韩居《大长今》《来自星星的你》等热播，韩国的商品在中国持续热销……这得益于韩国政府通过对国家和全球局势的准确判断和深入思考之后，制定的合理战略。文化在世界上快速传播的效应，使得韩国产品席卷国际市场。韩国文化战略的成功，值得作为拥有悠久文化历史的中国学习。马云踏准了互联网的节拍，成功了；王健林踏准商业地产的节拍，成功了；马化腾踏准社交需求的节拍，微信也成功了。"只要是适合自己的，能把自身的优势发挥到最大的，就是好的商业模式。"[①] 作为一个人或一个企业也一样，时代的节拍如韵律，根据音律的高与低、音阶循环的频率，不断变化。迎合时代的韵律关键在于找到一首属于自己的旋律，对于企业来说就是解决专注与聚集的问题。做企业是同样的道理，万事万物有舍才有得，不愿放弃是公司经营中的大忌。差异化产品的战略就是取舍，取舍意味着放弃，放弃某部分才能把另一部分做到极致，没有放弃永远不会有真正的战略。把握时代的主流，整合社会的优质资源，植入企业可持续发展的基因，伟大的组织必定是学习型组织、创新型组织、教导型组织。企业只有不断学习和创新，构建创新型组织，顺应时代的发展与变化，才有可能赢得未来。

【专家点评】未来商业一定会进入一个玩乐极致体验的极端，即肉体的极致体验、情感的极致体验、心灵的极致体验。

[①] 王志纲：《玩出来的产业：王志纲谈旅游》，鹭江出版社2014年版，第147页。

第七章 模式与机制

第六节 马云的机制智慧

2014年9月19日，阿里巴巴在纽交所正式挂牌上市，确定IPO发行价68美元，而当天开盘价达到92.7美元，对应市值2285亿美元。阿里因此成为仅次于苹果、谷歌和微软的全球第四大高科技公司和第二大互联网公司。美国彭博新闻社发布的亿万富豪指数显示，阿里巴巴创始人马云已超越万达集团王健林成为中国首富。作为一个中国最大的电子商务企业创始人，马云创业时一没有钱，二不懂IT技术，是如何在互联网竞争激烈的时代取得成功的呢？马云的经营之道、管理之术值得创业者、经营者学习借鉴。

成功者都是"造梦高人"

马云是个"造梦高人"。从创业到成功上市马云用了15年时间。再到后来成功上市后造就1000个千万富翁。1999年2月20日，马云带领"十八罗汉"在杭州湖畔花园马云那间150平方米居住兼办公的房子里创立阿里巴巴。在这种简陋的办公条件下，马云以他与生俱来的极具感染力的演讲口才向他的团队宣布："我们要做一件伟大的事情，我们不做门户，我们要做'B2B'。"B2B将成为互联网下一轮革命性模式，在当时"十八罗汉"之中还没有几个人能弄明白什么是B2B，但马云深信不疑地描绘着美好的未来。就这样，17个人在半信半疑中跟随马云踏上了梦想之路。当时马云的团队能够凑出的资金只有50万元，这样的投资额对于1999年的互联网行业来说，只能用"杯水车薪"来形容。更不用说与当时三大网站——搜狐网、新浪网、ChinaRen等网络公司相比，根本不是一个级别。当时马云连发工资的钱都没有，团队唯有靠梦想来坚持。

对于很多没钱、没人、实力单薄的小微企业来说，造梦就是为企业成员描绘一个美好的愿景，让所有的员工觉得在这里有盼头、有奔头、有甜头。创业就是用梦想去挑战目标，激励团队，感召人心。人因梦想而伟大，如果人没有梦想，从某种程度上说，这个人是没有战斗力、没有创造力的。企业领导人要激发员工心中的梦想，激发员工自驱力，有了自驱力，员工就会自发地为企业工作。企业通过帮助员工实现自身价值，在实现员工价值的同时实现企业的价值，这才是真正的梦幻团队。

有人说马云的领导力厉害，而真正厉害的是把梦想变成团队成员实现梦的驱动力。如果一个企业只能让员工为了生存而工作，那是留不住员工的；

如果一个企业连梦想都不敢做,那是绝不可能有大作为的,当然也就更不可能吸引团队成员追随你。梦想对人具有牵引性作用,要在目标与愿景中与团队成员达成共识。只有激发团队成员的兴趣与雄心,才有可能产生团队的向心力、行动力,让梦想成为可能。

机制灵魂:强化企业价值观

在当今时代,用层级管制方式去治理企业已越来越难。与之相比,用西方的制度管理也难以执行,因为西方强调契约精神,而中国则侧重对人治的依赖。所以我们看到任正非、张瑞敏、柳传志、马云等企业家多用"内部讲话"的方式对企业发展中存在的问题进行引导治理。马云说:"相信平凡人,反对精英。如果你认为你是精英,请你离开我们,我们都是平凡的人,我也没觉得我比人家聪明。"他努力而谦逊,并要求身边的人不骄不躁,他花大量时间建立一个阿里巴巴的文化价值体系。因为他认识到,任何企业创始人之所以开始一番事业,都是在经营自己的梦想,用梦想挑战目标,激励团队,感召人心。当企业不能在精神与感情上给员工以激励时,员工就格外看重钱,因为文化的作用可以在制度之外的地方发挥极大的作用,所以要在文化上再建立一套制度体系,这样才合理。一旦形成强有力的文化价值体系,在企业发生有违背价值体系的事时,员工能自发跳出来阻止,这就是文化的作用。

企业文化的生命力来自创始人对价值观的坚守,因为企业文化在某种程度上是企业创始人文化价值趋向的体现。从历史不同阶段来看,大到一个国家,小到一个企业的治理,早已从行政机制赏罚、权利权威、法规章程、契约、层级结构、领袖魅力等方式,转变到当今用隐藏的精神与境界、用文化去做治理的阶段。

留住人才要有"同心锁"机制

马云之所以能长期保持稳定的董事局格局来对抗外来风险投资可能带来的风险,就是因为他擅长用人之道。马云通过员工持股计划、股票期权等激励措施将内部创业员工与集团的利益进行捆绑,满足了员工"当老板"的成就感,又通过组织结构扁平化,对近120名高级总监以上的干部提出了建立集团组织部,通过"集体决策,以老带新,内部创业"来培养及储备人才梯队,保证了创业成果为集团战略与利益服务。马云的撒手锏就是"受限制股份单位"(简称RSU)。员工获得RSU之后,入职满一年方可行权,而每一份RSU发放则还要分4年逐步到位,每年授予25%,由于每年都会伴随奖金发放新的 RSU 奖励，员工手中所持的 RSD 的数量便会"滚动"增加。正是这种"滚动式"激励模式，使得阿里巴巴集团的员工手上总会有一部分尚未行权的期权，进而帮助公司留住了员工。这一股权激励工具在公司内部被戏称为"金手铐"，这一"金手铐"式的撒手锏通过极富吸引力的股权激励机制，有效地强化了员工的集体归属感和主人翁精神。

马云在 2013 年 1 月 10 日宣布对集团进行调整，将原有的 7 个事业部分散成 25 个以项目导向为主的事业部，以实现将传统金字塔的层级管理模式向扁平化组织架构过渡。新成立的 25 个事业部根据事业共性进行宏观组合，再交给集团负责具体经营的"管理执行委员会"的 9 位成员分别负责。这一设计首先保证了新的业务单元可以随时应对新的业务形态；其次，由管理层专人监督与协调，在更高层面保证了其为集团公司战略服务的需要。总之，马云对集团进行调整成功地打破了原有部门界限明晰的管理模式，从而实现了员工与企业的双赢。马云多次与国际资本交手过招而不倒，得益于他身边有一批将才，内有"十八罗汉"，外有华尔街律师出身的蔡崇信支持。蔡崇信可以称得上马云的一员福将。蔡崇信出生于台湾地区的法律世家，耶鲁大学法学博士毕业之后，曾服务于 Investors AB，加入阿里巴巴后长期担任阿里巴巴首席财务官，主导了软银、雅虎注资及后来分拆支付宝、回购雅虎股权等一系列事件。一个优秀的 CEO 应该用智慧、胸怀、眼光领导这家企业，高手过招比的是智慧、胸怀、眼光，比的是谁有多少大将。

"功成身退"的智慧

2013 年 1 月 15 日，马云的告别信发到了阿里巴巴全体员工的信箱里。马云宣布于 2013 年 5 月 10 日起，不再担任阿里巴巴集团 CEO 一职，将全力以赴做好阿里巴巴集团董事局主席全职工作。马云此时"功成身退"是一种大智慧。很多企业在发展壮大后，都面临如何让接班人顺利接班的问题，马云辞去 CEO 一职，一是为阿里巴巴 IPO 布局；二是为稳妥交班，退居二线，可以将更多精力投入新产业布局中。陆兆禧是跟随马云起家的一名福将。他为人随和低调，拥有资深的职业背景。从 2000 年加入阿里巴巴集团，曾三次临危受命，在各个岗位任职均取得不错的成绩，但要领导一家中国最大的电商企业，还需要有人帮扶。而退居二线的马云可以利用自己成功的用人管理之道，使阿里巴巴这个全球最大的电子商务企业，从创始人个人魅力管理向制度管理过渡，让阿里巴巴从创业型公司向成熟型公司转型。这就是马云的智慧所在。

【专家点评】

对于一个老板来说,一个员工的价值不在于做出多少业绩,而在于影响多少人多做业绩。一个领导最大的能力不在于带领多少人,而在于能带出多少精兵强将。一个老板最大的成功不在于赚多少钱,而在于能帮助多少人赚到钱。让人跟随自己成功,这样的老板想不成功都难。马云就是这样一位令人成功、让自己成功的企业家。

第八章 股权战争与机制设置

第一节 未来企业界的三大战争

品牌战争

2015年春节还未过完，财经作家吴晓波的一篇文章《去日本买只马桶盖》，成为2015年制造业产品的热议话题。其实这篇文章是对国人的一种讽刺，也是一种无奈，不知国内众多马桶盖生产企业怎么想？但如果你问一下外国人印象中有哪些中国知名品牌，他们会说万里长城、北京故宫、中国功夫等。你再问他中国有哪些知名商品品牌，他们很难说出中国有什么全球知名品牌，这就是第二大经济体下中国品牌的现状。就算在经济规模上与中国相比微不足道的瑞典、荷兰和芬兰，也分别拥有宜家、飞利浦和曾经辉煌的诺基亚等全球知名品牌。

大家也不用嘲笑国人"钱多人傻"，因为这不光是人的问题，长时间以来中国制造与不同层次人群的需求不匹配，同时"中国制造"也没有发展出"中国创造"的盛况，而且多年来"中国制造"所推行的用"市场换技术"的后发战略也早已经失效。"中国制造"无论是在国内市场还是在国际市场所获得的成就，其核心武器只有一项，那便是成本优势。我们拥有土地、人力、税收等优势，且对环境保护无须承担任何责任，可如今随着各项成本的抬升，性价比优势已薄如刀片，加之急功近利，忽视产品品牌建设，中国缺少世界知名品牌的产品也就不足为奇了。

反观中国工业区的工厂倒闭潮，这些工厂习惯了低劳工成本，习惯了代工思维，因为创建品牌难，宁可投几千万元在设备上，也不愿在品牌、人才上投入；因为认为品牌是烧钱烧出来的，更怕培养了人才被别人挖跑，更不愿在培养人才上下功夫。所以，中国制造业陷入举步维艰的困境并不让人意外。

中国面积广阔，人口众多，这决定了国内企业拥有庞大的内部市场，不需要吸引国外市场就能够拥有很大的赢利空间，不管电饭煲还是马桶盖，都归属于所谓的传统产业，但它们是否"日薄西山"、无利可图，完全取决于技术和理念的创新。同时中国却缺少让民众信赖的品牌，其根结在于中国企业总是执迷于成为世界500强，却忽视品牌的建设。中国成为唯一没有国际知名品牌的经济大国，这也真实反映了中国市场经济所处的阶段。一个强大品牌的崛起，几乎无一例外地会对社会、产业做出令人瞩目的贡献，这种贡献要么表现为商业观念、商业模式的创新，要么表现为生活方式的变革，要么表现为对产业演进的引领。总之，一个强大的品牌无一例外地会为员工、为客户、为社会发展做出贡献。

人才战争

美国能够在"二战"后成为世界第一科技强国，并在高科技领域持续"占据制高点"领先全球科技发展，并不是因为美国人的天赋远优于其他族群，而是因为美国不问种族、不分国籍的人才战略，使它成功地吸取到全世界的顶尖人才。美国成为世界超级大国的核心秘诀就是以成为世界人才大国为目标，这也是美国问鼎世界霸主的"密钥"。早在"二战"期间，美国便先发制人、悄无声息地打响了人才争夺战，美国的人才战略与优质的人才环境，吸引了爱因斯坦、原子弹之父罗伯特·奥本海默等一大批科学家人才。企业之间的竞争表面看是产品的竞争，其实是人才的竞争，是人与人之间学习力的竞争。全球500强企业之所以能长久保持旺盛活力，是因为它们善于发现人才、培养人才，把人才视为企业最大的财富。一个企业如果没有激励人才的机制，或激励机制不彻底，不能将员工利益与企业利益紧密地捆绑在一起，有才能的员工就会选择到其他平台发展；对于优秀的企业员工，还必须和他们结成利益联盟、荣誉联盟、事业联盟、使命联盟。股权激励机制可以使企业管理者和员工共同利益绑在一起，最终吸引人才、留住人才，形成利益共同体、思想统一体的最好办法。在非上市公司实施股权激励计划，有利于企业稳定和吸引优秀的人才，增强员工的归属感和认同感。最好的商业模式其实就是企业能够最大限度地发挥人才能力的模式。企业只要解决了价值评价和价值分配问题，也就解决了价值创造的动力问题，使价值创造成为可能。激励的首要问题就是分钱，薪酬激励的根本是评价，不是评价人，而是评价人在岗位上发挥的价值。员工富裕后，难免会懒惰，所以企业不但要分好钱，还要有使命感。没有使命感的企业老板很难将企业带上更远、更宽的大道，更无法打造文化企业。没有企业文化的配套与补充，即使制度再完善，还是会给人留下钻空子的机会，所以只有将文化建设作为补充，整个企业管理才是健全的。

风投战争

近年来，从国美"黄陈之战"、雷士照明"治理纷争"、阿里巴巴"支付宝事件"等，可以看出创始人和投资人之间的多方博弈和激烈冲突。在股权战争中，有人出局、有人入狱、有人有惊无险。面对资本市场，无论什么资本都不是天使，玩不好就等于引来魔鬼。企业领导者一定要有战略，机制是术的层面，统治是道的层面，对于前辈的成败，不但要学习经验，更要吸取教训。也有一些企业家在这方面做得比较好，如京东的刘强东。2011年3月，京东商城宣布完成C轮融资，融资金额为15亿美元（其中11亿美元已经到账，4亿美元将随后到账）。C轮融资由DST、老虎等6家基金和一些社会知名人士投资，其中DST为该轮融资投资最多的基金，即投入了5亿美元。这是迄今为止中国互联网市场单笔金额最大的一笔融资，为京东商城2013年启动上市计划铺平了道路。不过，也有人担心过度融资会令创始人刘强东失去公司的控制权，沦为一个为投资人打工的职业经理人。

刘强东是否真的在股权激励的同时进行了代理投票权的安排，这属于京东的商业秘密，无法考证。假设京东采用了股权融资和代理投票权相结合的制度安排，京东在股权融资的同时就可以向员工配发大量的股票。配发股票的同时，员工要签署一份《股东股权代理协议》，协议的主要内容就是员工股东的投票权委托给京东商城首席执行官刘强东。这样，刘强东即便本人并不拥有一半以上的股权，通过这种代理的方式照样可以把控京东商城。

其实刘强东很早就对融资定下一条底线：自己在董事会的投票权永远要比投资方多出一票。对于投资方来说，强势而有能力的创始人是企业未来快速发展的保证，对于创业者来说，引入风投最忌的是失去企业管控权。如果能将股权激励与代理投票权结合，不但能激励团队的活力，还可以保证控制权不旁落他人，这一做法是应用代理投票权制度的新思路。新《公司法》为股份公司规定了代理投票权，第一百零七条规定："股东可以委托代理人出席股东大会会议，代理人应当向公司提交股东授权委托书，并在授权范围内行使表决权。"但《公司法》只是为股份有限公司规定了可以使用代理投票制度，而对于有限责任公司并有没规定。如果有限责任公司想使用这条制度，就必须在公司章程中约定，否则就不能使用。

再看阿里巴巴的马云是如何控制董事局的。马云维系控制长期依赖的董事局是2-2董事会格局。这种格局一旦上市后势必会被打破，这会让董事局持股比例远低于雅虎和软银的他"雪上加霜"，而能否达回购雅虎所持剩余股份上市绝非马云所能掌控，并且上市后持股的经理人会不会套现，也是马云不能保证的。因此，擅长用人之道的马云通过员工持股计划、股票期权等激励措施将内部创业员工与团队的利益进行捆绑，满足了员工"当老板"的成就感；通过组织结构扁平化，对近120名高级总监级以上的干部提出了建立集团组织部，形成"集体决策，以老带新，内部创业"的培养及储备人才梯队，保证了创业成果为集团战略与利益服务。

在全球经济商贸一体化的大背景下，新的财富洗牌方式已在不知不觉中开始，企业家唯有不断学习新知识、了解资本游戏规则才有可能维护自己的利益。股权布局一定要提早，千万不要在缺钱时盲目引入风险投资，风投不一定都是天使，稍有不慎就可能发现引入的不是天使，而是魔鬼。

【专家点评】未来企业与企业的竞争要懂得运用"三把剑"：第一把剑是要建立自动化运作机制，建立可以自动化盈利的商业模式；第二把剑是懂得运用金融资本杠杆，加快企业成长的时间与空间；第三把剑是提高企业文化的维度，推进企业进入更大的发展空间。

第二节　向晋商学习股权激励

从《乔家大院》看晋商的机制智慧

很多人都会认为职工持股制度最早起源于美国，因为1958年美国经济学路易斯·凯尔索就提出了著名的扩大资本所有权思想，1974年美国国会通过《美国职业退休收入保障法案》，此后德国、法国、英国等发达国家也相继推广。

其实谈起股权激励的起源，我国早在19世纪20年代就已初步形成较为完善的股权激励制度，其典型代表就是晋商首创的山西票号身股制。以清朝道光三年（1823）"日升昌"票号的诞生为标志，山西商人实现了由商业资本向金融资本的转变。此后100年，山西票号称雄于中国金融界，被西方誉为"山西银行"。

晋商在中国的兴盛，是从清兵入关以后一直到民国初年，共200多年。晋商何以称雄商界200余年？有人说晋商成功的秘诀是诚信，但诚信是基本的商业规则，并不是其最核心的竞争力，真正使晋商称雄的核心秘诀是"财股与身股结合、身股为大"的股权激励制度和法人治理结构。财股就是财产的所有权，身股实际上就是虚拟股分红权，"财股与身股结合、身股为大"的商业制度就如经理人持有身股，可获60%~70%的分红，这样即相当于给自己干，而作为老板则持有财股，虽然分红拿小头，但却可以继承、决定总经理的去留，以保证基业延续。

从国产剧《乔家大院》可以看出，老板乔致庸十分懂得让利，其目光卓远，看中的是细水长流的收益。从某种角度说，乔老板做的是老师与制度设计的工作。在该制度下，员工不仅积极主动地投入到工作中，而且还为其经营节约了很多的成本。实际上，没有员工会自动为企业节约，但是每个员工都会为了自己而节约，因此，治理成本不能依靠老板或者管理者去把关，而更应该打造激励机制，让直接办事的员工为自己节约成本。

机制决定人性

再来看下晋商是如何考核员工的。身股不是轻易给予的，而是根据其能力、稳定性、忠诚度，经考核合格后才给予的。那晋商为什么规定员工的身股不可以转让和继承呢？因为聘任的人才多为商业精英，不能转让和继承是保证聘任能人与解聘庸者的商业规则和文化基础。但同时又为能人解除了后顾之忧，凡为企业效力30年以上的掌柜就有养老俸禄，养老金为在职时年收入的一半，如果干坏事，一经发现，养老金取消。

这就如现在新加坡政府对公务员实施的"积薪养廉"机制。新加坡走的是精英治国、廉政治国路线。在该制度下，如果公务员遵守各项规章制度，退休后仅凭廉政公积金就可以后半生过上富裕而体面的生活，而且国家和个人双方都受益。但在这个过程中，你必须努力劳动，如果你不上班，公积金账户就没有存款。这个政策就逼着你认真工作，加快效率，结果对大家是公平的，生活不愁，看病基本不花钱，教育也免费。如果从反腐的角度看，就要考虑一下公务员为什么会贪腐？制度决定着人性善恶，反腐治腐的核心，不是把人关进笼子里，而是要把权力关进笼子里，把人关进去只是治标，解决制度问题才能治本。

打造晋商品牌须靠机制保障

在《乔家大院》中有段乔致庸与马荀的精彩对话。马荀觉得再干下去没有发展，也看不到希望与未来，于是提出辞职。乔致庸直言道："马荀，说吧，我要怎么办，你才会不走？"马荀犹豫再三，终于直言道："东家，其实就是我不说，这层窗户纸早晚也要捅破。天下熙熙，皆为利来。我们这些伙计，从小抛家舍业，千辛万苦跑到包头荒远之地学做生意，可还要面对种种店规：不能带家眷，不能听戏，不能喝花酒，不能会窑姐儿，大家一年年的，忍过来了，为了啥？不就为了一个利字……"

人性与机制
——如何有效分配财富，实现团队共赢

马荀最后鼓起勇气跟乔老板说："东家，要真有那一天，我觉得自个儿能顶二厘身股就满意了。四年一个账期，上一个账期每股分红一千二百两，我有二厘身股，就是二百四十两，比我四年的薪金加起来还多一百六十两，我老家一家大小，一年四季就开销不尽了，还可以买房子置地。真要有这么些银子赚，打死我也不走！"

最后乔致庸力排众议，开创了给伙计身股的先例，聘任马荀为大掌柜。掌柜就相当于企业分公司的总经理，即现在所说的 CEO。对总经理的培养一般都是从学徒开始的。学徒一般为四年，学徒期满后，会从这些为商号工作多年的优秀伙计中提拔掌柜，让他们施展自己的能力。掌柜持有身股，可以享有和财股一样的分红权，并有权参与公司的重大决策。他们通过投资占有的股份称股，可继承、可转让、可分红；他们决定掌柜的聘用、解职及其他重大事宜，如分红比例数等。身股是激发员工奋进的核心动力。晋商每三到四年分红一次，分红比例有的是六四，即身股60%、财股40%；有的是七三，即身股70%、财股30%，让员工得大头。在当时能做到这样非常不容易，需要东家有足够的胸怀，从该故事中也可以看出股权对员工的激励作用是显而易见的。这样的激励机制之下，还形成了一套约束机制。从财股来看，首先财股使产权人格化，使经营可以一代一代持续下去。财股可以继承转让，就使家业得以传承，所以东家必须关心企业中长期的利益，这就是东家们一心一意做好企业的永恒动力；其次是以分红受益和继承财股为动力，财股拥有者总是努力聘用有能力的人出任掌柜，并用身股这一激励措施来留住他们，在支持他们运营的同时做好监控工作，防止掌柜的短期行为；最后，传承财股使东家更注重诚信，"买卖公平，不搞商业欺诈"是使晋商长期受益的生意规则，这一规则逐渐在晋商中形成制度。晋商"身股和银股结合，身股为大"的制度，是一种更高境界的财富分配制度，其维系了晋商的商业文明，也很好地树立了晋商的百年品牌。但这种制度因西方工业文明的入侵和中国自身的种种问题而被无情地中断，没有按原有轨迹去自然成长，但直至今日依然对中国大多数家族企业有参考学习价值。

依层次需求设置分钱的机制

现代的企业治理与激励措施该如何做呢？根据马斯洛的需求层次理论，人分为五大心理需求，依次为生理需求、安全需求、归属需求、尊重需求、自我实现需求。首先我们理解一下生理需求，这是动物都具有的本性，劳动是要给报酬的，要解决人性最基本的需求；安全需求可以理解为员工基本工资，如政府规定的年度最低工资保障制度；归属需求即员工不仅仅做的是一份糊口的工作，而是希望通过付出获得认同及更大的利益；尊重需求可以理解为得到团队及社会认可的荣誉；自我实现需求可以理解为打工仔想成为企业老板，真正感觉到在为自己干事业。股权激励是为了激励员工，平衡企业的长期目标和短期目标，特别是激励员工关注企业长期发展和战略目标的实现。因此，确定激励对象必以企业战略目标为导向，激励对象要以选择对企业战略发展最具有价值的人员为前提。根据以上的五种需求，我们如何将人性需求整合起来，建好团队利益分配机制，激发团队成员内在战斗力，让这种力量转化为企业成长源源不断的动力呢？我们可以划分不同层次的利益联盟，前两项需求要的是利益，可以将基层员工用利益进行联盟；第三项需求要的是认同，要的是成就感，可用于企业中层人员，用事业进行联盟；第四项适用于企业经营层或核心技术人员，不仅要给利益，还要给荣誉，对这层人员要用精神联盟。但股权激励不等于直接分股权，股权是一个宽泛的称呼，有的企业并没有上市的预期，没有必要进行股权分配，但为了激励内部员工可以适用模拟分红的方式对员工进行激励。其实有些基层员工对股权没什么概念，对他们来说给现金更实在，因此，企业要根据人的不同层次需求来分钱。

晋商统领中国金融业的故事，向大家展示了中国文化的商道精神，"以德养身，以诚养心，以义制利"。从几千年来的历史视域来看，其核心问题是分配机制。分配机制一解决，所有问题迎刃而解，每场革命都是因为分配出了问题，一个国家、一个企业、一个人都面临同样的问题，那就是：为谁干？干完怎么分？历史多少分分合合都是如此循环，企业经营发展也如此。企业家需要有大气度、大格局、大胸怀，更需要建立一套完善的分钱机制。符合商道精神的分配机制能够顺应历史潮流，顺应商道精神与规范，是一个企业、一个国家通向富强文明发展的必由之路。

【专家点评】某一天，一个小孩子不解地问爸爸："《西游记》中，孙悟空能大闹天宫，打得玉帝都钻到桌子底下了。为啥取经路上老是打不过那些妖怪，还经常要神仙来降妖？"爸爸回答说："等你长大工作了就明白了。大闹天宫时，孙悟空碰到的都是给玉帝打工的，出力但不玩命；西天取经时，孙悟空碰到的都是自己出来创业的，个个只有玩命才能生存！"让企业员工成为股东，为自己干，这就是华为成功的秘诀。只有把事情看成自己的，人才会去玩命地做工作，团队才能有最大的收获。这就是股权激励的力量。

第三节 新资本战争

未来看不见的战争是风投与股权

俗话说,"巧妇难为无米之炊"。在企业遇到的众多经营瓶颈中,首当其冲的就是资金问题。尽管钱不是万能的,但是没有钱万万不能。或许有很多企业家会说,我的事业之所以做不大,是因为我没有足够的资金,如果谁能给我足够的资金,增长一定会非常迅速。如果你再问一下中国企业家最缺什么。得到的回答很多,有的企业老板会说缺政策支持、缺资源、缺人才,但你要问企业最缺什么,大多数回答还是缺钱。

许多民营企业老板为了在经营管理中保持好现金流,尽量走"轻资产"的企业发展之路。另外,千万不要在缺钱的时候去融资,在缺钱的时候去融资一般都只有被宰的份。当今商业竞争已是知识、智慧与游戏规则的竞争,要学会降低对资金的依赖,在有钱的时候寻求投资商的投资,而不要像赌博一样把自己的全部家底押上去经营企业。比如,VC融资也是突破资金瓶颈的重要途径,但一定要做好融资的股权布局,不然融着融着就会把自己"融没了",也有可能会像"雷士照明"创始人吴长江那样,引入风投却导致自己"孩子"跟了他人的姓,叫他人"爸爸"。

世界新资本战争已悄悄开始。例如,国内知名企业创始人如李彦宏、马云、马化腾等,他们所创办的企业市值都很大,但他们的企业所创造的大部分钱都被外国人赚走了,因为他们都是小股东。从某种角度来说,企业老板并不是他们,而是占大股东地位的国外风投资本公司。例如,阿里巴巴真正的老板是占大股东地位的日本人孙正义。没办法,这就是游戏规则,尽管无奈但必须遵守,谁让咱们目光短浅只盯着眼前利益。都说中国人要抱团,但其实中国人即使抱团也并不能取暖,因为没有建立诚信的机制和遵守游戏规则思维。另外,谈到民营企业融资难的问题,就不得不承认我们国家的融资环境还很差,融资渠道也存在问题。我国中小企业融资渠道单一,它们的发展主要靠自身积累,大部分中小企业很难通过直接的融资渠道来获取资金。单一的融资渠道不仅使企业融资困难,同时也提高了融资成本,加大了融资风险。由于中小企业不能像国有大中型企业那样通过招股或发行债券的形式融资,一般就只能向银行申请贷款,但由于中小企业分散、贷款规模小、信用低的特点,无疑增加了银行的贷款成本,以致银行也提高了中小企业的贷款门槛。

同时，中国企业家们经营思维固化，认为企业是"自己的孩子"，应该自己带才好。其实根据当今商界的玩法，赚钱并非一定要让自己当董事长，有时掌握一家企业只需要控股这家公司就可以了，就像日本的孙正义那样。随着阿里巴巴在美国成功上市，马云成了中国新首富，而孙正义也随之成为亚洲新首富。

掌握知识产权的"强盗"们正在"合法抢劫"

新资本战争刚刚开始，财富洗牌已在不知不觉中发生，中国企业家们需要更高的视域、智慧去应对。下面我们再学习另一个看不见的新商业战争案例。

在转基因种子市场上，美国孟山都公司是一个垄断巨头，在玉米、大豆、棉花等多种重要作物的转基因种子市场上，占据着70%～100%的份额，在全世界超过90%的转基因种子都使用这项专利。孟山都公司于2009年在金融危险下逆势增长，在美国《财富》杂志评选出的"顶住衰退：全球100家增长最快的公司"中排在第41位。但是，面对这样一家看似辉煌的企业，畅销书《粮食危机》一书的作者、美国作家F.威廉·恩道尔直言道："我更倾向于把转基因工程的推进比作新一轮的鸦片战争。"孟山都公司从1983年1月开始，成立了分子生物学研究中心，在人类历史上第一次利用生物技术改良了一个植物细胞。在过去30多年，孟山都一直专注于生物技术研发，如今孟山都在生物技术方面拥有600多项专利，在同行中遥遥领先。孟山都生命科学研究中心是全球最大的农业生物技术研发中心，每天的研发投入高达350万美元（2009年孟山都研发投入总额为13亿美元）。

发展中国家的农民无法摆脱没有再生产能力的转基因种子，过去种子都是社区所有的公共资产，而现在则成为国有资产，继而演变成了私有财产（归孟都山之类的跨国公司所有）。印度和其他地区的农民在毫不知情的情况下，就被迫停止传统的共用和再生种子技能，因为孟都山公司已经给当地种子申请了专利。农民们使用种子一直是正当的文化经济行为，如今变得违法，甚至会受到控告。因此，他们被置于左右两难的境地：要么就从经济上依赖孟都山公司，获得转基因种子；要么就会触犯法律。[①] "这一情况导致过去16年里有25万印度农民自杀，是人类历史上有记载的、规模最大的一次自杀潮。印度媒体将其称为'转基因大屠杀'（genetically modified geno-

---

① 奥托·夏莫、凯特琳·考费尔著：《U型变革：从自我到生态的系统革命》，陈秋佳、徐莉俐译，浙江人民出版社2014年版，第138页。

cide），而西方媒体，尤其是美国，始终选择视而不见。"

我国入世以后，下调了农产品市场的关税。跨国公司带着他们培育的转基因粮食进入我国市场。由于转基因粮食的技术优势和价格优势，在中外竞争中，转基因粮食已经占了上风，大豆市场的沦陷就是鲜活的例子。这给我国未来的粮食安全带来隐患，而隐患的形成因素中，转基因粮食的安全性是重中之重。转基因种子经过杂交可以提高种子产量，而传统农民自留的种子不可能产出如此高的产量，为了利益，农民就会放弃自留种子，改为使用转基因种子。不是我们农民没有道德，而是在巨大的利益诱惑面前，谁也不敢保证不会迷失。

在 2008 年，美国著名经济学家威廉·恩道尔在第五届中国软科学国际研讨会上的发言引起了人们的关注。他在发言中一针见血地指出转基因作物在种植中的三个主要特点："一是对原始的野生农作物具有灭绝作用，一旦种植了转基因作物，野生农作物将从此灭绝；二是转基因产品都是绝育产品，不能留种将导致农民每年都必须购买新的种子；三是对农药化肥具有特殊要求，只能使用转基因种子公司指定的农药化肥。而以美国孟山都为代表的西方跨国种子公司，迄今为止已经申报的转基因农作物专利至少在可预见的未来数十年之内，处于绝对的专利垄断地位。而这一绝对垄断地位，决定了中国所有农民只能向这些西方跨国公司购买种子、农药和化肥，因为只此一家、别无分店。"① 同时，以美国为首的发达国家不断设置新的贸易规则，如 TPP 的很多条款高于国家主权，知识产权诉讼要国际仲裁机构和法庭判决，而这些机构都在美国手里。

可怕的"吸血式"商业模式

但孟山都最厉害的不是转基因种子给农民带来的高产与高收益，而是其"农药+种子"的商业模式。在农业生产中，对农作物产量影响最大的有两个因素：一是虫害，二是杂草。据孟山都公司公布的一份资料显示，2007 年因采用了含抗除草剂的孟山都种子，全球的豆农增加了 39 亿美元收入，给棉农增加了 32 亿美元收入；2008 年，在南美使用转基因技术的玉米年均增产 6.1%，棉花年均增产 13.4%。

当孟山都公司的转基因种子进入某国市场，在当地农民因为它既能防治虫害、杂草，又能提高产量而欣喜之时，却不知道他们已经被孟山都公司彻

---

① 刘思维：《简述转基因粮食对我国粮食安全的影响机理》，载《科协论坛》（下半月）2011 年第 12 期。

底控制了。一方面，一旦用了孟山都的种子，以后农民每年都要向它购买。如果农民自己留存种子，产量就会下降，一代不如一代，甚至不如原来的普通种子。另一方面，如果农民要买孟山都的种子，就必须同时购买它的草甘膦除草剂"农达"。"农达"可以除掉全部杂草，但只有孟山都的大豆种子对其有耐受性，其他国家的种子都会被当成杂草杀死。对此，各国的技术人员全部无能为力。因此，在种植了转基因农作物之后，想再转回种植传统农作物就很难了，那么，这个国家的农业产业将彻底被美国的转基因公司所控制。孟山都公司的转基因种子的价格是普通种子的5倍，但孟山都并不单赚这一点钱，而是依靠"农药＋种子"的商业模式，已经攻占了阿根廷和巴西的玉米、大豆市场，也攻占了中国的大豆市场。如果有一天我们的农作物都转向了转基因种子，那么新的"鸦片战争"悲剧将在不知不觉中上演。所以，我们应警惕新经济战争的发生。

【专家点评】阿里巴巴作为世界最大的互联网之一，但阿里巴巴占股绝大多数的却是外国人，日本软银占股34.4%，美国雅虎占股22.6%，而马云本人只占股份8.9%，其他中国籍管理层估计也不会超过15%。从法律股权角度来说，忙一年也就是帮别人在打工。为何如此？在当今全球化市场经济的环境下，这个结果只能说明中国具有国际视野与国际拓展能力的企业家还很少。

第四节　真功夫家族纷争案：一堂股权治理课

草根兄弟东莞创业

真功夫前身是168甜品屋，1994年蔡达标和潘宇海创办了"168"蒸品快餐店，潘宇海占股50%、蔡达标与妻子潘敏峰各占股25%。潘宇海不是别人，正是蔡达标妻子的弟弟。3年后，在一家研究机构的帮助下，蔡达标研发出了"电脑程控蒸汽柜"。这个发明解决了中餐不能标准化的难题。因为标准化设备研发成功，减少了这家快餐店对大厨潘宇海大股东兼大厨的依赖。随后两人将"168"更名为"双种子"。"双种子"寓意着两个合作伙伴相互依存、共同发展的美好愿望。但事情并非他们创业时想象中那样发展，从创业开始企业即由潘宇海实际控制，而蔡达标在企业经营方面始终缺少话语权。在2003年后蔡达标提出出任公司总裁（此前一直由潘宇海任总裁）。此时潘宇海也看出蔡达标有策划天赋，有利于公司的全局发展，于是便同意蔡达标出任一届总裁，而自己则任副总裁（约定5年一轮值）。蔡达标出任总裁后，2004年"双种子"进军广州并不顺利，于是蔡达标提议邀请知名策划人叶茂中重新进行品牌策划。叶茂中提出"双种子"不利于打开一线城市市场，建议启用"真功夫"新品牌，但此方案遭到潘宇海的反对，认为"双种子"品牌经营了7年，具有相当的品牌价值，而启动新品牌的市场风险不可评估。为此双方经历了激烈的争吵，但在蔡达标的坚持及说服下，最终还是启动了新品牌。事实证明，蔡达标这次决定是对的，真功夫的赢利能力及增长速度得以显著提升。

为争掌控权引发创始人内斗

2006年9月，蔡达标夫妇感情破裂（据潘敏峰表示，蔡达标早在1995年就开始在外包养情妇），双方协议离婚，潘敏峰将自己在真功夫25%的股权让渡给蔡达标，以换取子女的抚养权。2007年10月，真功夫成功引进两家风投"今日资本""中山联动"各投1.5亿元，各占3%的股份，蔡达标和潘宇海的股权就同时被稀释到了47%，这种股权结构造成蔡达标和潘宇海同为公司第一大股东，拥有相同的权利。

时间转眼到了2008年，眼看蔡达标5年一届的总裁任期已到，按照之前他们双方的约定，公司总裁应该由潘宇海出任了。但是，蔡达标食言了，他拒绝交出总裁的职位。潘宇海并不甘心仅仅做一个股东，他渴望重新掌控企业。于是在2008年年初，真功夫内部协商了一个各方接受的妥协方案：成立一个子公司，创立新品牌"哈大师"，主要经营牛肉面，新品牌由潘宇海打理。蔡达标在董事会表态，投入5000万元支持新品牌的发展。如此就形成了蔡达标负责真功夫、潘宇海负责哈大师的品牌分工格局。两人各司其职，互不干涉。

然后，哈大师品牌的经营并不顺利，一年砸了1600万元却没有什么效果，潘宇海体会到再创新品牌的艰难。2009年年初，潘宇海要求蔡达标兑现剩余3400万元投资时，蔡达标以现金流紧张为由，拒绝了潘宇海的要求。此后，蔡达标又干了几件令潘宇海深感心寒的事情。

其一，在2008年年初确定哈大师新品牌的具体方案时，蔡达标明确在各董事面前表示在年底的年终总结会上集中两个品牌共同开会。可到了年终总结会即将开始之际，会议议程、日期等相关安排都已通告真功夫的全体人员，而潘宇海作为新品牌的总裁对年终总结会安排却一无所知。其二，在2008年年底，蔡达标单方面停止了潘宇海了解真功夫相关信息的官方窗口——OA系统，剥夺了潘宇海对真功夫的知情权。其三，2009年春节之际,由于停止年终总结大会,潘宇海以公开信的形式给全体真功夫在职员工的拜年信竟被蔡达标以粗暴的方式强行删除。面对上述蔡达标的种种行为,潘宇海被彻底激怒了。报复蔡达标的机会终于来了,在2009年年初真功夫向银行成功申请1亿元的无抵押贷款,潘宇海知悉后立即向银行表示:股东有矛盾,贷款有风险。潘宇海想搅黄蔡达标的贷款这事把蔡达标气得暴跳如雷,所幸在风险投资人今日资本及中山联动的联合担保下,真功夫最终还是拿到了这笔贷款。

一山不容二虎

双方闹到如此地步,继续合作下去基本已经不可能。蔡达标为踢出潘宇海聘请律师设计方案,律师站在法律的角度制定了"脱壳计划"。该计划旨在将现有真功夫的一切资产、业务、供应链、商标等,转移到新的法人主体之下,使得原企业成为一个空壳,从而将潘宇海彻底踢出局。

这套方案分为三步。

第一步:控制董事会。控制董事会的目的在于,获得董事会多数成员支持,以便今后每一步行动获得投票通过。为了实现对董事会的控制,蔡达标一方面先行收购了中山联动67%的股权,从而控制了中山联动在真功夫的董事会席位;另一方面,在双种子公司清算之后,双种子公司委派至真功夫董事会的潘敏峰,自然就失去了董事资格。此外,蔡达标以现任监事窦效嫘不称职为由,发起董事会投票罢免其监事职务,更换蔡达标派系的人担任。

第二步:脱壳准备。蔡达标在完成对董事会的控制之后,便可以着手为脱壳做准备,包括相关子公司的清理以及一些法律事务。通过董事会投票将北京真功夫、东莞哈大师、深圳千百味的法人代表潘宇海更换成蔡达标。

第三步:金蝉脱壳。经过前述脱壳准备工作之后,基本上真功夫的所有资产及业务都整合到了8家子公司之中。此时,蔡达标与中山联动、今日资本三方按照88.68%、5.66%、5.66%的股权比例,设立一个新的法人主体——A公司,然后再通过董事会投票,将真功夫旗下的8家子公司,以大约净资产的价值格卖给新成立的A公司。若此步骤实现,则蔡达标彻底完成了对真功夫的"金蝉脱壳"。资产业务还是原来的,只不过法律主体已经变了,原先的真功夫公司已经变成一个空壳。而潘宇海出局,除了能按照持股比例拿到一笔出售资产的款项,什么也没了。此时,蔡达标通过法律程序恶意损害股东利益,从法律人士角度来看,有可能已构成职务侵占罪。

"二奶半路杀出",蔡达标身陷官司

但此时蔡达标婚外情被曝光,一位贵州籍女子在广州街头召开新闻发布会,称其是蔡达标的二奶,并与蔡达标有一子,现年9岁。现欲以儿子名义起诉蔡达标索要5000万元抚养费。随后潘敏峰起诉蔡达标重婚,并欲索回25%的股权。潘敏峰说道:"我当时没跟他计较,不是不知道他有多少资产,而是想着他总归是孩子的爸爸,所有资产最终还是我们孩子的。谁知道现在又跑出个私生子来。"

2009年8月,潘宇海以大股东身份委派哥哥潘国良出任真功夫副总经理,结果被蔡达标拒之门外,双方爆发冲突。此外,潘宇海要求查看真功夫财务账目也被拒绝,潘宇海随即起诉真功夫。2010年2月法院判决真功夫拒绝大股东查账违法,要求其将相关账务信息交给潘宇海委托的会计师事务所审计。

2011年3月17日,真功夫部分高管,包括蔡达标的秘书丁迪和副总裁洪人刚等人,因涉嫌经济犯罪,被警方带走协助调查。董事长蔡达标与任采购总监的妹妹蔡春媚随即也下落不明。自此,潘家与蔡家之间就企业控制权展开了新一轮白热化的争夺。

蔡达标在离开当天签署了两份书面文件:其一是任命了小妹蔡春红出任董事长,其二是提名副总裁、财务总监冼顺祥担任公司总经理。蔡达标说此任命及提名得到了真功夫董事会其他董事(包括风险投资代表)的批准,但是潘宇海对此任命不予认可。

2011年4月11日,潘宇海方面公布了一组从真功夫总部保险柜获得的秘密文件,即由律师协助蔡达标制定的《蔡总方面优劣势情况分析》《潘宇海方面的优劣情况分析》《真功夫系脱壳工作计划》《真功夫系正式脱壳动作的工作安排》等五份秘密文件(即前述的"金蝉脱壳"计划)。这些文件犹如一颗重磅炸弹,把蔡达标的隐秘行为彻底曝光。获得这一系列密件之后,潘宇海妻子窦效嫘以监事身份,将蔡达标告上法庭。随后,法庭查封了蔡达标通过中山联动所控制的真功夫3%的股权。

2011年4月22日,一直潜逃的蔡达标被广州警方以"涉嫌挪用资金、职务侵占"被正式逮捕。5月11日,真功夫公司对外发布声明,由副董事长潘宇海代为行使董事长职务。此声明标志着潘宇海正式掌管了真功夫。

真功夫控制权的斗争,目前依然没有画上一个圆满的句号,等蔡达标刑满出来后,不知又是怎样的境况。但两大股东的持续斗争,给企业带来了巨大的伤害。2007年真功夫就宣称到2010年年底前要开设1000家连锁店,并实现上市。可如今，其连锁店的数字还停留在 400 家左右，上市更是遥遥无期。

真功夫给民营企业的教训

中国人投资创办公司的时候，并不太注意公司章程的设计和约定，还有一些人往往不好意思把账算得太清楚，把话说得太绝，这是缺少法律意识的错误行为。开公司一定要记住一句话："亲兄弟，明算账。"做企业不是做朋友，需要更多地考虑到利益方面的问题，而不是关系的问题。在公司治理中，理性要大于感性，否则随着经营情况不断发生变化，人也不断发生变化。自古有云，"一山不容二虎"。公司治理中最糟糕的就是不知道谁是老大，如 45%、45% 或再加个 10% 的股权结构。老虎小的时候还会抱团取暖，等大点了就会挣钱分利、斗得你死我活，不合理的股权结构一定会为今后公司的内耗埋下祸根。

在股权设计上绝不能采用 50%。全世界最差的股权结构就发生在真功夫的蔡达标身上，即两个股东各点 50%，如果两个股东意见一致还好，不一致就很麻烦。而真功夫就是这种情况，前姐夫蔡达标和小舅子潘宇海各占 50%，结果没有一个真正的领导者，很容易导致内耗的出现。其实这个问题是可以避免的，可以在公司章程中约定，如购买所持有的公司股份，同时约定转让细节流程，如聘请会计师事务所、付费方式、评价原则，如约定大股东两年不分红，小股东有权要求大股东按照合理价格收购其股份。有了约定，可以上告法院执行。当股东出现贡献与股权比例不匹配时，很容易造成股东间的矛盾。

婚姻也是需要用心经营的事业

婚姻也是一份需要用心经营的事业，无论在商界，还是政界，包养情妇已不是什么新鲜的事情。一些老板一旦挣到了钱，一些官员一旦手里有了权，就开始抛弃自己的创业伴侣，去猎寻年轻的美女，甚至找可以当自己女儿的年轻女孩做老婆，并以此炫耀，显示自己的身份和地位。真功夫集团前身董事长蔡达标一不小心陷入了情感纠纷。前几年蔡达标的"情妇门"事件，可谓轰动一时，而后不久蔡达标的三奶、四奶也陆续被媒体曝了出来。由此，关于孩子抚养费的战争也陆续上演。前妻强烈谴责蔡达标长期在外面乱搞，夫妻间内讧全面爆发。

中国有俗话：饱暖思淫欲。婚姻不是一桩买卖，更须像企业一样去经营。坚持经营好，会是一笔可观的财富。在经营过程中要培养共同的兴趣和信仰，培养共同的语言和价值观。真功夫真正的问题不在于家庭情感的问题，而在于股权结构，家庭矛盾只是进一步加剧分裂的导火索。据美国福布斯统计，富豪榜的400个富翁中，再婚者不到100人，这与平均离婚率高达50%的美国相比，他们的婚姻要比普通家庭坚固得多，因为他们把经营婚姻当成自己"成功经济学"的一部分内容，是不会在这个问题上给自己找麻烦的。

【专家点评】一个家庭，如果老公不听老婆的，家庭很难和谐；一个公司，如果老板只听老婆的，企业很难做大；如果一个老板三天两头更换合伙人，事业一定不成功；如果一个事业型男人，三天两头换老婆，家庭一定不会幸福；如果一个家族式企业老换老婆，事业一定败落，家庭一定会鸡飞狗跳。

第五节 小股东权益保护法律的机制设置

小股东权益保护法律武器

在小股东起诉大股东进行维权的三驾马车中，集体诉讼离我们还是比较遥远，因为举证倒置是有条件地引入，但在新《公司法》第一百五十二条股东派生诉讼制度规定：①董事、高级管理人员有本法第一百五十条规定的情形的，有限责任公司的股东、股份有限公司连续180日以上单独或者合计持有公司1%以上股份的股东，可以书面请求监事会或者不设监事会的有限责任公司的监事向人民法院提起诉讼；监事有本法第一百五十条规定的情形的，前述股东可以书面请求董事会或者不设董事会的有限责任公司的执行董事向人民法院提起诉讼。②监事会、不设监事会的有限责任公司的监事，或者董事会、执行董事收到前款规定的股东书面请求后拒绝提起诉讼，或者自收到请求之日起30日内未提起诉讼，或者情况紧急、不立即提起诉讼将会使公司利益受到难以弥补的损害的，前款规定的股东有权为了公司的利益以自己名义直接向人民法院提起诉讼。③他人侵犯公司合法权益，给公司造成损失的，本条第一款规定的股东可以依照前两款的规定向人民法院提起诉讼。由于小股东代表代表是公司而不是自己，因此这条制度就叫作股东派生诉讼制度。

小股东要入股时可以导入四道防线来保护股东自身的权益：一是对股东大会制度进行约定，二是建立董事公示制度及信息披露制度，三是独立的外部审计制度，四是股权激励制度。新《公司法》第一百二十三条规定了股东直接诉讼制度："董事、高级管理人员违反法律、行政法规或者公司章程的规定，损害股东利益的，股东可以向人民法院提起诉讼。"从各国公司法的规定来看，一共设置了三类制度来保护小股东的权利。第一类制度是事前的预防措施，主要目的是防患于未然。这类制度包括累积投票制、表决权排除制度、代理投票制度等。第二类是事中的监督措施，主要目的是制约大股东的控制权。这类制度包括小股东的临时提案制度、允许查阅复制公司财务会计账簿的制度、少数股东可以召集股东大会的制度等。第三类制度是事后的救济措施，这是小股东权利保护的最后一道法律防线。这类制度包括股东大会决议瑕疵的诉讼提起制度、派生诉讼制度、直接诉讼制度、请求法院解散公司制度、转让股权的制度、异议股东请求公司回购其股份的制度等。

"约定为王"：小股东权益保护

在不违反法律法规的情况下，要充分利用公司章程保护小股东的权益。在我国有很多投资者，特别是一些有限公司的股东，只有到了权利被侵害诉讼至法院的时候，才意识到章程决定胜负的游戏规则。关于公司章程设置，除法律强制性记载事项外，只要不违反法律，都可以进行约定，如果没有条款约定，小股东就不能运用规则来保护自己的权益。

对于中国小股东来说，保护自己的关键在于公司控制合理配置。最有效的武器，一个是以新《公司法》为代表的各种法律法规；另一个是以公司章程为代表的股东自治文件，"约定为王"。在美国为什么大股东不敢侵占小股东权益？因为这样做的违法成本很高，如果一个小股东打赢了官司，他获得的赔偿就包括实际财产损失赔偿额加上处罚赔偿额，还有可能获得精神损失赔偿额，并且集体诉讼的律师费是按照"胜诉酬金"，即"诉讼风险费"的方式支付，即胜诉才收律师费。前期的费用由律师自行垫支，不用受害股东出钱，后期打赢官司则得到官司赔偿额的 20%～30%（一般在证券类民事案件中为 30%）作为报酬。律师打赢一场上市公司的集体诉讼官司，就会获得几十万美元甚至上百万美元、上千万美元的胜诉酬金。

在这种巨额诉讼收费制度下，必然激励着律师积极地启动集体诉讼，并为小股东的利益全力以赴。集体诉讼制度对于公司和公司实际控制人来说威胁是致命的，官司打输了就有可能倾家荡产，特别是在举证倒置法律制度的安排下，小股东就会有较大的积极性去打官司。如果大股东"黑"小股东，不但吞下去的要吐出来，还得做出额外赔偿。所以，在西方的企业管理中，大股东、董事会、经理人不敢轻易"黑"小股东，更不敢漠视集体诉讼。

可见，只有建立有效的机制，才能标本兼治。

我国小股东为避免被大股东"黑"，可以在章程中导入高额赔偿的约定。如对小股东的法律权益保护，新《公司法》第一百五十一条规定了股东的质询权："股东会或股东大会要求董事、监事、高级管理人员列席会议的，董事、监事、高级管理人员应当在列席前接受股东的质询。"

新《公司法》第四十一条第三款和第一百零二条第二款规定："代表1/10以上表决权或者股份的股东可以自行召集和主持股东会议。"这个规定实际上是扩大了小股东对公司的控制权，当代表大股东的董事或者经理人不愿意召开股东会或股东大会时，小股东可以运用这一项权利在特定条件下自行召集股东会（股东大会）来保护自己的利益，这对于大股东通过控制董事会而架空股东会和股东大会的行为而言，是一个沉重的打击，因为小股东获得了对抗大股东的法律武器。新《公司法》第一百零三条第二款规定："单独或者合计持有公司3%以上股份的股东，可以在股东大会召开十日前提出临时提案并书面提交董事会。"这个规定是非常重要的，其赋予了小股东提案权，弥补了过去我国公司立法中无股东提案权的缺陷，对保护小股东利益有重大的现实意义。小股东可以将自己关心的与自己利益密切相关的方案提交股东大会讨论，这就避免了小股东在股东大会上只能被动对大股东的提案说"是"和"否"的局面。新《公司法》使小股东在大会上有了发言权，可以发出自己的声音，该规定为公司良性运营提供了制度保障。

根据我国新《公司法》第四十一条针对有限责任公司、第一百零二条针对股份有限公司的规定，股份公司股东大会的召集一般情况下属于董事会。然而，如果董事会"不能履行或者不履行召集股东大会会议职责的，监事会应当及时召集和主持；监事会不召集和主持的，连续90日以上单独或者合计持有公司10%以上的股份的股东可以自行召集、主持"。这样赋予小股东与董事会平等召集股东大会的权利，就有利于打破董事会对召集临时股东大会的垄断，从而达到保护中小股东和公司的合法权益。

新《公司法》对股东自行召集股东大会的程序未做出明确的规定，但根据《上市公司股东大会规则》第十条的规定，股东自行召集股东大会的应履行以下程序："单独或者合计持有公司10%以上股份的股东有权向董事会请求召开临时股东大会，并应当以书面形式向董事会提出董事会应当根据法律、行政法规和公司章程的规定，在收到请求后10日内提出同意或不同意召开临时股东大会的书面反馈意见。董事会同意召开临时股东大会的，应当在做出董事会决议后的5日内发出召开临时股东大会的通知，通知中对原请求的变更，应当征得相关股东的同意。董事会不同意召开临时股东大会，或者在收在请求后 10 日内未做出反馈的，单独或者合计持有公司 10% 以上股份的股东有权向监事会提议召开临时股东大会，并应当以书面形式向监事会提出请求。监事会同意召开临时股东大会的，应在收到请求 5 日内发出召开股东大会的通知，通知中对原请求变更，应当征得相关股东的同意。监事会未在规定期限内发出股东大会通知的，视为监事会不召集和主持股东大会，连续 90 日以上单独或者合计持有公司 10% 以上股份的股东可以自行召集和主持。"

新《公司法》有一个重大变化，就是若干章节都赋予股东通进公司章程等自治文件来完善股东权利的保护。也就是说，只要公司章程约定的内容没有违反我国现行法律法规的规定，这些约定就受法律保护，可以将约定作为小股东保护自己权益的重要武器。新《公司法》第一百八十一条第一款及第二百一十七条第一款的规定列举了有限责任公司和股份有限公司的任意记载事项，包括公司解散的事由和高管人员的确定等。

在公司治理中，我们可以把公司章程比作公司治理的宪法，如果股东协议的内容与公司章程中的强制记载事项发生冲突时，股东协议约定的内容与公司章程的地位哪一个更高呢？答案是公司章程优先。因为强制性记载事项是公司法规定公司章程必须记载的事项，如股东协议的内容与公司章程发生冲突，则说明股东协议的内容违反了法律规定，那么肯定是无效的约定了。所以投资人与其花时间和精力签署股东协议，还不如多花时间和精力从公司章程的制定上来保护公司及自身的利益。

小股东要"要先做小人，后做君子"

作为小股东，大股东找你一起投资，肯定是看中你的背景、资源、技术或资金。投资之前可能会与你称兄道弟，一起喝茶，平起平坐，而一旦投入之后，小股东和大股东的关系将不会平等，因为他永远是大的，你是小的。唯一可以平起平坐保护自己权益的前置方法就是投资前在章程上事先约定，而唯一有可能拉到谈判桌上的机会就是投资前，作为小股东要把公司可能会出现的问题考虑进去，并在公司章程中进行约定。例如，在章程约定中可以围绕保护小股东的知情权、提案权、表决权、投资收益权等关键事项进行约定；又如，约定根据《公司法》股东有查账的权力，但实际情况就是给你一个账本你也不一定能看得懂，所以要约定请专业会计师事务所来查账，并且要把因查账所付给会计师事务所的钱应由谁出约定清楚，比如可约定财务管理是由大股东控制，但财务审计权由小股东负责，不然财务查账费用则只能由小股东自己来承担。这样就可以防止自己投资权益被"黑"的可能。

股东协议是英美普通法系国家公司法上的概念，我国公司法中没有股东协议的概念，在我国《公司法》中并不认可股东协议，股东协议只能依据《合同法》及《民法通则》进行约定。在实践中，股东协议被广泛地使用，如股权转让协议、业务管理协议、发起人协议等，这些约定不能违反现行法律法规，否则会被按照无效处理。但在目前法制体系还不是很完善的情况下及市场运营还不确定等因素下，先小人后君子式的"约定为王"是保护小股东权利、争议前防"黑"的有力武器。例如，《上市公司股东大会规则》第十一条、第十二条的规定就为股东和监事会召集临时股东大会提供了物质和制度保障。监事会或股东自行召集的临时股东大会，董事会和董事会秘书必须给予配合，而且会议所必需的费用由上市公司承担。以上这些法律法规使得股东特别是小股东可以真正地将股东大会作为防止大股东、董事会和经理人侵害自己的一种武器。

设置好小股东提案权、表决权保障体系

小股东提案权，在新《公司法》第一百零三条第二款规定了有限公司的股东提案权制度，可以参照新《公司法》公司的章程进行约定。例如，约定单独或合计持有公司3%以上股份的股东，可以在股东大会召开10日前提出临时提案并书面提交董事会或执行董事。董事会或董事在收到提案后3日内将提案用书面形式送达其余各股东。如果董事会拒绝将符合条件的临时议案提交股东会审议，提案股东就可以向人民法院起诉请求，宣告股东会决议无效。如在此处下好功夫，可有效避免小股东在股东大会上总是被大股东牵着鼻子走的局面。

小股东是否能够真正参与公司重大决策，关键在于表决权体系的设计。一股一票是《公司法》的规定，但在股东会上并不是按人数多少来进行表决的，而是按照股份多少，这就是一股一票制度和资本多数决定原则。拥有的股份越多，享有的权利也就越大，主要是股东会和股东大会采用一股一票、少数服从多数的投票制度的原因所在，体现的是对资本的尊重，但实际上仅对大股东有利，而并不利于对小股东的保护。因大股东在股东会或股东大会上占有绝对的表决优势，其就掌控着对公司的控制权，所以股东会或股东大会往往成为大股东追求利益的工具，而小股东的利益诉求和其他要求将难以得到体现。从这个意义上来说，《公司法》规定的种种权利对于中小股东来说，无异于一张"空头支票"。

面对这张"空头支票"，除坚持使用一股一票制度和资本多数决定制度，同时还可以采用累积投票制度、代理投票制度和表决权排除制度来对一

股一票制度和资本多数决定的滥用进行限制,从而尽可能地实现真正意义的股东权益保护。

【专家点评】理想的股权架构是"员工+顾问"15%,在控制权有两个门槛,合伙人67%,创始人(老大占67%,占三分之二,一个是占52%大多事项拍板)股权架构的设置可围绕六大模块:一是发起人股东必须控股52%;二是创始人股东不超过7个以上,最好保持单数;三是战略股东最多不超过5%;四是资源股东不超过5%;五是团队股东,高管保持最多不超过10%;六是投资股东不超过10%。作为小股东要在入股之前,把保护自己利益约束机制写进协议书。

第六节 "万宝之战":不得不学的资本课

在中国资本史上,2016年度的"万宝之战"可以称得上具有标杆意义的并购案例。"万宝之战"各方的资本争斗如电视剧《甄嬛传》步步扣人心弦。万科作为中国标杆性房地产企业,也即将成为世界唯一可能进入世界500强的房地产企业,为何沦落被"蛇吞象",呈现"小鱼吃大鱼"的情况?万科有哪些失误?给我们当今企业敲响怎样的资本警钟?在与资本打交道的过程中,如何保护自身的利益等,以下借此案例一起研究分析这堂不得不学的资本课。

早在2013年1月起,宝能系旗下的前海人寿及其关联企业钜盛华就开始买入万科A股,经过4次举牌,2015年12月,宝能系的持股比例超过20%,超越华润,成为万科第一大股东,欲获得对万科的控制权。

被喻为"门口的野蛮人"宝能系为什么想要控制万科?这首先是由宝能的出身决定的。据资料显示,以姚振华为代表的宝能集团旗下有物流、房地产、文化旅游等项目,资产约1300亿元;而万科市值已高达2699亿元,总资产约5000亿元,年利润高达200亿元。在这次股权大战中,宝能系之所以能上演"蛇吞象"之势,其主要是姚振华以险资为背景,以资本标杆为其撑腰。宝能系主要通过旗下的核心资本平台前海人寿和钜盛华,组织了380多亿元的资金对万科进行狙击,其中部分资金的来源一直是个谜。作为资本老手的姚振华所掌控的宝能系,从2014年以来,通过举牌或参与定增入股的上市公司包括华侨城、中炬高新、韶能股份、明星电力、南宁百华、合肥百货等。在2015年9月23日,前海人寿四度举牌成为中炬高新第一大股东。

人性与机制
——如何有效分配财富，实现团队共赢

宝能系的钱从哪里来？

目前，我国包括资本金、公积金、未分配利润、各项准备金及其他资金在内的保险资金已经达到 10 万亿元量级，保监会逐步放开了保险资金的投资范围和投资方式，包括对私募基金的参与和投资。保险资金与逐步放开的社保基金、企业年金也逐渐加入资本市场金融资本的大军。截至 2015 年 9 月 30 日，我国基金管理公司及其子公司、证券公司、期货公司、私募基金管理机构的资产管理业务总规模已经超过 32 万亿元。其中，最为灵活、凶狠的私募基金在管规模也已经突破 4.7 万亿元。在资本逐利特性的驱使下，私募基金夹裹着公募、证券等资管资金，将形成巨大的力量。

宝能系关注的行业主要是大金融、大健康、汽车、新能源、房地产等。宝能之所以看中万科，是因为万科是中国房地产界的优质标杆，有行业一流的专业人才。宝能更看中万科旗下的优质物业板块，这正是宝能所缺乏的优质业务。在这次"万宝之战"中，宝能系调用了 380 多亿元现金，可见宝能系资金实力多么充足。

2016 年 12 月 10 日，深交所要求宝能系说明第四次举牌万科的资金来源。根据《财新杂志》的说明，宝能旗下的钜盛通过发行资管计划两倍杠杆融资，钜盛资管计划中的资金来自银行的理财资金池，部分杠杆高达14.29 倍。这个资金标杆会使借钱给它的短期能得到利好，但也可能导致系统风险。宝能系共计持有万科 26.81 亿股，占万科总股本的 24.26%，是万科的第一大股东。按照 2015 年 12 月 18 日停牌前的最后股价 24.43 元计算，宝能系持有万科股票的市值为 655 亿元，这也是宝能被贴上"野蛮人"标签的原因。

万科为何不欢迎宝能系？

万科管理层之所以全力阻止宝能系控制万科主要有以下三个方面的原因。

一是宝能系收购万科的资金。资金来源主要也是加了杠杆的债务，而且属于短期债务，用的是标杆资金来运作，可能会着急还钱，杠杆资金会带来还债压力和套现可能，也会对万科的业务造成很大威胁。一旦掌控万科，可能也出售万科的一些资产来变现，毕竟宝能是保险公司。

二是宝能系要强势进入万科董事会，王石、俞亮等管理层面临被"扫地出门"的威胁。"万宝拉锯之战"从 2016 年 6 月 26 日开始，这一天万科创始人王石心里一定是五味杂陈。因为从上午在朋友圈喊话华润帮忙，到下午被万科第一大股东宝能系罢免,就在 6 月 26 日据万科 A 公告称,股东钜盛华及前海人寿提议召开临时股东大会,议案包括罢免董事长王石、万科总裁郁亮等 10 人董事职务、两人监事职务,让万科失去其最具核心价值的优秀职业经理人团队。

三是宝能系控制万科后可能对万科的品牌、管理团队、企业文化等进行改革,这也是万科管理层所不愿意看到的。

"万宝之战"回合回顾

2015 年 7 月 10 日,前海人寿(宝能系)买入万科 A 约 5.5 亿股,占万科 A 总股本的约 5%。2015 年 7 月 24 日,前海人寿及其一致行动人钜盛华对万科二度举牌,持有万科股份 15.04%,超过大股东华润,成为万科最大的股东。2015 年 9 月 4 日港交所披露,华润耗资 4.97 亿元,分别于 8 月 31 日和 9 月 1 日两次增持,重新夺回万科的大股东之位。截至 11 月 20 日,华润共持有万科 A 股 15.29% 股份。2015 年 11 月 27 日—12 月 4 日,钜盛华买入万科 5.49 亿股,合计持有万科 A 股股票约 22.1 亿股,占总股本的 20.008%,取代华润成为万科第一大股东。2015 年 12 月 7 日安邦系杀入,举牌万科,共持有万科 A5.53 亿股,约占万科 A 总股本的 5%。2015 年 12 月 10 日,深交所对钜盛华及一致行动人前海人寿成万科第一大股东一事发表关注函。之后,钜盛华回复问询称,其资金来源合法,信息披露合规。2015 年 12 月 16 日,据香港联交所数据,宝能系在 12 月 10 日和 11 日继续增持万科,持股比例已达到 22.45%。2015 年 12 月 17 日,万科董事长王石用"不欢迎"三个字表达对宝能系欲控股万科的态度。宝能集团随后发表声明回应称,"尊重规则,相信市场的力量"。

2015 年 12 月 18 日,万科午间发公告称,因正在筹划股份发行用于重大资产重组及收购资产,股票从下午开市起停牌。2015 年 12 月 20 日,万科发公告称,将于 2016 年 1 月 18 日前披露重大资产重组信息,公司 A 股股票最晚于 2016 年 1 月 18 日恢复交易。前海人寿发表声明否认洗钱。2016 年 12 月 23 日持 6.18% 万科股份的安邦宣布站队万科,这场斗争似乎是王石所领衔的万科管理层赢了第一局;但在另一个层面,按照万科最新公告披露,宝能系持股比例已经达到了 24.26%,距离控股股东地位仅相差一次多举牌的时间。2016 年 1 月 15 日,万科公告称,重大资产重组难以在 1 月 18 日前完成,申请继续停牌。

2016 年 3 月 13 日,万科宣布引入新的战略投资伙伴——深圳市地铁集团有限公司。2016 年 6 月 17 日,万科召开董事会,审议筹划半年之久的引

人性与机制
——如何有效分配财富，实现团队共赢

入深圳地铁集团的重组预案，如成行，深圳地铁集团将持有 20.65% 的万科股份，成为第一大股东。预案发布后，出乎意料的是，万科的长期盟友——原第一大股东华润投了反对票。在万科董事会后，华润便通过媒体发声，称董事会审议的重组预案未获 2/3 赞成票通过。这一表态立即被万科公告反驳，引发华润与万科的争辩。6 月 23 日，宝能系跟华润达成共识，发表声明，对万科重组表示反对，称万科已实质成为内部人控制企业。与此同时，华润跟进发表类似声明，重申反对重组。

2016 年 6 月 26 日，万科公告披露，收到宝能系罢免包括王石、郁亮在内的万科 10 名董事、2 名监事的要求。至此，宝能系亮出了底牌，旨在终结万科的"王石时代"。此时，万宝之争达到第一轮高潮。6 月 27 日，万科年度股东大会成为关注热点。当天，拥护王石的万科中小股东与支持宝能系的万科投资者现场对峙，万科董事会主席王石则直面其去留的问题。6 月 30 日，宝能系在回应深交所问询函中表态，对万科管理层抱有期待。华润也声明对罢免全部董事、监事持异议。2016 年 6 月 30 日，万科员工自愿前往万科总部和深圳市政府请愿，称宝能系举牌侵犯公司利益。

2016 年 7 月 4 日，媒体刊登万科第一大个人股东刘元生递交给监管层的举报信，矛头直指华润、宝能系。在举报信中，刘元生质疑华润与宝能系存在多少利益关联、双方在哪些事项上达成了一致行动的交易、宝能系举牌万科资金是否合规。与此同时，万科工会向法院提起诉讼，起诉宝能系损害股东利益。2016 年 7 月 12 日，媒体报道宝能系 2015 年 7 月举牌万科之时，曾将持有的子公司钜盛华的 20.2 亿股份质押给华润集团下属的华润（深圳）有限公司获取资金。这一报道再次引发外界对两者关系的质疑，万科独董华生在其微博上连发多条微博，称"电话证实属实"。对此，华润回应，"与万科股权之争无关"。

2016 年 7 月 19 日，万科剑指宝能系，发布了一份《关于提请查处钜盛华及其控制的相关资管计划违法违规行为的报告》。在这份报告中，万科把宝能系作为的持股量、持股成本，乃至 9 个资管计划的金额细节等底牌全部揭开。万科向监管层提交近万字的报告，要求查处宝能系举牌资管计划违规。

在随后的 21 日，证监会、保监会和银监会分别表态和行动，保监会主席项俊波 2016 年 7 月 18 日表示，保险业要始终坚持必须姓保，对于损害消费者权益的大股东，保监会会依法依规严惩，绝不给不真正做保险的人以可乘之机。在之后的 7 月 21 日，保监会主席项俊波在"十三五"保险业发展与监管专题培训班上又表示，保险业为过剩产能行业的并购重组提供资金支

持，决不能让保险公司成为大股东的融资平台和"提款机"。银监会可能要把征求了两年对理财的意见稿落实，如果实施对银行理财流入股市资金严格监控，等于断了宝能系通过银行理财资金抄万科的后路，只能退出不能进入，保监会和银监会明显给姚振华的宝能系敲警钟。

当今中国已进入资本时代，在今后企业同样会遇到"万宝之战"，反观"万宝之战"给我们带来以下几个方面的启示。

王石为什么看不上野蛮人宝能系？宝能系的短板是什么？自2015年万科停牌以来，A股市场屡遭重挫，其间沪指已自万科停牌时的3600点附近跌至2800点附近。2016年1月6日，万科H股已率先复牌，但复牌后股价一路下挫，截至3月12日，已交停牌时下跌20%，报收于18.31港元。宝能系的软肋是险资背景，运用的是标杆资金。与此同时，宝能系被曝出位于广东、上海等地的多个地产项目因为资金链断裂而被迫停工，在多地项目烂尾。据媒体报道，规划用地达到560亩、规划总建筑面积达到170万平方米的肇庆市鼎湖区的宝能环球金融中心项目，于2013年11月动工，但在2015年年初已全面停工。云浮市高铁东站附近的宝能城市广场和云浮市在建的别墅项目，也于2013年动工，2016年1月1日进行发售，但目前销售状况并不理想。而佛山的宝能金融大厦项目和广州增城的宝仁医院项目更是早已暂停，项目地杂草丛生。

同时，从民企和央企、国企优劣势对比来看，央企、国企地产企业有融资能力和社会资源，但缺乏灵活的体制、充足的人力资源和系统的市场能力；民营地产企业在融资能力和社会资源方面存在先天缺陷，但其灵活的机制、充足的人才储备、敏锐的市场嗅觉和对市场的独到认知则是央企、国企地产企业所不能比拟的，尤其是民营企业的产品研发能力，表现出其在专业领域对于市场的细分，而央企、国企地产企业在这方面还是比较缺失。

对民企来说，与国企合作后的最大好处就是可以利用央企在融资渠道及政府关系上的便利，也就是说可以借机"傍大款"，国企在信用体系方面比较稳定。

资本如饕餮，是不讲人情和道德的

资本是不讲人情和道德的，从"万宝之战"中，可以看到资本终于露出狰狞的獠牙。在国外同样有类似案例，"20世纪80年代，整个美国经历了一场场企业并购的狂潮，而雷诺兹-纳贝斯克的并购案，正是这场饕餮盛宴的最高潮。几乎所有著名的投资银行和商业银行都卷入了这个世界上最大的企业并购案"①。

当"门外的野蛮人"开始显示资本的力量,不论你是公众公司,还是计划融资、已成功融资,都可能遭遇资本的狙击。但对于公司创始人团队来说,也许是不能接受的。

这些年,由于各种原因被踢出局的企业家很多。不谈国外,仅仅在国内市场就能找到不少案例。公司创始人被资本踢出门外,已经不是个案。被资本"撵出门外"的创始人新浪网创始人王志东。他的出局开了一个"不好"的先例。2001年6月,新浪创始人、新浪首席执行官王志东"因个人原因辞职",同时他还辞去了新浪网总裁与董事会董事的职务。一手创立并带大中国第一门户网站新浪网的王志东离职事件给舆论带来的震动发酵很久,时至今日,仍不时被提起。这也是资本与创始人之间不能和睦相处的经典案例。

2007年6月,UT斯达康创始人之一、曾经的小灵通英雄吴鹰,也被UT斯达康的投资者抛弃。1998年,吴长江创办雷士照明,随后获得"中国十大创业新锐""中国首届照明行业十大杰出人物"等殊荣,2012年5月吴长江首次被踢出雷士照明;2013年以职业经理人身份回归;2014年8月8日再次被踢出局;2015年入狱。2015年6月12日,汽车之家宣布创始人李想将不再担任汽车之家总裁一职,虽然公告显示李想仍将继续汽车之家董事、股东身份,但最终结果是一家企业的创始人离开了自己的公司。

创办于2000年的俏江南,曾经是中国最具发展潜力的国际餐饮服务管理公司之一,但在2015年7月14日,俏江南的创始人张兰因为与资本之间闹起了矛盾,被踢出俏江南董事会。与俏江南类似,大娘水饺也是著名的中餐连锁,名气也很大。经过18年稳扎稳打,大娘水饺在全国19个省市拥有450多家连锁店,总销售收入超过15亿元,员工7000人,已经成为中式快餐行业领军企业。而大娘水饺的创始人吴国强连公司2015—2016年年会都进不去,他还拥有公司10%的股份。俏江南与大娘水饺事件都与欧洲最大的私募股权基金CVC有关。又如从2012年10月沃尔玛宣布完成对1号店控股开始,1号店创始人于刚就屡次被传要离职。2015年7月14日晚,于刚和刘峻岭发布内部邮件,向1号店员工宣布,决定离开1号店去追求新的梦想。至此,于刚正式离开了自己创办的1号店。

2002年,成从武与一群志同道合的小伙伴创建了高德公司。2010年

---

① 布赖恩·伯勒、约翰·希利亚尔、乔治·安德斯著:《门口的野蛮人:史上最强悍的资本收购》,张振华译,机械工业出版社2016年版,第1页。

7月1日，在成从武的带领下，高德成功登陆纳斯达克全球精选市场。2013年，阿里巴巴以2.94亿美元入股高德，持股28%。2014年，阿里巴巴宣布以每股21美元的价格全资收购高德，涉及总现金额约11亿美元。8月，高德正式从纳斯达克退市，成为阿里巴巴的全资子公司。2015年3月12日，阿里集团CEO陆兆禧在一封内部信中宣布，阿里移动事业群总裁俞永福正式担任高德集团总裁，原CEO成从武和COO张勤将不再担任高德的管理职务。

又如优酷和土豆的合并。2012年3月12日，优酷和土豆宣布以100%换股的方式合并，合并后优酷和土豆在新公司分别占股71.5%和28.5%，土豆作为独立品牌继续运营。2012年8月20日，优酷土豆集团正式成立。2012年8月24日土豆网创始人王微发微博宣布退休。

还有，滴滴、快的合并之后，程维频站台，快的创始人吕传伟销声匿迹；58同城与赶集网合并，姚劲波继任，赶集网创始人杨浩涌出局，随后杨浩涌出任瓜子二手车CEO；美团与大众点评合并之后，王兴大权在握，大众点评的张涛挥泪离场；携程与去哪儿合并，梁建章接棒，庄辰超退位；美丽说与蘑菇街合并，陈琪出任新CEO，徐易容隐居幕后。

万科管理层为什么这么紧张？

对于公司来说，控制权只能掌握在一方手里，于是在资本与创始人的冲突中，如果不能有效解决分歧与矛盾，必然有一方要出局。在这中间，其实就是公司控制权之争，也就是战略方向应该由谁说了算，运营模式应该谁来主导。而资本大多数时候是处于强势的，如果创始人没有在股权上做好相关设置，出局就成为必然。

如何不被卸磨杀驴？创始人把企业当作自己的孩子来养，希望做一番事业，希望取得事业的成功，他需要耐心，需要精雕细琢。但资本没有那么大的耐心，资本有自身的运作规律，它投入每一笔钱的目的都很明确——赚钱，不是在50年后才赚钱，而是在三五年之内就必须赚钱。当双方在赚钱的速度、赚钱模式、赚钱数量上不能取得一致的时候，矛盾就不可调和。

王石的反思——万科战略的失误

万科为何落到今天的地步？事实上，盯上万科的可不止宝能系、安邦，还包括恒大等，其根本原因就是万科战略的失误。

为什么宝能系、恒大都有能力争万科？因为它们的发展都多元化了，而且都进入了金融保险行业。也就是说，可以把自己的实体资产通过金融保险快速实现膨胀,并借杠杆来实现对资本市场的撬动。而万科呢?"2014年是万科创业30周年,这30年它长期保持着25%的高增长,这在世界商业史上是非常少见的。"① 在这个高速发展的过程中,由于战略上的失误,万科没能在该升级的时候实现升级,没有将实体产业与金融产业进行融和,错失借用资本标杆的"如意金箍棒",就只能被远不如自己的宝能、恒大分食。

股权顶层设计是王石的必修课

在和资本博弈过程中,国际、国内公司创始人为了保护自己的权益,也总结了一些经验。比如,拿出少部分股权去融资,或是在协议签订过程中设置额外条款以保护本人权益等。美国、欧洲都有一些先进经验值得借鉴,阿里巴巴就是一部很好的教材。在阿里巴巴的股份结构中,整个创始人团队只有31.7%的股份,马云只占公司8.8%的股份。从公司股份的角度来讲,马云就是一个职业经理人,但马云团队却牢牢控制阿里的发展。马云股份虽少,却能牢牢控制公司。如何才能实现这样的股权结构呢?那就是你要值得投资人投资。

孙正义投资阿里巴巴,说白了是投资马云团队,所以软银只是作为一个股权投资身份来做,愿意让马云及其小伙伴们控制公司发展。这里的关键是,马云团队值得这个价,投资者有这个胸怀。阿里巴巴上市采用合伙人制度(双重股权结构),即通过分离现金流和控制权对公司实行有效控制。区别于同股同权的制度,在双重股权结构中,股份通常被划分为高、低两种投票权。高投票权的股票拥有更多的决策权,每股具有2～10票的投票权,主要由高级管理者所持有,这样可以保证管理者有效管控公司发展。

专业化 VS 跨界打劫

专业化 VS 跨界整合,是专注与多元发展不可少的周期率。专业化与多元化发展并不矛盾,在未来商业会走向两个极端:一是专业分工越来越细,二是分工界限越来越模糊。实体产业与金融产业相互互补发展,已是时代的大势所趋。如果万科在专业化基础上进行多元结合发展,万科旗下有如"万科银行""万科保险"等金融产业作为支撑,也不会沦落为随时被捕猎的羔羊。

---

① 黄秋丽:《万科逻辑:从100亿到2000亿的秘密》,中国友谊出版社2014年版,第2页。

【专家点评】 当今世界已进入资本竞争的时代,中国经过30多年高速的经济发展,国内优秀企业或项目已经成为国内外资本狙击的对象。在这个资本狰狞獠牙的时代,资本是不道德的。企业家唯有学会掌握资本游戏规则,才能保护自己的"孩子"不会成为别人的"孩子"。在股权、金融、资本顶层设计上,始终不能放弃一个核心问题,那就是企业的"大哥"只能有一个。

第九章 人性与机制的哲学

第一节 经营快乐的机制

相传,当年佛祖释迦牟尼经常在灵鹫山上聚集众弟子演说佛法。有一次,经常率领诸天王来听佛陀说法的大梵天王为了表示对佛陀的尊敬,同时也是为了能使众生获得大利益,即以一枝金色的波罗花(莲花的一种,古代印度以莲花代表纯洁、高贵之意,佛教中常以莲花代表佛法)献给佛陀,佛陀未发一言,只是将此金波罗花高高举起,向与会大众展示。当时在座的诸佛弟子、诸护法天王及其他前来听佛说法者,都对佛陀这一举动不解,不知是何用意,唯有侍立于佛陀身边、一直在用心听佛说法的大弟子摩诃迦叶心领神会,悟解了佛陀的意思,破颜微笑。这时,佛陀已知摩诃迦叶能够担当护持佛法的大任,便向大众宣布道:"吾有正法眼藏涅槃妙心,实相无相,微妙法门,付属于摩诃迦叶。"这则具有浓厚神话色彩的故事,表达了禅师们这样一种信念:佛陀在灵山会上"拈花示众",是有深刻含义的。这就是佛祖要弟子们懂得,掌握佛法,必须领会佛教的根本精神。这种根本精神,不是语言文字所能表达的,而是发自内心的喜乐心。

快乐是一种竞争力

生活、工作都是人生的修行,就如稻盛和夫所说,"工作就是修行的道场"。拿学习来说,我们是以苦心来学习,还是以快乐心、喜悦心来学习呢?哪种状态下学习效果会更好呢?事实证明,世界上凡有成就的科学家、巨匠都是因对某一事物拥有极大的兴趣,然后以快乐心、喜悦心深入研究后才取得了举世瞩目的成就。而对于我们平常人来说,生活、工作、待人处事何尝不需要保持微笑,培养喜悦心呢?

"80后""90后"新生代已不再像父辈们那样为一口饭、为生存而工作。在新生代成长的环境中,基本上衣食无忧,他们已不再为生存而工作,而是为了快乐而工作。伴随着"80后""90后"成为社会的主力军,当代企业经营者应当清楚地认识到,团队文化建设更需要快乐文化,一个组织中有快乐的向心力,其凝聚力也会更强。同时,快乐代表的是一种生活态度,人在心情愉快时工作效率也会提高。最佳的工作效率来自高涨的工作热情，那么如何快乐工作呢？随着"80后""90后""00后"走上社会，他们要求的工作环境已与以往大大不同。从某种程度上来说，娱乐精神的有效开发、利用和发挥也将成为企业一种新的竞争力。

不快乐成本最高

心理学家提醒人们千万别生气，生气1小时相当于熬夜6小时，消极恶劣的情绪会造成心理及体力过度消耗，导致免疫力下降，也可能诱发各种疾病。同时，由不开心产生的怨气长时间积累也会导致冲突瞬间爆发。不快乐的工作氛围会使工作效率下降，严重的还有可能导致工伤事故发生。企业管理要把快乐写入企业章程中，每天忍受苦行僧般的生活和工作已不符合当代人的管理趋势，并且重复、乏味、枯燥的工作也让员工士气低落，厌倦感和疲劳感大大增加。严重的用工荒需要企业经营者反思，管理企业不能只关注自己的心，还要了解新生代员工的快乐需求，要想办法把工作变成快乐的事，而不是为了工作而工作。要知道，工作是为了生活，让人们感到快乐才是社会的需求，如日常各部门难免有工作上的摩擦，也会让团队关系产生不和，是否可以用一些快乐的小技巧化解团队中的小摩擦呢？比如，为了改变办公室各部门氛围，每日或每周让员工积攒抱抱、笑脸照片。谁能积攒5个笑脸，就能获得公司的小惊喜奖品一份。又如，建立兴趣小组，可以由企业组建各种兴趣小组或俱乐部，比如书画小组、棋牌小组、文艺小组等，并定期举行活动。这样的兴趣小组定期与不定期的可以在各部门之间进行比赛，从而很好地增强了各部门之间员工的交流，提高组织的和谐度和凝聚力。企业还可定期举行篮球比赛、排球比赛、乒乓球比赛等，可以在周末举行，也可以跟客户一同举行，不仅可以增进员工之间的交流与合作，还可以改善与客户的关系。企业团队拥有快乐氛围也是一种竞争力，不开心的成本很高。

让员工快乐起来

待遇不是让下属忠心的唯一方式，感情投资是在所有投资中回报率最高的。新生代员工要的不仅仅是这份工资，更多的是希望能在企业这个平台上成长、学到东西，企业管理者要注重员工的教育、培训、学习，要明白让员工成长就是让人才资产增值。持续不断的学习还可以让员工对工作持有正确的态度，如开展读书月活动，以此来培养员工的学习兴趣；还可以推出"快乐学堂"，定期组织员工分享同工作有关或个人成长有关的学习心得和成长故事，让员工提出改进活动的建议。通过喜闻乐见的快乐文化活动，特别是有组织地推进"我学习、我成长、我快乐"的企业文化活动，企业文化就有希望形成娱乐文化，让大家有交流有互动，在快乐中让员工的业务能力、工作技能和责任心得到提升和强化。让员工在快乐中得到荣誉，使其精神思维境界得到升华，从而一定程度上消除、减少工作生活中的不满、推脱，形成热爱工作、团结向上、和谐互助的工作氛围。对团队成员而言，快乐是一种心态；对企业而言，快乐是一种人文关怀。只有员工将快乐的心态和谐地融入工作之中，整个团队才会有力量，才能创造出更多的财富。

【专家点评】企业的竞争，归根结底是人才的竞争。人才是企业生命力之所在。如何吸引人才、管好人才、用好人才、培养和留住人才，让人才感受到工作的意义与快乐，成为企业在激烈的竞争中成长发展的关键。一个优秀并有力量的团队具有五个要素：沟通、信任、严谨、换位、快乐。人生最快乐的事，就是在正确的时间遇到正确的人，一起做一件正确的事。

第二节　做好人性化管理，企业才有未来的发展

鲁国的单父县缺少县长，国君请孔子推荐一个学生，孔子推荐了巫马期。他上任后工作十分努力，兢兢业业工作了一年，单父县大治。不过，巫马期却因为劳累过度病倒了。于是，孔子推荐另一个学生宓子贱。宓子贱弹着琴、喝着小曲就到了单父县，他在官署后院建了一个琴台，终日鸣琴，身不下堂，一年下来单父县大治。

后来，巫马期很想和宓子贱交流一下工作心得，于是他找到了宓子贱。两个人的谈话是从寒暄客套开始的，不过很快就进入了正题。巫马期羡慕地握着宓子贱的手说："你比我强，你有个好身体啊，前途无量！看来我要被自己的病耽误了。"宓子贱听完巫马期的话，摇摇头说："我们的差别不在身体，而在于工作方法。你做工作靠的是自己的努力，可事情那么多，个人力量毕竟有限，努力的结果只能是勉强支撑，最终伤害自己的身体；而我用的方法是调动能人给自己做工作，事业越大，可调动的人就越多；调动的能人越多，事业就越大，于是工作越做越轻松。"某种程度上，要求员工与企业一条心只能一时，不能一世，如小米合伙人制度就真正有效解决了以往依靠流程、绩效365互评、财务审计等无法解决的部门协同问题，因为合伙人制度的出现，共同的目标、相互的利益，使各部门、各员工与项目紧紧地捆绑在一起。又如，雷军的事业合伙人，其设计不是法律意义上的合伙人，而是要将公司管理层变成合伙人，用股权纽带连接管理层和员工，目的是创造

一个自下而上的创新氛围,为未来业务的开拓做出机制上的准备。作为一名优秀的企业老板,要想打造成功企业,首先要给别人一个跟随你的理由,要给别人实现梦想的机会与平台。现在是"抱团打天下"的时代,靠个人魄力创业成功的时代已经成为过去。

人才是培养出来的

在北美印第安的切罗基族人中,一直保留着独特的成人仪式,在成人礼的前一天,父亲会给儿子蒙上眼睛,将他带到森林深处,儿子坐在一截树桩上,整夜不能摘下眼罩,也不能哭喊呼救,一旦熬过这艰难恐怖的夜晚,他就成为族人眼中真正的男子汉。据说村子里有一个男孩面临考验,随着森林里的气温慢慢降下来。男孩心中的恐惧逐渐增加,他拼命用耳朵搜索周边的声响,拳头握得紧紧的。半夜时分,狂风掠过森林,不料又下起了大雨,雨水流进了他的嘴里,男孩依然没有摘下眼罩。不知过了多长时间,风停雨住,恐怖的一夜过去了,太阳照常升起,森林里一片鸟语花香。他舒了一口气,骄傲地摘下了眼罩。可就在摘下的一刹那,他惊呆了,原来父亲正坐在不远处的树桩上,守望了他整整一夜。同样地,培育新人时,与其耳提面命教育,倒不如锻炼部下敢于独自承受的能力。同时,作为领导还要给予无声无息的帮助,让部下时刻感受到领导的温暖和关心。

在任何时代,能满足人最深层、最本质需要的不是金钱和物质,而是自我价值的发现和实现。一个人如果觉得自己的才能受到压抑,即使给他再多的钱他迟早都会离开。反过来,在一定的物质条件下,人的创造性得到发挥,自我价值得到不断实现,并且能够在这个实现的过程中发现新的自我,则将带给人最大的满足。

人才来自两个渠道,一是外部招聘,二是内部培养。第一种可解急用或暂时之需,但该方式不可过度使用,真正解决长远发展战略所需的人才问题,还是要依赖内部培养。作为企业经营者,必须学会用理念来号召人,用利益来团结人,用文化来感染人。培养人才主要看三个方面:一是品德,二是心态,三是学习力,这是团队真正的核心能力所在。脱离这个能量核心,一切核心竞争力都是虚的,都是不可持续的。通过内部招聘培养人才有两个优点:一方面可以改善人员闲置与人力不足的状况,另一方面内部人员已熟悉环境,可以节省训练时间,优秀人才是培养选拔出来的,在人才上投资再多也是值得的。

人性与机制
——如何有效分配财富，实现团队共赢

经营人才就是经营人性

古语说，"人道酬善""天道酬勤""商道酬信"。人管人气死人，制度管人累死人。打造魅力团队首先要打造的是信任。老板要想成功领导团队，就必须营造团队友善的环境，建立信任的关系，必须信任自己的团队，让团队成员能够彼此相互信任、相互依靠。帮助员工建立自信最有效的办法之一，就是让他们直接面向公众发言，例如，员工入职演说、升职竞选演说等，是培养员工的表达力、思考力，也是让团队成员由思想转化为行动力最有效的方法。当然，如果只有信任没有监控，那么这个信任也是走不远的。反过来，如果一个管理者只会监控别人，让别人觉得你对他没有信任，那么这个监控实际上也是失效的。学会信任又不失监督，是作为企业管理者必须完成的一个课题。

人性是什么？人都是趋利避害的，管理的最高境界，应该是尽量简单，避免设置过多的禁令和监督条款。要顺应人性的制度，应该像大禹治水一样，讲究因势利导，达到"四两拨千斤"的效果。人性与兽性不同之处在于人性没有单纯的善与恶之分，而是善与恶的结合，也就是说人性善恶是一念之间。人性本质是自私的，从企业经营角度去理解就是怎样让客户喜欢，从客户角度来理解就是提供一款满足人性需求的产品。什么是人性化的管理？就是一种在整个企业管理过程中充分注意人性要素，充分运用物质激励和精神激励的方法，给人提供各种成长与发展机会，制订员工的职业生涯规划，注重企业与个人的双赢战略管理。简而言之，人性化管理就是将人性学理论应用于管理，按照人性基本属性进行管理的管理哲学。例如，尊重人，尊重员工。员工只有感觉受到了尊重，才会真正发自内心、甘心情愿地为工作团队的荣誉而付出。

做好人性化管理，就要设计人性化的管理制度。一个公司没有制度与考核，就会失去存在的基石；一个公司没有人性化的管理，就会失去未来的发展。在进行人性化的制度设计时应注意，人性化管理不是宽松管理，而要向军队学习，外松内严，紧张有序。情感管理的本质就是尊重人的尊严与价值，实施情感管理能够增强管理者与员工之间的情感联系，也是增强管理者与员工之间的情感方法。作为管理者就是要找到大家普遍关注的利益点，从而轻而易举地解决困扰企业多年的难题。事实上，人们都习惯于某种思维定式，若能跳出这种思维习惯，变换一下观察事物的眼光，综观事物的全貌，事情往往就会呈现另外一种模样，拥有另一种结果了。

【专家点评】荀子在《劝学》中写道:"君子性非善也,善假于物也。"一个真正有修养的人,并非能够精通世界上所有的事物,但是他能够借助外界的力量来实现自己的目标。人们借助外界的力量的手段有很多种,但德行无疑是其中最为重要的一种。

周文王、刘邦、成吉思汗等帝王之所以能够成就伟业,是因为他们具有崇高的理想、信念。就如《西游记》中的唐僧具有孙悟空没有的信念,甘愿为崇高的理想、信念牺牲一切。孙悟空能力很强,但他没有坚定不移的信念,多次打退堂鼓。没有信念的人,就不能给别人信心,不能给别人动力,遇到困难就容易退缩,领导者都胆怯了、退缩了,团队就会散掉;而信念不够崇高也不行,自私自利、小富即安的心理,会让别人离你而去。

第三节 品牌"势"的智慧

以"势"为点的品牌智慧

《孙子兵法》讲究"形势"二字。势,下面一个力,势是一种力量,势是一种看得见的力量,企业经营要有好的势、好的形。恒大的许家印经营哲学最看中势的力量,恒大在市场营销上有一道必杀绝技就是"开盘必特价,特价必升值"。执行力的重要性如《汉书·贾谊传》说的一样,要做到"如身之使臂,臂之使指,莫不制从"。恒大的发展有以下特点:集权式管理,军队血统式高效率管理的罚与奖。说到做到,做不到就不要说,只认功劳,不认苦劳,严于律己,敢于承担责任。许家印的原则是,集团内部不分职位高低,一律用规章制度考核。只要集团已决定了事情,不管对错,首先要执行。在企业管理执行力上,恒大激励人的"势"。在坊间广为流传,"恒大发奖金都是用麻袋发的",还有一个坊间流传甚广的段子是:恒大集团某副总裁在家洗澡的时候,害怕这时候许家印会打来电话,就让自己的夫人拿着电话守在浴室门口,以便自己在响三声之前能够接听。可见执行力非同一般。

2011年年初,许家印曾向记者公布了他的"中超5年规划":3年内夺取中超冠军,5年内获得亚冠冠军。当时很多人认为这是不可能实现的。但恒大俱乐部从2010年开始了一系列令人瞠目的购买计划:350万美元买来"猎豹"穆里奇打中甲,1200万美元购得巴甲MVP孔卡征战中超,1000万欧元年薪请到世界级大牌教练里皮——这个年薪是他之前在意大利国家队的3倍,之后还有克莱奥、巴里奥斯、埃尔克森等一长串在欧美足坛响亮的名字。恒大在 2010 年年初进入中国足坛，彼时正值整个行业的低谷，球队冠名权和球衣广告权问津者寥寥。"许家印从一开始就强调经营俱乐部要做到赚钱，职业俱乐部收入无外乎票务、商业开发和电视转播权三块，在中国少了电视转播权，因此胸前广告这一块收入俱乐部一直很重视。"在大众对国足"恨铁不成钢"哀骂及之前足球黑幕新闻的氛围中，许家印下大功夫打造良性足球文化。《恒大国脚八项规定》出炉，这个制度的出台源于许家印投资足球的责任感。只有将企业目标上升到回报社会，才能使商业文明良性运行。

2014 年 2 月 17 日，东风日产启辰与获得亚冠冠军的广州恒大足球俱乐部举行战略合作签约仪式，正式对外公布了这份中超史上首笔单价超亿元的广告赞助合同。事实上，整个 2013 年恒大只有几场比赛胸前有广告，获得的收益却远远超过 1 亿元。中超年度公司营收达到了创纪录的 3.7 亿元，但只有恒大和辽足实现了赢利。许家印的经营哲学是"先求势，后求利"，势与利相互配合。用实实在在的利益去激励人，让最宝贵的资源得到正确的配置，用最高调的方式提升品牌的知名度，用这两种方式迅速跨界投资。

"天下武功唯快不破"，说的也是势的力量。孙武所谓的"不战而屈人之兵"，从某种角度来讲，就是运用强大的"势"对敌人形成一种心理压力，让其在这个大势能的压迫下丧失斗志，继而屈服顺降。"势"在军事、商业、竞技等活动中具有很重要的作用。能够有效利用这种类似物理惯性力量的动能，就可以创造出力量的奇迹。恒大在"势"品牌打造上运用足球营销定位，使用恒大品牌进一步使其增辉闪耀，把握国内足球长期"不争气"储藏期望的大势。

除矿泉水外，恒大还在农业大米、油、畜牧业等领域发力，慢慢由以房地产为主业开始走向多元化产业发展。对于中国的开发商来说，他们缺的不是钱，其实有钱的比没钱的更发愁，他们都在不断探索新的领域。万达正从商业地产向旅游休闲娱乐地产转变，万科正从开发商向服务商的蜕变，而恒大涉及消费品及农业的大米、粮油……它们都在找自己的路标，看谁能拿到新时代的入场券。

恒大延伸多元化产业链的目的是为了做强主导产业，更是为了向高附加值产业链、核心技术的环节延伸，向增值空间大的环节延伸，向有利于掌控关键资源的环节延伸。如恒大人寿保险产业，这些行业都是卖"纸"合同的产业。在恒大品牌聚光灯下，许家印正将品牌最大价值化。常言道："善弈者谋势，不善弈者谋子。"孙子说："激水之流，至于源石者，势也。"东方智慧更讲究谋势布局，凡事先要谋大势布全局。有了势就有 90% 的胜算。

痛点就是卖点

随着中国严重的水污染问题不断被媒体披露,越来越多的优质水源地在逐渐消失,人们对饮用水的关注度前所未有地提升。水是生命之源,可以预见,以矿泉水为代表的瓶装水将迎来黄金发展期。2013 年 11 月 10 日,恒大集团在广州总部举行恒大冰泉上市发布会,可谓顺势而为,恒大冰泉一夜成名;恒大 20 天豪掷 13 亿元广告,百天实现 57 亿元销售额。要知道,农夫山泉从 20 亿元做到 120 亿元足足用了 8 年。

2014 年 8 月,恒大集团宣布大力进军粮油行业,打出"拒绝转基因"的口号,依托大兴安岭生态圈,打造放心油、放心米。以自有生产基地,恒大为进军粮油,已投资 70 亿元建设、并购了 22 个生产基地,并且这些基地都位于"大兴安岭生态圈"范围之内。这些生产基地不但为恒大粮油的生产提供了源源不断的原料保障,而且自有基地便于原材料质量和安全的控制,有效地保障了粮油产品的品质,提高了产品在市场上的竞争力。目前市场上大牌林立,金龙鱼、福临门、鲁花、胡姬花、西王五大品牌占据市场的统治地位。其中金龙鱼作为外资产品,实力雄厚,经过 20 多年发展,先后推出了调和油、玉米油、稻米油等 23 种食用油产品,凭借"1∶1∶1 均衡营养"调和油为代表,在食用油市场上具有难以撼动的霸主地位。

2014 年春节前夕,恒大集团再显"土豪"本色,推出分别由成龙和范冰冰代言的恒大冰泉新版广告。这在中国的企业营销中也是非常罕见的,给消费者的印象是"恒大太有钱了"。2013 年 11 月 9 日,恒大足球俱乐部获得亚冠联赛的轰动效应,也让恒大冰泉一夜为众人所知。从恒大上市的几款粮油新品来看,走的也正是高端路线。"拒绝转基因"的诉求,结合"绿色""有机"的概念,其绿色菜籽油、大豆油及有机大豆油绿色高端定位为大众所知。每袋恒大大米产地都有身份证,或许能给中国食品安全带来一抹亮色。农业是恒大继房地产、足球、冰泉、粮油后又一核心业务。恒大用品牌整合资源,用品牌撬动商业价值,用品牌建立规模效益,跨界并不是目的,而是通过跨界整合新资源。从某种意义上说,跨界只是恒大的手段。恒大是想用其良好的品牌效益作为企业的无形资产,为企业跨界经营提高竞争影响力,以提升企业跨界产品的利润。

以逆袭商业思维寻求突破

恒大为什么要跨界?中国房地高峰已过,房企想要生存要么对现有房地产商业模式改造,要么多元化。万达已从最早的住房转向商业地产及现在的休闲、娱乐地产转变，在房地产行业都陷入低迷时，以地产为支撑的中国足球，也自然处在一个艰难的境地。而许家印则选择主动出击，在危机到来之前，就准备将危机转嫁或者避开，这无疑是一步以进为退的妙棋。当今中国最有钱的企业当数互联网企业，于是许家印携手在商界发展得如日冲天的马云，继续给这个行业增添活力。否则，杭州绿城今日的危机，有可能就是广州恒大明日的难题。

在亚冠的归属尚未落定时，恒大却在操办盛大的夺冠庆典。这既是一场足球终结的狂欢，也是恒大冰泉亮相之夜。有人评价恒大是偶然性的赌局胜利者，难道商业能够用豪赌式的偶然性获得成功吗？其实不然。这背后是许家印的逆袭商业思维。恒大进入水业时很多人并不看好，因为这是快消品高度成熟的市场，娃哈哈、怡宝、农夫山泉等大众市场品牌认知度高、市场份额固定，恒大涉足竞争激烈的快消品产品行业，风险如同虎口夺食。但在许家印"开盘必有价，特价必升值"的商业思维指引下，2014年1月，恒大在广州召开了第一次冰泉订货会，57亿元的成交量震惊业界。这对一个行业新生品牌来说，堪称奇迹。恒大的产品思维中，不是将竞争变成战争，而是在大世界视域中找到自己的产品定位，就像他们在运营足球俱乐部时做的那样，将目标放得更远，找到市场爆发式的"水井"。在业界众多第一中，恒大冰泉是第一个在人民大会堂举行水的新闻发布会，并将矿泉水卖到28个国家的企业。如此大手笔，信心从何而来呢？上至国家领导人，下至普通民众，当今人口与环境、环境与安全、安全与食品等已经成为国人关心的重中之重。众多水企业到处争抢圈水地，是因为都看到了人们对环境和水质改善的期望及未来巨大的市场需求，恒大也不例外。健康和安全是恒大冰泉的价值核心。

品牌多元跨界能走多远？

从恒大地产到恒大粮油、恒大冰泉、恒大人寿保险、恒大微购等行业，对于企业来说，跨界意味着进入一个不同的领域，进入陌生领域的风险肯定大于熟悉的领域。当然，机遇与风险并存，既不能盲目乐观，也不可过于悲观。任何一个行业都有自己的发展周期和规律，在什么时间、以什么方式进入很重要，跨界之前是否做好充分准备、自身的资源和禀赋如何、能否抓住机遇同样重要。试总比不试强，机会也可能多一些。

恒大给消费者的印象是做房地产的，消费者相信恒大房地产做得好，但并不一定相信恒大粮油也一样好。要改变这一品牌错觉，恒大就要跳出房地产品牌印象，要重视客户体验，这是品牌推广最有效的方式。另外，恒大粮油提出的"绿色、有机"概念,不具有品牌冲击力,因为这个概念很多投入农业的企业都在提倡、都在做,在概念上支撑不足,如能突出大米品种或米的特点,则对市场更有冲击力。

恒大大米、粮油最大的挑战,要看许家印能否找到利润的突破口,这些跨界业务能否在恒大品牌光芒下找到自己位置,最大限度地整合资源。例如,能找到"褚橙"式产品营销的风口。跨界体现的是资源整合的能力,苹果击溃诺基亚,并不是靠能打电话、发短信、摔不坏的手机,而是能够上网、看电影、听音乐、拍照片、玩游戏的智能手机,苹果颠覆了手机的概念。如果说小米手机颠覆了智能手机,靠的是"米粉"们的参与;微信颠覆了电信,靠的是朋友圈平台;余额宝颠覆了货币基金,靠的是银行服务的缺失。在当今品牌都将人格化的时代,无论是互联网营销,还是资源渠道整合,能否跨界成功关键取决于企业能否将价值延伸,将品牌渗透到跨界领域里。那么,恒大的跨界能否成功将取决于是否有颠覆性创新,能否全力争取消费者,能否踏准时代的节拍。在中国企业的发展过程中,专业化还是多元化的争论一直是个热门话题,其核心在于坚持两点:第一,全面分析市场吸引力和自身核心能力,慎重选择多元化或专业化方向;第二,在决策过程中把客户利益放在公司利益之上。恒大的多元化模式还有待观察。

【专家点评】恒大的老板许家印先生,可以称之为战略家。无论是做房地产还是经营足球,恒大总是不走寻常路。许家印会集中一切可以集中的力量,以最快的速度,打出品牌的"势",颠覆一般人的想象。

第四节 老板如何让"80后""90后"员工跟着走?

管理者要持开放态度接受"80""90后"

"80后""90后"是什么样的群体?为何"80后""90后"的人才那么难管呢?这是整个社会都在关注的事情。20世纪50年代出生的人,一份工作可以干一辈子;60年代出生的人,一份工作可以干几十年;70年代出生的人,一份工作可以干十几年;80年代出生的人,一份工作可以干几年;可是90年代出生的人,一份工作干几个月就不错了,这就是时代的变化。从某种程度上说,"80后""90后"是老板炒鱿鱼及HR的终结者。

从处事方式上看,各年代出生的人也不一样,50年代、60年代出生的人,铁饭碗思想,有事跟组织反映,结婚也要组织批准,处理矛盾时多以上访为主；70年代出生的人，跟老大走，处理矛盾多会用江湖义气的方式去解决；80年代出生的人，比较注重自我，法律意识明显增强，处理矛盾会选择同你打官司，会用法律思维去解决；而90年代出生的人，首先就来个"人肉搜索"。50年代、60年代出生的人多有接班人的思想，一份工作干一辈子，还要留住这份工作让儿子接班；70年代出生的人会与老板走得近些；"80后"则工作是工作，生活是生活，会与领导保持距离；而"90后"会反问老板为什么不向他走近点，认为自己在帮老板做事，老板应对他们好点。作为企业经营者，你可能不接受"80后""90后"的思维方式，可以炒掉一两个"80后""90后"，可是这一代人你是无法炒掉的，这就是时代的变化。

企业经营者要了解"80后""90后"的诉求。对于"80后""90后"来说，高薪不如高兴，有时员工离职的理由很简单，有可能就是因为一个桌子没有及时修理，椅子坐着不舒服，感觉不开心，就辞职了。并且临走时还潇洒地说："此处不留爷，自有留爷处。处处不留爷，去做个体户。"不是他们不靠谱，只是他们更关心企业的前景，关心老板的品格，关心他们在这样的公司跟着这样的老板有没有奔头。

要关怀、鼓励"80后""90后"员工

从富士康的跳楼事件到海底捞、德胜洋楼的绅士式员工培养，折射出中国企业20多年来对员工管理的变化，员工的角色已经从成本雇佣制向合伙制转变。"80后""90后"这一代人，不像他们的父辈那样对生活逆来顺受。这些年轻人需要关怀、鼓励，需要看到希望。"80后""90后"往往有自己的想法就直接说，对民主有着更高的要求与期望，不喜欢那种发号施令式的管理方法，不接受居高临下的管教，希望上级管理者能听取他们的意见。作为企业经营者要对"80后""90后"的工作给予赞赏，说话时多强调"我们"，批评时尽量顾及他们的自尊心，并恰当地使用幽默的沟通方式，在发生问题时要换位思考，要在了解员工的前提下管理，多给他们鼓励和精神上的认同，让他们有被重视的感觉。例如，阿里巴巴的马云运用的是金庸、古龙、梁羽生小说中江湖式的管理方法，每个员工都有一个武侠花名，如"苗人凤""铁木真"，但前提是人物的花名必须是正面人物。作为当代老板，对员工要多赏识、少谴责，用其长、容其短，多给员工知情权、参与权、发言权，这样才有可能与"80后""90后"相处得好，让他们对企业越来越忠诚。

要有明确的晋升通道

作为企业老板一定要问自己，员工为什么要跟着你干？你能否让员工有钱赚，让他们有晋升通道，有未来的希望？能否为他们提供学习与成长的空间，让他们快乐地工作？面对"80后""90后"员工带来的管理困惑，老板们应放弃传统的"官本位"思想，采用民主、平等的思维，并采取"动力式管理"的模式，既要给钱又要给爱，这样才能赢得他们的心。

在晋升通道上要有明确的路标，也就是头衔和官位。每个头衔都要对应明确的等级标准，如果只定了头衔对应的收入，而不定出头衔对应的标准和对这个等级员工的要求，员工还是没有办法通过主动努力来提高自己的收入和等级，因为他不知道应该往什么方向努力。每个头衔都应该有对应的业务指标、能力指标和行为指标，如果每次升到更高的一个等级，就能让自己的收入提高20%～30%，那么员工就会为自己的利益和荣誉而努力按照更高的标准去做。这样公司和个人的利益就关联起来了。

建设有力量的团队，分配是门大学问。一是分配的核心问题是"感觉公平"；二是要搞好工作氛围，工作是否快乐；三是做好员工职业发展规划，是否有未来发展；四是事业黏合，让员工快乐工作是企业的本分，职业发展必须伴随收入增长，事业黏合要考虑利润分享与股权激励。对企业经营者来说，对员工最好的尊重就是"授权、信任、奖励"及完善、丰富多元的激励方式。

用合伙人的机制去统领

老板只有靠服务才能感动员工，而带领好"80后""90后"更是要多花心思。例如，海底捞的"90后"员工比例很高，海底捞的小区域经理离职有20万元的补偿；大区域经理离职送一家火锅店，价值约800万元；做店长超过一年的女员工，无论什么原因离职，包括被竞争对手挖走，公司都会为其准备8万元的"嫁妆"。"80后"与"90后"不同，"80后"要的是利益，"90后"要的是权利；"80后"可以被价值驱动，"90后"只能被兴趣驱动；"90后"是一个富有朝气、热爱学习、积极向上的群体，他们有个性，也有担当。要带好"90后"，要为他们设计新颖的头衔，鼓励他们分享工作心得，多给他们展示个性化的平台。要培养员工之间的友谊，帮助他们获得业绩，让他们获得工作中的成就感。为此，企业家应建立一套共赢的机制，也就是说如何做好分钱的工作，这是企者管理的大智慧。

【专家点评】 据一项调查数据显示,在中国"90后"有1.7亿人,"80后"有2.4亿人。在"80后""90后"崇拜的人选调查中,娱乐明星仅为24.4%,商界精英则高达54.9%。从某种角度来说,今后的财富会流向"80后""90后"。谁能服务好他们,谁就抓住了财富的下一个风口。谁能抢占商界制高点,成为商业领袖,谁就能引跑这个时代。

结　语

纵观中国历史，所有朝代的更新、不断上演的革命都是因为分配出了问题，而后再出现一场又一场的机制创新。而机制取决于领导者的格局，比机制更重要的是文化，因为文化的背后是使命、愿景。价值观是主要核心元素，文化走错了方向，这家公司即使拥有再好的机制，也是走不远的，所以文化是机制的核心。而机制的动力核心在于利他精神，核心团队中需要有三个共同体来支撑：一是利益共同体，二是事业共同体，三是命运共同体。利益共同体即有钱大家赚，利润大家分享，这样才有人愿意合作。对于企业来说，最大的生产力不是科学，而是人的主动性。一个企业、一个国家能否成功，取决于其分配机制是否高效。利益共同体要求机制解决为谁干的问题，这是经营好企业的必要条件之一，经营企业的核心就是人性。

人性都有自私的一面。你把企业当作自己的事，别人就不把企业当回事；你把企业当作员工的事，员工就会自发努力地做好每一件事。"谁的孩子谁操心"，作为企业经营者，一定要考虑员工为什么跟你干，凭什么为你拼命。除非这家企业也是他们的。所以，有智慧的老板会想尽办法让优秀员工把自己当作企业的主人。社会是由人构成的，这个地球如果没有了人，那么一切财富、一切物质都没有任何意义，人是这个世界上最本质的资源，是所有财富的创造者，因此，要保持一个制度得以有效执行，就要把制定制度的人、执行制度的人、被制度约束的人都用一定的利益关系紧密联系在一起。什么是企业的核心动力？答案就两个字——分配。所以，企业所有的困难都是表象，问题的核心就是分配机制有问题，而分配机制问题一解决，所有问题也会迎刃而解。

企业领导者应该制定一个游戏规则,在这个游戏规则下老板要不断教化。世界所有宗教都在做一件事情,就是不断地教化信众的思维,这也是企业老板要掌握一项本领——教化你的团队成员。一个团队、一个企业、一个国家的诚信体系建设也取决于分配问题的解决。只有解决了分配的问题,才有可能建立信任机制。老板只有掌握了"教化+机制"的能力,才能将公司使命、价值观转化为共同的使命、共同的价值观,让团队成员对公司愿景与使命产生责任感,有兴趣、动力、热情为之奋斗。将利益与荣誉、精神紧紧联系在一起,才能真正发挥命运共同体的力量。

人性有两种不同的特质:一是利己,二是利他。任何一个正统的宗教都在追求生命的本质。比如,佛家讲的是"度"。从佛法来看,小乘法门讲的是先利己后利他,大乘法门讲的是利他才是真正的利己。企业家应建立一套与利益者共赢的机制,也就是说做好分钱的艺术是企业管理的大智慧。人性有一种与生俱来的自私心、自利心。作为经营者,最重要的思考就是如何让员工把企业的事当成自己的事去对待,解决之道就是把这件事跟他自己的利益联系起来,这才符合人性。同时,用愿景使命引导员工的精神需求,用分配机制激励员工的物质需求,最终实现企业和员工的共赢。

在本书的撰写过程中,笔者曾多次走访数十家大中小企业了解企业现在遇到的困难及困惑。无论是原材料价格上涨、资金供给紧张、融资成本快速上涨,还是人力成本上涨压力等问题,企业要突破这种发展的瓶颈,归根结底还是要回归三个原点:一是解决分配机制问题,用分配机制解决人性对钱的需求;二是确定企业的愿景和使命,用愿景激发全体员工的智慧与力量,用企业使命激发员工的激情与斗志;三是打造自己的企业文化。本书历经数次修改,每次修正都有新的想法。付梓之际,不是如释重负,而是诚惶诚恐,笔者学识浅薄,担心会误导读者。若本书中有一句话或一段文字能给读者一些启示，抑或能与读者产生共鸣，笔者将深感欣慰。

  在此，感谢中山大学出版社的吕肖剑主任给予笔者一如既往的支持与帮助。感谢万传华、邝志强、张志健、倪崇刚律师，他们不仅是律师出身，同时也是企业管理咨询顾问实战专家。感谢广州樊文花化妆品有限公司董事长樊文花女士。文花女士26年来专注化妆品品牌品质打造，以认真、诚信、坚持、仁爱为核心价值观，短短3年便使分店数量突破1000家，创造了化妆品行业的商业传奇，用仁爱的精神纵情演绎着美丽的故事。感谢广州尚品宅配家居用品有限公司董事长李连柱先生，尚品宅配作为家居行业知名品牌，其尚品宅配模式已成为中国企业家转型升级的标杆，作为宅配家居企业中"苹果公司"的缔造者，"柱子哥"为人热情、敦厚，总是那么谦和，正如本书论述的那样，尚品宅配模式真的很难学，其实真正难学的是李连柱先生"十年磨一剑"的匠人精神。每次在与各位企业家交流时，笔者都受益匪浅。此外，还要特别感谢李业龙老师。业龙老师是当代资深NLP应用导师，在笔者撰写本书时给予笔者不少启发，在此祝愿业龙老师及各位企业家的企业越办越好，为社会发展做出更大的贡献。

参 考 文 献

[1] 马永斌. 公司治理之道：控制权争夺与股权激励［M］. 北京：清华大学出版社，2013.

[2] 王文书. 企业股权激励实务操作指引［M］. 中国民主法制出版社，2011.

[3] 任多伦. 哲学智慧与企业管理：中国哲学思想在企业管理中的应用［M］. 北京：商务印书馆，2011.

[4] 王再华. 冰鉴的智慧［M］. 呼和浩特：远方出版社，2007.

[5] 曹岫云. 稻盛和夫的成功方程式［M］. 北京：东方出版社，2013.

[6] 苏龙飞. 股权战争［M］. 北京：北京大学出版社，2012.

[7] 尹锋. 控股才是王道：经典股权战争启示录［M］. 广州：广东旅游出版社，2014.

[8] 井上笃夫. 信仰：孙正义传［M］. 孙律，译. 南京：凤凰出版社，2011.

[9] 郭智慧. 资本的力量：中国企业全球资本运营成功宝典［M］. 北京：中国法制出版社，2012.

[10] 晏雄. 跨文化管理：第2版［M］. 北京：北京大学出版社，2016.

[11] 单海洋. 非上市公司股权激励四维模式［M］. 广州：广东经济出版社，2010.

[12] 南怀瑾. 南怀瑾先生答问集［M］. 上海：上海人民出版社，2009.

[13] 练性乾. 南怀瑾谈历史与人生［M］. 上海：复旦大学出版社，1995.

[14] 南怀瑾. 论语别裁［M］. 上海：复旦大学出版社，2002.

[15] 稻盛和夫. 六项精进［M］. 曹岫云，译. 北京：中信出版社，2011.

[16] 任法融. 黄帝阴符经·黄石公素书释义：修订本［M］. 北京：东方出版社，2012.

[17] 大前研一. 低智商社会［M］. 千太阳，译. 北京：中信出版社，2010.

[18] 王志纲. 玩出来的产业：王志纲谈旅游［M］. 厦门：鹭江出版社，2014.

[19] 段传敏，徐军. 尚品宅配凭什么？［M］. 杭州：浙江大学出版社，2013.

［20］奥斯特瓦德，皮尼厄．商业模式新生代［M］．王帅，毛心宇，严威，译．北京：机械工业出版社，2011．
［21］亲仁书屋．了凡生意经［M］．北京：团结出版社，2015．
［22］刘思维．简述转基因粮食对我国粮食安全的影响机理［J］．科协论坛（下半月），2011（12）．
［23］邵淑毅．转基因粮食安全问题的知识产权法思考［J］．西南农业大学学报（社会科学版），2011（7）．
［24］彭志强．商业模式的力量［M］．北京：中信出版社，2013．
［25］李建伟．民法［M］．北京：中国政法大学出版社，2014．
［26］唐晓康．瞬间的资本智慧［M］．成都：四川人民出版社，2015．
［27］奥托·夏莫，凯特琳·考费尔．U型变革：从自我到生态的系统革命［M］．陈秋佳，徐莉俐，译．杭州：浙江人民出版社，2014．
［28］周志友．德胜员工手册［M］．北京：机械工业出版社，2013．
［29］林伟宸．感动力——人际互动与商业经营的神奇力量［M］．北京：中国华侨出版社，2011．

附　　录

潘锡军 企业投资顾问　　　　王辽东 法务战略顶层设计首席顾问

有方企业顾问、合作律师

万传华 律师　　　　乔芳 律师　　　　赵芳 律师

卢明哲 律师　　　　倪崇刚 律师　　　　邝志强 律师

 郭庆彬 律师
 钟春燕 律师
 叶炜耀 律师

 张志健 律师
 柯庆锋 律师

 刁光华 律师
 代合强 知识产权专家

"智慧专刊"系列期刊阅读及作者顾问咨询联系微信号：

 辽东